JN435600

Social Welfare Management

사회복지경영학

김성철

KNOWLEDGE COMMUNITY 공동체

머리말

경영은 경영학의 연구대상을 이루는 것으로, 경영학의 방법론의 상이에 따라 여러 가지 의미로 사용된다. 새로운 비전과 꿈을 이루기 위한 복지경영을 위해서는 위기에 대처하는 것이 필요하다고 본다.

경영학은 경영을 담당하고 있는 경제주체들의 활동을 체계적이고 과학적인 비법을 통하여 연구하는 학문분야라고 할 수 있다. 즉, 경영학은 개별경제주체들의 경제적 활동에 초점을 맞추고 있는 학문이다. '경영'은 오래전부터 실제로 존재하였던 현상이지만 이 현상을 탐구의 대상으로 하는 '경영학'은 역사가 그렇게 오래되지 않았다.

컨설턴트 램 차란(Ram Charan)은 "기업 경영자들은 지금껏 오로지 성장만 추구해 왔지만 이제 사고방식을 바뀌야 한다"고 지적했다. "기업합병이나 인수의 경우를 제외하면 대부분의 기업은 앞으로 2년 뒤에 지금보다 오히려 규모가 작아질 게 분명하다"고 말한다.

경영관리는 합리적으로 이루어져야 하지만, 그 합리성은 조직적 사고와 계산적 사고에 의하여 뒷받침된다. 즉, 사업을 조직화하고, 계수적으로 생각하는 것이 그것이다. 이들 두 가지 사고의 전개로서, 조직적 관리 또는 실체적 관리와 계수적 관리가 성립한다.

경영관리는 경영상에서의 각종 업무수행이 경영목적을 위하여 가장 효과적으로 행해질 수 있도록 여러 가지 시책을 체계적으로 연구하고 경영조직체를 만들어 이를 운영하는 일을 의미한다. 초기의 경영관리는 경영자의 경험과 직관력(直觀力)을 바탕으로 행해졌으나, 경영규모의 확대, 경영내용의 복잡화, 경영환경의 급격한 변화 등으로 경영관리의 과학화가 필연적으로 필요하게 되었다.

머리말

경영학의 양대 조류 중 하나인 독일경영학의 경우 17세기, 그리고 다른 또 하나의 조류인 미국경영학은 20세기에 들어서 본격적으로 연구되기 시작하였으며, 오늘날 우리가 알고 있는 경영학은 산업혁명 이후 본격적으로 발전하였다고 할 수 있다. 경영학의 연구영역을 위와 같이 규정하더라도 경영학의 발달과정을 살펴보면 경영학에서 다루었던 경영현상은 국가에 따라 다소 차이가 남을 알 수 있다.

그리고 윤리경영(moral management)이란 경영 활동의 규범적 기준을 사회의 윤리적 가치체계에 두는 경영방식을 뜻하는데, 윤리경영을 실천하기 위해서는 많은 노력들이 필요하다. 우선 윤리경영의 실천 여부를 모니터링할 수 있는 성과평가 시스템의 정비가 필요하고, 단기적 성과가 아닌 장기적인 관점의 질적인 평가지표를 만들어야 한다. 소비자의 기업에 대한 평판, 기업이 지역 사회에 공헌한 정도, 종업원의 기업 경영에 대한 만족도 등 윤리경영에 관한 지표들을 평가할 필요가 있는 것이다. 이제는 한국적 복지경영학이 무엇이냐에 대한 고민을 함께 하면서 사회복지기관의 특질에 대해 본격적으로 연구하고 새로운 비젼과 꿈을 이루기 위하여 계속적인 관심과 노력으로 나아가야 할 것이다. 그러할 때 한국적 복지경영이 좀 더 나은 단계로 도약할 것이라고 본다. 부족한 본서를 통하여 복지경영학의 학문적 발전에 도움이 되길 바란다.

김성철

Contents

CHAPTER 01 복지경영학의 이해

CHAPTER 02 경영전략과 기업환경

CHAPTER 03 경영조직화와 복지경영

CHAPTER 04 조직문화와 지휘

차 례

Contents

CHAPTER 09 유통관리와 민관 파트너십

CHAPTER 10 커뮤니케이션과 인적자원

CHAPTER 11 지식중심과 사회적 기업의 복지경영

CHAPTER 12 사회복지자원개발과 리더십

차 례

CHAPTER 13 사회복지기관의 경영혁신

CHAPTER 14 복지경영의 도약과 모색

01
CHAPTER

복지경영학의 이해

제1절 복지경영학이란 무엇인가?
제2절 복지경영학의 시각
제3절 경영자와 복지경영학

01 CHAPTER 복지경영학의 이해

SECTION 01 복지경영학이란 무엇인가?

1) 미래사회복지의 위기

(1) 미래사회복지의 위기

① 케인스 경제학

존 메이너드 케인스
출처 : anneetarnaud.com

복지국가는 종종 케인지안적[1] 국가와 거의 동의어로 혼동되고 있으며 또한 복지국가는 다소 적극적인 재분배적 국가와도 동일시되는 경향이 있다. 또한 복지국가는 빈민들에 대한 원조를 수행하는 것을 주된 임무로 하는 국가라고 광범위하게 인식되고 있다. 그러나 복지국가의 개념은 케인지안적 완전고용정책 및 그 국가 체계와 선명하게 구분될 수 있으며 재분배라는 함의에 있어서도 그것이 복지국가의 목표라기보다는 그것의 몇 가지 결과들 중 하나라고 말할 수 있다. 더욱이 복지국가의 체계를 연구하면 그것에 고유한 재분배의 유형, 즉 수직적 재분배 아닌 수평적 재분배의 유형이 드러날 수도 있을 것이다.

또한 이러한 연구의 결과는 복지국가의 주축인 사회보험의 관점이 빈민에 대한 원조의 관점과는 중요한 차이를 가지고 있다는 점도 드러내게 될 것이다. 마찬가지로 이러한 연구는 복지국가라는 개념과 잘 구분되지 않는 사회보장 및 사회정책의 개념들이 의미하는 바를 드러내야 할 것이다.

---

1) 케인스 경제학(Keynesian economics)은 20세기 영국의 경제학자 존 메이너드 케인스의 사상에 기초한 경제학 이론이다. 케인스 경제학은 공공 부문과 민간 부문이 함께 중요한 역할을 하는 혼합경제를 장려한다.

② 국제통화기금(IMF)

역사적으로 복지국가 최초의 법령들이라고 평가되는 것들이 도입된 것은 영국과 독일에서였다. 따라서 복지국가의 이념의 발생에 관한 연구를 이들 나라들로부터 출발하는 것이 당연한 일로 인식될 수도 있다. 그리고 이러한 상황은 매우 일반적이고 보편적인 것이어서 구체적으로는 많은 차이점들을 가지고 있는 영국과 독일에 대해서도 설득력 있는 설명을 제시한다고 볼 수 있다. 적어도 그것은 당시 공화제적 민주주의를 표방했던 모든 나라들의 공통된 고통들에 관한 분석이다. 선진국에 이어 개발도상국들까지 본격적으로 저출산·고령화하면서 국가 재정부담을 타파할 연금 개혁이 각국의 화두로 떠오르고 있다. '유럽발 재정위기'를 몰고 온 그리스는 공공부문의 비대화, 관대한 연금제도에 따른 재정적자로 채무불이행 위기에 몰려 유로[2]존과 국제통화기금(IMF)[3]의 구제금융까지 받았다. 초고령 국가인 일본 역시 그리스만큼은 아니지만 국가가 복지를 책임지는 분위기와 경제위기가 겹치면서 엄청난 재정적자에 허덕이고 있다.

③ 국민연금

우리나라도 2060년이면 국민연금[4]이 바닥날 것이라는 전망이 나오는 가운데 지금부터 대비하지 않으면 선진국의 전철을 밟을 수 있다는 우려의 목소리가 나온다. 과거에는 연금 수령 전 최근 15년간 최고 월급을 기준으로 산정해 최대 월급의 130%까지 연금으로 받을 수 있었으나, 최근 근로기간 전체 월급 평균의 80%까지만 지급하는 방식으로 바꿨다. 그리스 정부 관계자는 이 같은 상황에 대해 "경제위기가 닥치고 나서야 정부, 국민, 정당이 정신을 차리게 된 것"이라고 설명했다.

④ 위기관리

인류가 시작된 이래로 인류는 각 시대와 환경에 따라 여러 가지 위기를 맞곤 했다. 대표적으로 자연재해, 질병, 전쟁 등의 큰 위기를 접하면서 인류는 이 위기

---

2) 유로존(Eurozone, 문화어 : 유로 사용 지대)은 국가 통화로 유로를 도입해 사용하는 국가나 지역을 통틀어 부르는 말이다. 유럽 중앙은행이 이 구역 내의 통화 정책에 책임을 맡고 있다. 다른 말로 유로에어리어(Euroarea)나 유로랜드(Euroland)라고 부르기도 한다.

3) 국제통화기금(IMF)은 국제적인 통화 협력, 금융 안전성 확보, 국가 간 무역의 확대, 고용 및 지속 가능한 경제성장의 촉진, 그리고 전 세계 빈곤의 감소를 목표로 활동하고 있다. IMF는 1945년 창립되었으며, 현재 전 세계 186개 회원국으로 구성되어 있다.

4) 국민연금공단(國民年金公團, National Pension Service, NPS)은 국민연금을 운영하기 위하여 대한민국 정부가 설립한 보건복지부 산하기관이다. 약자로는 NPS로 표기한다. 정부로부터 기금 관리를 위탁받은 공기업이기 때문에, 기금관리형 준정부기관으로 분류된다.

를 모면하기 위해 여러 가지 방법과 노력을 기울여 현 상태를 유지하거나 더 나은 상태를 추구하려고 했다.

또한 그 과정 속에서 새로운 문명과 문화가 태동되기도 했다. 그 속에서 인간은 모든 인류의 문제가 해결될 것만 같은 생각을 가지기도 했다. 하지만 앞에서 열거한 대표적인 위기보다 개인 또는 인간 상호관계 속에서 가지게 되는 여러 가지 문제(위기)를 완벽하게 해결하지는 못했다.

하지만 이러한 위기를 예방하거나 치료하기 위한 목표로 여러 가지 이론과 모델이 임상적인 실험과 인간이해를 통해 나타났다. 무엇보다도 위기상태에 빠진 클라이언트의 문제가 더 확대되기 전에 사회복지사의 빠른 개입과 이해가 필요하리라 본다. 사회복지사는 무엇보다도 클라이언트 스스로가 자신의 문제와 환경을 바로 볼 수 있는 시각을 가질 수 있도록 원조해 주는 역할을 잊어서는 안 될 것이다.

인간이 접하는 위기는 예측불허라고 하지만 이 위기를 통해 좌절하거나 넘어지는 것보다도 더 한층 앞으로 나아가는 증진의 기회가 되기를 바라며, 또한 이를 위해 사회복지사의 원조와 대처능력이 향상되기를 바란다. 정치, 경제, 사회, 문화 모두가 위기의 상황에 있음을 직시하면서 사회복지도 위기의 현시점에 있는데, 이 위기의 상황을 지혜롭게 잘 극복해 나가야 할 것이다.

불황기에 위기관리의 중요성은 아무리 강조해도 지나치지 않다. 위기관리의 성패는 기업 이미지와 주가의 차원을 넘어 생존 문제와도 직결된다.

위기관리는 그만큼 중요하다. 위기관리를 잘 하는 기업은 동일한 위기상황하에서 충격이 덜하다. 실제로 동일한 위기상황하에서 위기관리를 잘하는 기업은 그렇지 못한 기업에 비해 주가 하락률이 30%나 낮았다는 실증 분석도 있다.

잘하는 기업과 못하는 기업은 위기상황에서 대처하는 방식이 근본적으로 다르다. 잘하는 기업은 다가올 위기상황을 선제 대응하여 오히려 도약의 기회로 활용한다. 반면 그렇지 못한 기업은 위기가 발생한 후 피해를 최소화하는 사후 대응에 무게중심을 두고 있다.

더욱 심각한 것은 위기 상황에 아무런 대책 없이 꼼짝없이 당하는 경우이다. 위기 발생 시 안절부절, 우왕좌왕하는 가운데 사태는 극단적으로 치닫게 된다.

위기는 소리 없이 온다. 위기를 잘 극복하면 살아남고 그렇지 않으면 죽음이다.

실패의 늪은 너무 참혹하다. 그렇기에 위기관리를 잘 해서 도약의 기회를 만들어야겠다.

⑤ 집중경영

램 차란[5]이 제시하는 위기경영에서 가장 핵심은 참여하고 몰두하라고 제시한다. 기업의 파격적인 변화를 주는 '집중경영'이 필요하다. 회사 내부 상황과 외부 흐름에 대해 분석하고 연구하고 창의성을 발휘해서 대안을 만드는 것이 중요하다. 바닥정보를 이용하여 회사의 최악의 사태를 준비하고 꿋꿋하게 준비하면 새로운 가능성의 빛을 찾을 수 있다.

램 차란
출처 : https://goo.gl/images/VX1GeA

(2) 위기를 이기는 6가지 특징

① 불황을 이기는 6가지 특징

불황을 이기는 6가지 특징으로는 정직과 신뢰, 활기를 불어넣는 능력, 현실과 밀착된 전망, 낙관주의가 가미된 현실주의, 집중경영, 미래를 대비하는 대담성이라고 할 수 있다. 경영자의 자세로서 현실을 인정하고 현실을 직시하는 자세가 필요하다고 본다. 책상 밑에 웅크리고 앉아 손가락만 빨고 있다면 회사가 잿더미로 변할 것이다. 길을 잃으면 현장으로 가야 한다. 그곳에 답이 있다고 본다. 핵심을 지키고 절대로 잃어서는 안 되는 것이 핵심이다. 핵심을 강화하고 나머지는 포기하는 것이 필요하다. 브랜드는 자산이다. 하나의 브랜드가 탄생하기까지 정성이 얼마나 들어갔는가? 제품의 가격을 내림으로써 브랜드 이미지를 희생시켜야 한다는 유혹에 넘어가지 말아야 한다(김성철, 2016).

② 위기는 기회

위기는 곧 기회다. 그런데 그 위기를 어떻게 기회로 구별해 낼 것인가가 더욱 더 중요하다고 본다. '충성 고객.' 그들은 위기를 돌파하는 데 꼭 필요한 존재들이

5) 바나라스 힌두 대학교에서 엔지니어링으로 학위를 받고 나중에 하버드 경영대학원에서 공부하고 1965년 경영학 석사(MBA), 1967년 경영학 박사(DBA) 학위를 받았다.

다. 경기가 불황일 때도 그들은 자기가 믿는 기업의 물건을 사고 입소문까지 내주는 최고의 고객이다.

우선 충성고객이 될 수 있는 고객 디자인 타겟을 잡고 집중 투자한다. 평온할 때 경영은 누구나 잘 할 수 있다. 그저 현재의 체재를 유지하고 조절해 주면 되기 때문이다.

하지만 위기 때는 다르다. 미래를 보고 지금의 현재의 위기를 벗어날 수 있는 최고의 전략을 세워주어야 한다. 위기에 대처하는 해법으로 명확한 전략 수립과 핵심사업 자원 배치, 비용과 현금흐름의 철저한 관리, 매출과 마진 확대 등 세 가지가 필요하다고 본다(램 차란, 2009).

가격할인보다 수요가 감소하는 이유에 대해 고객의 목소리에 귀를 기울여 더 좋은 성과를 거둔 현대자동차, 국내 최초로 인터넷을 통해 자동차보험을 판매해 일반관리비의 삭감 없이 효과적인 성과를 거둔 교보생명, 인수한 투자사의 강력한 재무자원을 활용해 기업금융 위주의 전략에서 소매금융 위주의 전략으로 성공적으로 전환한 제일은행의 사례를 통해 각 기업의 전략적 포지션과 조직구조, 재무점검 등 경기 침체 시 자사에 필요한 해법을 모색해 볼 수 있는 생각의 계기를 마련한다.

생존은 모든 기업에게 가장 근본적이면서도 최우선적인 목표 중 하나일 것이다. 그러나 경기침체는 리스크와 더불어 전략적 기회를 제공하게 마련이다. 실제로 경기침체 시에 평상시보다 훨씬 더 많은 기업들이 드라마틱한 변화를 맞게 된다. 지금은 국가적으로 위기이다. 이러한 위기 속에서도 참여와 몰입으로 복지경영을 이루어 나가야 할 것이다(김성철, 2016).

2) 경영의 개념

경영은 경영학의 연구대상을 이루는 것으로, 경영학의 방법론의 상이에 따라 여러 가지 의미로 사용된다. 경영이란 말은 독일어 베트리프(Betrieb)를 번역한 것으로, 기업의 운영 또는 기업운영의 장(場)으로 독일에서는 국민경제와 밀착해서 연구되는 경영경제학과 내부경영기술에 중점을 둔 경영학 간의 논쟁 속에서 연구되어 왔다. 또한 미국에서는 경영이 공장과 기업의 실천적 관리기술연구를 축으로 연구되었기 때문에 관리라는 뜻도 있다(김성철, 2016).

(1) 개별경제학(個別經濟學 : Einzelwirtschaftslehre)[6)]

개별경제학의 입장에서는 종합경제로서의 국민경제를 구성하는 독립적인 개별경제단위를 경영이라 보기 때문에, 경영의 개념 속에는 생산경제의 단위인 기업뿐만 아니라 가계나 재정 등의 소비경제의 단위도 포함된다.

(2) 경영경제학(經營經濟學 : Betriebswirtschaftslehre)

경영경제학의 입장에서는 경영을 독립적인 생산경제의 단위이며, 재화와 서비스의 생산이나 배급에 종사하는 경제적 조직이라고 본다. 따라서 경영경제학에서는 공공재정이나 가계 등 소비경제의 단위는 경영의 개념에서 제외된다.

(3) 경영관리학(經營管理學 : business management/business administration)

미국의 경영관리학의 입장에서는 관리하는 것(managing)이라는 말에서 보는 바와 같이, 경영을 수익성 원리가 아닌 경제성 원리(經濟性原理)에 따라 이끌어지는 개별경제의 활동이라고 본다. 따라서 미국의 경영관리학에서는 영리기업을 주된 연구대상으로 하되, 비영리기업(公企業)이나 가계뿐만 아니라 모든 관리대상 조직체(| 학교 · 교회 등)로서의 개별경제도 그 연구대상으로 한다. 그리하여 오늘날에 와서는 경영을 하나의 사회구성체로 보면 경영은 조직(組織)이며, '경영한다'라고 하는 과정개념으로 보면 경영은 의사결정이라고 인식되고 있다(김성철, 2016).

(4) 의사결정지향적 경영학

독일 경제학의 한 파를 대표하는 H. 하이넨의 의사결정지향적 경영학에서는, 경영이란 조직이며 조직은 경영목적 시스템 · 정보 시스템 · 인적 시스템 등의 하위 시스템(subsystem)을 가진 하나의 포괄적인 시스템으로 본다. 또 미국의 경영학

---

6) 경제학(經濟學)은 재화나 용역의 생산과 분배 그리고 소비와 같은 경제현상을 연구하는 사회과학의 한 분야이다. 'economics'라는 용어는 고대 그리스어 οἰκονομία에서 유래한다.

에 있어서의 근대 관리론을 대표하는 바너드－사이몬 이론(Barnarde-Simon theory)에서는, 경영이란 '조직을 구성하고 운영하는 것'이며, 또한 '의사결정'이라고 본다.

일반적으로 경영은 넓게 인간집단의 계획 · 통제활동을 가리키지만, 이에 대한 통일된 견해는 확립되어 있지 않다. 사회복지를 진행할 때에 어떤 행동이 목적에 부합하는지 평가하여 최선의 방안을 세워 행동한다.

복지경영에서의 경영계획은 의사결정을 하고 그것을 문서로 작성하며 기업의 행동에는 모방적 · 시행착오적 · 합리적 · 관습적 행동 등 여러 가지가 있으며 각각에 대응해서 제 계획을 세운다.

사회가 어려워지고 경제가 힘들수록 기업간의 경쟁이 치열하고 기업을 둘러싼 환경 변화가 심할수록 경영계획을 세울 필요성이 더욱 커진다. 왜냐하면 환경변화가 클수록 기업의 행동변화는 절실해지고 그 변화를 합리적으로 결정해야 하기 때문이다.

3) 경영학(Business Management)[7)]

경영학에는 조직체 일반(기업 · 관청 · 학교 · 교회 · 노동조합 · 군대 등)을 연구하는 넓은 의미의 경영학, 즉 일반경영학과 기업(企業)이라는 특정 조직체인 생산조직체만을 연구하는 좁은 의미의 경영학, 즉 기업경영학이 있다. 일반경영학에는 각종 개별조직체를 따로따로 연구하는 특수경영학이 포함되며, 최종 과제는 모든 조직체에 보편적으로 타당한 일반원리를 형성하는 데 있다.

4) 경영학의 체계

경영학의 체계를 취급하는 문제에 따라 다음 몇 가지로 나뉜다. ① 경제성 또는 수익성이라는 통일원리에 따라 기업의 본질을 논하는 기업이론, ② 기업의 외형적 · 내재적 특색을 설명하는 기업형태론과 기업체제론, ③ 기업에 있어서의 경영관리의 중심 부분을 연구하는 경영 목적론 · 경영전략론 · 의사결정론, ④ 기

7) 경영학(經營學, business administration)은 20세기 산업 구조가 복잡해지고 수많은 기업들 사이에 경쟁이 치열해짐에 따라서 실제 회사 경영에 필요로 하는 지식의 체계화와 이의 전달을 위하여 경제학에서 독립한 학문이다.

업의 구조적 측면을 연구하는 경영조직론, ⑤ 기업의 경제적 측면을 연구하는 경영경제론, ⑥ 경영관리의 각 부분을 연구하는 생산관리론 · 재무관리론 · 노무관리론 등이 있다.

5) 경영학의 발전

경영학의 발전은 독일과 미국에서 비롯한다. 독일 경영학은 상업학을 모체(母體)로 하여, 이를 과학화하는 형태로 성립되었다. 그 성격은 기업경영학인 점에서는 상업학과 일치하나, 과학화의 과정에서 방법론 논쟁이 격렬히 벌어졌고, 그 명칭도 사경제학(私經濟學) · 개별경제학 · 경영경제학 등 여러 가지가 주장되었으나, 결국 경영경제학이 주류(主流)를 이루게 되었다.

경영경제학은 기업의 실체를 경영으로 파악하고, 경영의 경제현상을 이론적으로 밝히는 일을 목표로 삼는다. 경영의 경제현상을 객관적으로 설명하면서 거기에 내재(內在)하는 법칙성을 탐구하는 경험학파(經驗學派)와 경영의 당위성(當爲性 : 내용은 공동체이론)을 주장하는 규범학파(規範學派)로 나누어진다. 경험학파는 다시 단순한 설명과학으로서의 이론학파와 인과법칙(因果法則)을 목적 · 수단 관계로 변환(變換)하여 정책론을 내세우는 기술론파(技術論派)로 나눈다.

미국 경영학은 처음부터 실천적인 색채가 농후하였으며, 20세기 초의 과학적 관리법을 원류(源流)로 하여, 경영자를 위한 경영관리학으로서 발달한 것이 오랫동안 주류를 차지해 왔다. 그것은 경영관리의 기능을, 예를 들면 계획 · 조직 · 통제와 같이 분석하고, 각 기능을 유효하게 실천하기 위한 원리 · 원칙이나 기법을 연구하는 것이다. 그 성격이 일반경영학이므로 흔히 보편학파(普遍學派)라고 하며, 또 오늘날에는 현대적 관리론과 대비하여 전통적 관리론이나 고전적 관리론이라고 한다.

1950년대 이후 미국 경영학에는 전통적 관리론의 경험규범적(經驗規範的)인 성격을 비판하고 시스템론(論)이나 행동과학의 성과를 응용하면서 가설(假說)을 세워, 이를 검증(檢證)하고 법칙화하는 방법론에 의하여 기술과학(記述科學)으로서의 경영관리론을 구축(構築)하는 방법이 등장하였다. 이를 현대적 관리론이라 하는 데, 그것은 또 취급하는 주제에 따라 조직론적 경영학, 의사결론적 경영학이라고도 한다.

이상은 모두 일반경영학에 속하는 것이지만, 미국 경영학 중에는 기업경영학에 속하는 학파도 있다. 제도파(制度派) 경제학의 흐름을 참작하면서, '자본과 경영의 분리'에 대한 연구를 축(軸)으로 하여 기업의 특질을 이론적으로 분석하는 제도파 경영학, 근대경제학의 수법을 경영에 적용하는 매니지리얼 이코노믹스(비즈니스 이코노믹스), 수학적 경영관리 기법의 개발을 중심으로 한 매니지먼트 사이언스(경영과학 · 관리과학) 등이 그것이다. 미국 경영학의 전모(全貌)는 '매니지먼트 정글'이라는 표현이 있을 정도로 다양하다.

6) 경영복지주의(Corporate Welfarism)

자본주의 초기에는 가혹한 노동조건, 노동시간의 연장, 부녀나 소년노동의 이용, 노동강화 등으로 특징지어진 원시적 노동관계가 지배하였으나, 이어 가부장적 경영정책에 바탕을 둔 종업원의 노동환경의 개선, 사택, 레크리에이션 시설 등의 충실화에 의한 복지정책이 취해졌다.

복지주의라는 점에서 가부장적 경영정책과 공통적이나, 후자의 경우 복지는 경영자의 은혜로서 주어지고 노동조합을 배제하는 목적을 가진 데 대해, 경영복지주의는 회사의 제도로서 종업원 복지의 충실을 도모하는 것이며 복지는 노동조합의 권리로서 인정된다는 점에 그 근대성이 있다. 또 경영복지주의는 종신고용(終身雇用)에 의한 고용의 안정, 연공임금(年功賃金)에 의한 생활급의 유지 등 기본적인 복지를 충족시킴과 아울러 사택 · 후생시설(厚生施設) · 레크리에이션 시설이나 퇴직금제도 등 복리후생제도의 충실을 기하는 것으로, 이것은 특히 일본의 경영방식에 뚜렷하게 나타나 있다. 다만, 경영복지주의는 재벌계 대기업, 기타의 독점적인 시장지위(市場地位)를 가진 대기업에서 비로소 가능한 제도이며, 경쟁이 심한 업계나 중소기업에 있어서는 실행이 불가능하다. 또 경영복지주의하에서 종업원의 환경요인에 대한 인간적 욕구는 충족되어도 인간의 자주성이나 자기실현욕구라는 종업원의 주체성 요인에 대한 인간적 욕구는 충족될 수 없다는 문제를 안고 있다. 경영복지주의의 앞으로의 방향은 폐쇄적이거나 기업이기주의에 흐르지 말고 기업의 사회적 책임의 일환으로서 일반사회나 지역사회에 대해 개방적인 자세로 경영복지주의가 발전해 가야 할 필요가 있다. 가령, 종업원 자제에 한정되지 않은 장학금제도나 회사의 레크리에이션 시설 등의 지역사회에의 개방 등은 그 실행례(實行例)의 하나이다(김성철, 2016).

7) 복지경영학의 개념

기업경영과 마찬가지로 사회복지경영도 비영리조직이지만 효율성과 효과성의 입장에서 '경제목적 달성을 위한 경제적 가치의 조직'이며 동시에 '공통의 목적을 향해 결합된 인간공동사회'이므로 경영관리는 '업무관리'와 '인간관리'의 2중체계로 이루어진다.

사회복지는 이러한 종합적 관리를 경영직능의 수직적 분화와 수평적 분화를 통해 수행한다고 볼 수 있다. 복지경영은 학문적인 복지 소비자의 욕구(needs)에 대한 서비스를 창출하고 서비스를 이루어 내는 자원의 확보・활용 등을 포괄하는 사회복지에 대한 수요와 공급을 정해진 목표 내에서 합리적으로 조정하고 경영관리하는 의미를 가지고 있다. 복지경영(welfare management)은 사회복지에 관한 정책 형성과 이를 실행하는 임상적 실천현장에서 사회복지기관 차원에서의 경영관리와 운영관리를 모두 포괄하는 전반적인 과정이며 복지의 효율성과 효과성을 중심으로 이루어지는 과정이라고 볼 수 있다. 복지경영학은 이러한 복지경영을 이루어 가는 사회복지학과 경영학의 융합의 학문적인 과정이며 결과물이다.

SECTION 02 복지경영학의 시각

1) 경영의 의미

(1) 경영의 일반적 정의

경영이란 무엇일까? "경영은 조직의 사명이나 경영목표를 달성하기 위하여 여러 자원을 효율적으로 활용하는 과정" 또는 "경영이란 조직의 목적이나 목표를 달성하기 위하여 조직이 동원할 수 있는 모든 자원을 사용하여 구성원들의 노력을 계획하고, 조직하고, 지휘하고, 통제하는 일련의 과정"라고 정의할 수 있다.

경영이란 일반적으로 계획(Plan)－실행(Do)－평가(See)가 순환되는 관리 과정이라 할 수 있다. 또한 경영자의 주체적이고 합리적인 의사결정과정을 의미하기도 한다. 경영이란 결국 조직의 목적을 효율적・효과적으로 달성하기 위한 일체의 과정이라 할 수 있다.

(2) 루(L. W. Rue)와 바이아스(L. L. Byars)

"경영은 다른 것들을 통해 무엇인가를 수행하는 것", "경영이란 조직의 목적이나 목표를 달성할 수 있도록 사람들에게 방향을 제시해 주는 활동의 형태나 과정이다"라고 정의하고 있다.

(3) 쿤츠(H. Koontz)

경영을 "경영자가 의미 있는 조직목표를 성취하기 위하여 가능한 한 가장 효율적인 방법으로 조직의 일들을 계획하고(Planning), 조직하고(Organizing), 충원하고(Staffing), 지휘하고(Directing), 통제하는(Controling) 활동이다"라고 정의하였다.

(4) 폴레트(M. P. Follett)와 드러커(Peter Ferdinand Drucker)

"경영은 사람을 통하여 일을 성취하는 기술"이라 정의하였으며, 드러커는 "경영은 조직의 목표를 설정하는 과정이며, 고도의 업무 수행을 위한 조직의 제 자원을 효율적이고 효과적으로 사용하기 위한 의사결정을 행하는 활동"이라 하였다.

드러커
출처 : https://upload.wikimedia.org

(5) 페이욜(Henri Fayal)

"경영은 계획하고(Planning), 조직하고(Organizing), 지시하고(Directing), 조정하고(Coordinating), 통제하는(Controling) 작업"이라고 규정함으로써 오늘날의 경영과정이론의 기틀을 제공하였다.

페이욜
출처 : https://goo.gl/images/zijLZx

(6) 바나드와 사이먼(Barnard & Simon)

경영이란 무엇인가에 관해 학자마다 다양한 정의가 있으나, 이를 종합하면 결국 경영이란 "조직의 목표를 달성하기 위하여 사람, 물질, 금융 등 인적·물적, 재무적 자원과 지식, 정보, 기술자원 그리고 전략 등으로 구성된 경영자원(managerial resource)을 효율적으로 배분하고 운용함으로써 최종 생산물을 생산해 가는 순환과정"이라 할 수 있다.

2) 좁은 의미의 경영의 대상과 넓은 의미의 경영의 대상

경영의 개념은 좁은 의미로서 영리적인 기업의 경영만을 의미하지만, 넓은 의미로는 기업을 포함하여 가계나 국가, 지방자치단체, 학교, 종교단체 등 비영리조직의 경영까지도 포함한다. 특히 글로벌화가 추진되면서 국가도 이제는 국가세

입으로 정해진 세출활동만을 하는 데서 벗어나 글로벌 경쟁의 주체로서 다른 국가와 경쟁하여 영리를 추구해야 하는 성격을 가지므로 경영의 원리가 그대로 적용되는 조직체가 되었다.

따라서 이제는 국가경영, 도시경영, 학교경영, 병원경영, 복지경영이라는 말을 흔히 들을 수 있다. 이는 경영의 개념이 이제가지의 좁은 의미로서가 아니라 넓은 의미로서 받아들여져야 함을 의미하는 것임과 동시에 영리조직과 비영리조직을 포함하는 모든 조직을 운영하는 기본 원리로서 작용하고 있음을 알아야 한다.

3) 경영에 필요한 자원

경영에 필요한 자원인 경영자원은 생산품이나 서비스와 같은 최종 산출물을 생산하기 위하여 소요되는 여러 종류의 투입요소를 말한다. 이러한 투입요소는 대개 하드웨어적 측면에서 인적 자원, 물적 자원 그리고 재무적 자원이 필요하고 소프트웨어적 측면에서는 지식 · 정보적 자원, 기술적 자원 그리고 전략이 필요하다.

(1) 하드웨어적 자원

① 인적자원

인적 자원은 경영활동에 참여하는 사람을 뜻하는데, 조직이나 기업에서 사람처럼 중요한 자원은 없다. 자동화나 기계화가 고도로 진전되어 있다 하더라도 경영의 주체는 사람이며, 사람들에 의해 경영의 궁극적인 성과가 이루어진다. 인적 자원을 구성하는 두 개의 집단은 경영자와 종업원이다. 경영자는 기업의 목표를 설정하고, 자원을 배분하고 운영하여 높은 성과를 얻기 위하여 의사결정을 하는 사람이다. 반면에 종업원은 경영자의 지시나 감독에 따라 정신적 · 육체적 노동을 제공하는 사람들이다. 종업원과 경영자라는 두 개의 인적 요소는 서로 불가분의 관계에 있으므로 이 두 집단이 의사소통을 원활히 하고 원만한 인간관계를 유지할 때에만 기업은 높은 경영성과를 이룩할 수 있다.

② 물적 자원

물적 자원은 기업이 경영활동을 영위하는 데 필요한 공간의 설비와 건물, 토지, 기계나 장비 등의 물리적 시설과 지리적 입지, 원재료에 대한 접근성 등을 의미한다. 물적 자원 투자는 신중할 필요가 있는데, 일반적으로 물적 자원에 관한 투자는 매우 큰 재무 자원을 소비하는 경우가 많아 투자가 잘못 이루어지게 되면 경영에 큰 어려움이 있을 수 있기 때문이다.

③ 재무 자원

재무 자원은 기업의 경영활동을 수행하는 데 자금 등과 같이 재무적 가치를 갖는 자원을 의미한다. 자본은 기업을 창업하고 운영하는 데 필요한 자금으로서 자체적으로 마련할 수도 있으며, 주식이나 채권을 발행하여 투자자로부터 제공받을 수도 있다.

(2) 소프트웨어적 자원

① 지식 · 정보 자원

지식(knowledge) · 정보(information) 자원은 기업에 있어서 인적 자원과 재무적 자원 못지않게 중요한 자산이며 정보사회와 지식기반 사회가 진전될수록 그 중요성은 더욱 높아질 것이다. 산업사회에서 정보사회로 접어든 지금 지식이나 정보의 중요성은 아무리 강조해도 지나침이 없다.

② 기술 자원

기술적 자원은 과학기술이나 생산 · 공정관리기술, 연구개발(R & D) 등을 의미한다. 기술적 자원들은 공장의 자동화 및 기계화, 업무의 정보화 및 가속화, 신소재의 채택 등을 통하여 새로운 제품이나 서비스를 개발하게 하고 생산 공정 및 시설의 개선과 판매관리의 혁신 등 제반 경영부문에 결정적 영향을 미치는 자원이다.

③ 전략

전략(strategy)이란 기업이 경영목표를 달성하기 위하여 미래에 수행하여야 할 방향을 정하는 것이다. 즉, 기업이 어떤 방향으로 나아가야 할지 또 그것을 실현시키기 위한 방법이 무엇인지 결정하는 것을 전략이라고 한다. 따라서 기업은 반드시 목표달성을 위한 전략을 가지고 있어야 한다.

4) 경영과 관리의 의미

경영(business administration)이라는 개념과 관리(management)라는 개념의 구분이 모호하고 혼동되어 사용되고 있다. 가령, 경영을 business management라고 하기도 하며, 또는 그냥 business 혹은 management라고 하기도 한다.

경영과 관리를 동일한 개념으로 사용할 것인가 아니면 구분하여 사용할 것인가에 대한 통일된 견해가 아직 없다. 그러나 논리적 편의상 경영을 관리보다 포괄적인 개념으로 간주하고, 관리라는 개념 대신 경영이라는 개념으로 파악하여 설명하면 다음과 같다.

'경영'은 목적을 설정하고 결정하는(determinative) 기능이고, '관리'란 그 목적을 지향하여 수행하고 집행하는(executive) 기능이라고 구분하는 시각이다. 이 경우 경영은 관리의 상위적인 개념으로서 장기경영계획 수립 및 기본 운영방침의 설정, 외부 이해집단관의 이해관계 조정과 같은 거시적이고 포관적인 행동이며 경영수뇌부와 관련된 업무이다. 반면에 관리는 경영보다는 하위적인 개념으로서 경영계획이나 방침을 효율적으로 수행하기 위하여 제 자원을 적절히 배치 · 지시 · 감독하는 미시적 · 지엽적 · 단기적 · 기계적인 실천기능으로서 경영의 하층구조와 관련된 업무라고 할 수 있다.

경영과 관리를 경영계층과 관련시켜 정의하는 견해도 있다. 경영이란 최고경영층의 전략적 · 정책적 결정을 가리키며, 관리는 중간경영층이나 감독계층의 일상적 업무결정을 가리킨다는 견해이다. 이런 이유 때문에 기업의 사장이나 임원 등은 경영자로, 부장이나 과장 등은 관리자로 지칭하기도 한다.

결국 경영은 상위적 · 기획적 개념으로, 관리는 하위적 · 실천적 개념으로 보는 것이 타당하다고 본다.

5) 복지경영의 접근

사회복지에서 경영학은 복지를 새로운 시각으로 보게 한다. 일반적인 사회복지에서 매우 중요하게 강조되었던 이론들은 너무나 추상적이어서 가깝게 여겨지지 않는 것이 대부분이지만 '복지경영학'에서 본 복지는 그렇지 않다. 물론 우리나라 현실을 생각한다면 아직은 먼 미래의 일 같지만 사회복지가 앞으로 나아가야 할 방향성은 '복지경영'이라고 생각한다. 복지경영을 통하여 우리의 시각 전환이 매우 필요하다.

6) 사회복지 경영컨설팅

서울복지재단에서는 2005년부터 '사회복지시설 경영합리화 및 효율성 증진'을 목표로 표준경영모델 개발 연구를 시작하여 사회복지시설 경영컨설팅 사업을 추진하고 있다. 앞으로는 더욱 더 다양하고 심화된 내용으로 경영컨설팅이 필요하다고 본다. 이제는 복지도 사회과학과 복지경영학의 시각에서 효율성과 효과성을 위하여 사회복지경영 컨설팅을 통하여 재정비하고 미래복지를 준비해 나가야 할 것이다.[8] 경영학은 자본주의 경제를 바탕으로 하고 있는 일반적인 기업의 사적(私的) 영리를 목적으로 한 조직체이다. 경영학은 이와 같은 기업의 활동을 조직체의 활동으로 인정하고 그 행동을 분석한다는 데 특징이 있다.

그러나 공기업 · 공공사업단체 · 협동조합 등 영리를 목적으로 하지 않는 경제단체와 사회복지단체도 그들의 활동을 조직체의 활동으로 인정할 때에는 경영학의 연구대상이 된다. 이러한 연구대상과 관련해서 기업행동의 의사결정, 부서간 및 외부 이해단체들 간의 상호작용, 합리적 경영을 위한 제반 문제의 관찰과 분석 등 다양한 측면의 연구가 필요하다고 본다.

8) 2014.08 사회복지시설 경영컨설팅 표준매뉴얼 개발 연구 자료 참고.

SECTION 03 경영자와 복지경영학

1) 경영자의 정의 및 중요성

(1) 경영자의 정의

기업은 여러 사람들이 공동의 목적을 달성하기 위해 고안된 조직이며, 조직 내 타인 활동을 조정하고 조직의 목표를 달성하기 위해 방향을 제시하고 조정을 수행하는 사람이 바로 경영자인 것이다.

(2) 경영자의 중요성

경영자는 기업 내 구성원의 역할 및 행동을 규정하는 사람으로서 기업경영에 없어서는 안 되는 가장 중요한 요소이다. 왜냐하면 사회는 조직 없이 움직일 수 없고, 기업조직은 경영자 없이 그 어떤 것도 할 수 없기 때문이다.

(3) 경영과 경영자와의 관계

경영은 기업의 비전과 목표달성을 위해 계획하고 실행하고 이를 평가하는 일련의 과정이다. 그러나 비인격체라고 할 수 있는 기업은 이와 같은 활동들을 스스로 수행하지는 못한다. 즉, 기업의 방향을 결정짓고 경영활동을 직접 수행하는 주체가 있어야 하는데, 이러한 역할을 담당하는 인격체가 바로 경영자이다. 따라서 경영자는 경영을 총괄하면서 경영에 대한 책임을 지게 된다.

2) 경영자의 유형

경영자의 유형을 구분하는 기준에는 첫째, 수직적 위계수준에 의한 분류, 둘째, 소유와 경영의 분리과정에 의한 분류, 셋째, 직무범위에 의한 분류 등이 있다.

(1) 수직적 위계수준에 의한 분류

① 상위경영자(top manager)

최고경영자는 조직의 가장 위에 위치하여 이사회에서 결정된 기본 방침을 실천에 옮기기 위한 전반적이고 총괄적인 관리기능을 담당하며, 기업의 사회적 책임도 지는 경영자이다.

일반적으로 회장, 사장, 전무, 상무 등 임원에 해당하는 계층에 속하는 경영자이며, 기업의 중장기 목표와 전략의 수립결정, 회사방침과 비전의 설정, 사회적·법률적으로 우호적인 관계의 형성 등에 관여한다.

상위경영자 중에서 회장, 대표이사, 사장 등 기업의 모든 업무를 총괄하고 책임지는 경영자를 최고경영자(CEO : Chief Executive Officer)라고 부른다.

② 중간경영자(middle manager)

중간경영자는 조직의 중간계층에 위치하여 상위경영자에 의하여 결정된 집행방침과 위양된 권한의 범위하에서 보다 구체적인 관리지침을 수립하여 하위경영자를 지휘·감독하고 근로자에게 직접 명령하는 경영자이다.

일반적으로 중간경영자는 부장, 차장, 과장 등의 직급에 해당하는 경영자로, 상위경영자와 하위경영자 중간에서 상호 간의 이견을 조정하고 원활한 의사소통을 돕는 역할을 수행한다.

③ 하위경영자(first-line manager)

하위경영자는 현장에서 직접 작업을 담당하는 근로자나 사무원을 지휘 감독하는 경영자로 작업경영자 또는 일선경영자라고도 한다. 일반적으로 생산현장의 직장, 조장, 반장 등의 일선감독자와 사무직의 계장 또는 대리에 해당하는 직책이다.

이들은 실무에 종사하는 구성원들이 하는 업무에 대하여 직접적인 책임을 진다. 또한 이들은 기술적이 능력을 갖추고 있으며 주로 사원들과 고충, 일정 계획 및 사원들의 행위에 대한 관리책임을 진다.

(2) 소유와 경영의 분리과정에 의한 분류

① 소유경영자(owner manager)

소유경영자란 기업을 소유하고 있는 사람, 즉 출자자 또는 대주주가 직접 경영에 참가하여 운영, 관리하는 경영자를 말하는데, 기업 설립 초기에는 소유경영자에 의한 경영이 대부분이다. 소유경영자는 원래 산업화 초기에 기업 규모가 그리 크지 않고 전문적인 경영능력도 별로 요구되지 않아 기업에 대한 출자와 경영기능을 동시에 수행하던 사람을 의미했다.

② 고용경영자(employed manager)

고용경영자는 기업의 규모가 커지고 기능과 역할이 확대됨에 따라 소유경영자에게 고용되어 경영관리기능의 일부 또는 전부를 위탁받아 소유경영자의 특정 분야에 대한 지원역할을 수행하는 경영자로 경영자의 속성보다 종업원의 속성을 더 많이 보유한다.

③ 전문경영자(professional manager)

전문경영자란 원래 전문경영체제하의 경영자를 의미하는데, 전문적인 경영지식과 능력을 가진 경영자로 기업의 소유권으로부터 독립해 기업에 대한 경영권을 확보하고 기업경영에서 유일한 의사결정주체로서의 역할을 하는 자를 가리킨다. 전문경영자는 대규모화된 자본이 필요함에 따라 소유와 경영이 분리되는 현상이 나타났으며, 이러한 경영의 역할을 담당하는 사람으로 종업원의 속성보다 경영자의 속성을 더 많이 보유한다.

전문경영자는 주주를 포함한 이해관계자에 대한 책임을 지고 경영자로서의 역할을 수행하여야 한다. 소유권으로부터 독립된 전문경영자의 역할을 기업 내 각기 다른 이해관계자, 즉 주주 · 근로자 · 공급자 · 채권자 등의 상호 대립하는 요구를 조정할 수 있다.

(3) 직무범위에 의한 분류

① 직능경영자(functional manager)

직능경영자는 특정한 조직 활동 부문인 회계, 재무, 인사, 생산이나 판매 등과 같이 기업의 한 부문 활동에만 책임을 지고 있는 경영자로서 부문관리자라고 부르기도 한다.

② 총괄경영자(general manager)

총괄경영자는 기업 전체를 총괄하는 차원에서 경영하는 경영자로 직능경영자의 상위경영자로서, 직능경영자로부터 발생하는 각 부문 간의 이해상충을 조정 · 통합하는 역할을 수행한다.

3) 경영자의 직능

(1) 계획(planning)

계획은 임무와 목표 그리고 이들을 달성하기 위한 행동방안의 선택을 포함한다. 이는 명확하게 경영 목표를 세우고 어떻게 이를 달성할 것인가에 대한 전략을 수립하는 활동을 의미한다.

(2) 조직화(organizing)

조직화란 수립된 계획을 수행하기 위하여 인적 및 물적 자원을 결합하고 할당하는 것을 말한다. 따라서 조직화란 앞으로 수행하게 될 과업에 따라 조직구조를 구축하고, 조직에 맞는 인원을 배치하며, 이들에게 자원을 공급함으로써 계획을 집행할 수 있도록 한다.

(3) 지휘(leading)

지휘란 조직 구성원이 부여받은 업무를 자발적으로 수행하도록 그들에게 의욕을 불어넣어 주고 영향력을 행사하는 경영자의 기능을 말한다. 따라서 지휘는 다른 사람의 작업노력을 행동계획에 맞는 방향으로 유도하는 것으로 경영목표를 효과적으로 달성할 수 있도록 기업 구성원들이 각자의 직무를 충실히 수행하도록 지도하고 격려하는 것을 말한다.

(4) 통제(controlling)

통제는 조직 구성원들의 행동결과가 계획에 일치되도록 하기 위하여 이들의 활동을 측정·수정하는 것이다. 따라서 통제는 성과 목표 대비 실제 성과를 측정하며, 목표와 실제 간에 큰 차이가 발생하였다면, 그 차이 원인을 규명하고, 관리하여 성과의 지속적 개선이 가능하도록 한다.

4) 경영자의 역할 변화

(1) 기업내부에 대한 역할의 변화

① 기업목적/비전설정 중시

경영자가 수립한 전략이 조직 전체의 목적에 연결되어 구성원의 자발적 동기를 유발하고 소기의 성과를 창출하기 위해서는 전략을 수립하기 전에 기업 목적을 올바루 정립하여 이를 구성원에게 알려야 한다.

② 관리과정의 중시

진취적인 기업은 조직을 구조로 파악하는 것이 아니라 과정으로 파악하여 수평적 정보전달과정을 중시한다.

③ 종업원 육성 중시

기업의 경쟁력을 창출하는 핵심은 종업원이 지니고 있는 경험과 노하우를 바탕으로 한 지식에 있으며 경영자는 이러한 경영자원을 개발하기 위해서 종업원의 역량을 지속적으로 육성해야 한다.

④ 리더십

경영자는 자신의 리더십을 십분 발휘해 종업원들과 공동으로 목표를 달성할 수 있도록 노력해야 한다.

(2) 기업 외부환경에 대한 역할 변화

① 인식 범위의 확대

경영자의 활동영역이 확대되고 경영환경의 영향이 커짐에 따라 경영자가 인식해야 할 범위도 넓어지고 있다.

② 통합능력

조직 전체의 프로세스는 통합되어야 하며, 각 수준별 기능을 조정하는 것은 경영자의 핵심 역할이다.

③ 효과적인 의사소통

효과적인 의사소통을 위해 경영자는 종업원들에게 일정한 기대치를 제시해 주어야 할 뿐만 아니라 종업원들이 가지고 있는 다양한 기대가치를 합리적으로 구분해주어야 한다.

④ 지식습득능력

세계화 추세의 경영환경하에서 경영자는 기술적인 지식뿐만 아니라 문화적 차이, 국제사업관행 등에 대한 지식을 습득할 필요가 있다.

5) 경영자의 능력

(1) 경영자에게 필요한 세 가지 능력

경영자는 조직의 목표달성을 위해 계획을 수립하고, 조직을 구성하고, 부하직원을 지휘 · 감독 · 통제하는 일련의 경영활동과정을 성공적으로 수행하기 위해서는 이에 필요한 전문적 능력을 갖추어야 한다. 각 기능별로 기초 지식을 갖추어야 함은 물론 나름대로의 자질을 갖추고 있어야 한다. 카츠는 어떠한 경영자든 그가 성공하기 위해서는 다음 세 가지 분야에 관한 기술을 갖추어야 한다고 주장하였다.

① 전문적 기술(technical skills)

전문적 기술이란 맡은바 전문적인 분야에서 방법, 과정 또는 절차에 관하여 특수하게 숙달된 기술 또는 전문지식을 사용할 수 있는 기술을 말한다. 예를 들어, 의사, 변호사, 공인회계사 등은 담당분야의 전문적 지식을 지니고 있어야 하듯이 경영자들 역시 자신들이 책임지고 있는 업무를 정확히 파악할 수 있는 충분한 전문적인 지식과 능력을 갖추어야 한다. 여기서 요구되는 전문적인 지식과 능력이라 함은 미래 예측과 관련되어 의사결정에 도움을 줄 수 있는 정보, 전략 실행에 효과적인 기법, 경영통제 및 피드백을 위해 요구되는 사실 등과 같은 것들이 그 예라 할 수 있다.

② 원만한 인간관계의 기술(human skills)

인간관계적 기술이란 개인 또는 집단으로서 다른 사람들과 같이 일하고, 그들을 이해하며, 그들에게 동기를 부여할 수 있는 능력을 말한다. 이는 대인 간의 신뢰, 열의 및 인간관계의 형성을 통하여 습득될 수 있다.

훌륭한 인간관계적 기술을 갖기 위해서는 다른 사람들과 대화를 많이 하고 상대방의 이야기를 경청할 줄 알아야 한다. 또한 동기부여를 통하여 부하직원들이 항상 좋은 분위기, 신바람 나는 분위기에서 일을 할 수 있도록 함으로써 주어진 목표를 효율적으로 달성할 수 있다. 특히 권위주의적인 조직하에서 상의하달 식으로 부하직원에게 일방적으로 명령하는 것은 더 이상 바람직한 유형이 아니다.

③ 개념적 기술(conceptual skills)

개념적 기술이란 기업의 모든 이해관계와 활동을 조정, 통합할 수 있는 정신적 능력을 말한다. 다시 말해 이는 기업조직을 전체로 보고 각 부분이 어떻게 의존관계를 유지하는지 통찰할 수 있는 능력을 말한다.

조직을 운영하는 데 있어서는 조직 내에서 세부적으로 능수능란하게 업무를 수행하는 능력도 필요하지만, 조직 밖에서 전반적으로 조직이 지금 어떠한 방향으로 가고 있으며, 조직이 속한 사회가 어디이고, 기업의 경우 지금 어떠한 산업에서 활동하고 있으며, 그 산업이 어떠한 특성을 가지고 있는가를 파악하는 능력도 필요하게 된다. 다시 말해 숲 속에서 나무만 보지 않고 숲 전체를 보는 안목과 능력이 필요하다는 것이다. 이는 특히 상위경영자에게 더욱 요구되는 능력이라 할 수 있다.

(2) 경영능력

① 개념적 능력

사고를 통해 추상적인 관계를 다룰 수 있는 정신적 능력으로서 이는 경영자로 하여금 조직을 거시적이고 전체적인 안목에서 바라볼 수 있게 하며, 조직이 다른 요소와 상호 종속적으로 관련되어 있다는 것을 알게 해준다.

② 인간적 능력

다른 구성원들과 상호작용하고 의사소통할 수 있는 능력으로서 이는 경영자로 하여금 구성원들을 리드하고 동기부여시키고 이들에게 영향력을 행사할 수 있도록 해준다.

③ 기술적 능력

경영기법, 운영 프로세스 등을 활용할 수 있는 능력으로서, 이는 경영자로 하여금 구체적이고 기술적인 문제를 해결할 수 있게 해줄 뿐 아니라 종업원의 과업을 감독하고 평가할 수 있도록 해준다.

④ 경영단계별 능력의 중요성 정도

최고경영자는 개념적 능력이 상대적으로 중요하고, 중간경영자는 인간적 능력, 그리고 하급경영자는 기술적 능력이 상대적으로 중요하다.

6) 경영학의 확대

1920년부터는 경영학이 주로 공학적(工學的) 접근에 의한 산업분야의 과학적 관리에 편중되었던 것에서 벗어나 마케팅 · 재무관리 · 인사관리 · 회계 등 다양한 분야로 확대되었다. 1930년대에는 노동조합의 영향력행사의 증가로 인한 빈발한 노동문제를 해결하기 위해 노사관계를 정립하고 인적 자원을 효율적으로 관리해야 할 필요성이 증대되었다.

이에 인간관계 · 노동관계 · 산업조직 · 경영관리 등에 관한 연구가 전개되었고 학문적 체계 또한 이루어졌다. 제2차 세계대전 중에는 합리적 경영의사결정에 필요한 과학적 기법, 계량분석 등이 발달하여 경영학의 개량화를 촉진시켰다.

제2차 세계대전 후 소비자들의 심리상태와 행동을 연구하기 위해 심리학·사회학·인류학·인간생태학 등 행동과학을 경영학에 응용하기 시작했다. 이 결과 '소비자행동론', 조직운영에 행동과학을 응용한 '조직행동론'이 성립되었다.

7) 경영학의 발전

이후 1990년대까지 다양한 이론들이 제기되면서 발전해 왔다. 현재는 경영다각화와 시장다변화를 중심으로 국제경영·리스크관리 등에 관한 연구가 활발하며 정보화시대의 도래에 따라 경영정보 시스템이 주요 관심사로 등장했다. 경영학은 개개인에게 능력의 한계가 있다는 것을 기본적 전제로 삼고 있다.

또한 상황인식이나 물리적 행동능력에도 한계가 있음을 상징한다. 즉, 개인은 능력의 한계가 있고 목적을 달성하기 위해 최적의 행동을 취한다는 보장이 없다. 따라서 행동을 취할 수 있는 몇 가지 대체적 선택 가운데 하나를 택하는 의사결정을 하게 된다.

이 같은 의사결정을 하려면 시간과 에너지를 소비하게 된다. 경영학은 결국 이와 같은 의사결정을 중심으로 기업 활동을 이해하고 설명하려는 것이다. 사회복지는 이타적인 마음으로 하는 나눔과 섬김의 사역이지만 미래의 복지는 '복지경영학'의 시각에서 과학적이고 체계적인 경영학의 이론과 실천에서 진행될 때 복지의 주체와 객체 모두 희망적인 복지로 나아갈 것이라고 본다.

8) 비영리조직의 마케팅

비영리조직에서 마케팅의 중심목적은 단지 판매와 수요의 창출이 아니라 수요관리(demand management)가 된다. 마케팅은 인간의 욕구와 수요에서 시작한다. 인간의 필요는 기본적인 만족의 결핍을 느끼고 있는 상태이다.

인간은 생존을 위해 의식주, 안전, 소속감, 자존감 등을 필수적으로 갖추어야 하는데, 이 같은 것들이 결핍되었다고 느낄 때 그 사람은 욕구(need)를 가지고 있다고 볼 수 있다. 이 같은 욕구들은 사회나 마케팅에 의해 만들어지는 것이 아니라 인간이 생리적으로 가지고 있거나 인간의 조건 그 자체에 의해 생겨난다.

소비자들은 가지고 있는 욕구를 만족시킬 수 있는 구체적인 제품이나 서비스에 대한 선호(want)를 갖게 된다. 이러한 선호는 문화나 사회에 따라 다르며, 학교, 기업, 가족 등의 사회적 제도나 힘에 의해 형성되고 끊임없이 변형되어 간다.

특정 제품이나 서비스에 대한 욕구가 구매의사와 능력에 의해 뒷받침될 때 우리는 그것을 수요(demand)라고 한다. 즉, 지불능력이 있는 욕구는 시장에서 수요가 된다. 소비자들은 제품이 가져다줄 혜택이나 이익을 계산하고, 지불되는 금액에 비해 가장 큰 이익을 제공하는 제품을 선택한다. 뛰어난 마케팅 기업들은 고객들의 욕구와 수요를 파악하는 데 철저하다.

즉, 그들은 소비자들이 좋아하는 것과 싫어하는 것을 알기 위해 소비자조사를 수행한다. 그리고 마케팅 기업들은 고객의 요구사항, 보증 및 서비스 자료를 분석한다. 또한 기업들은 자신의 제품과 경쟁되는 제품을 사용하는 고객들을 관찰하여 충족시키지 못하고 있는 고객들의 욕구를 간파하도록 판매원들을 교육시키고 있다.

따라서 고객의 욕구와 수요를 세밀하게 이해한다는 것은 마케팅 전략을 수립하는 데 중요한 투입요소를 제공한다. 소비자들은 제품이나 서비스를 가지고 그들의 욕구와 수요를 충족시킨다. 그리고 소비자들은 여러 대안들 중에서 그들의 욕구를 가장 잘 만족시켜 줄 수 있다고 생각하는 대안을 선택한다.

그러나 소비자들은 욕구나 수요의 충족이라는 면뿐만 아니라 어떤 대안을 얻기 위해 지불해야 하는 대가를 동시에 생각한다. 따라서 소비자들이 제품을 선택하는 데 있어 지침이 되는 개념은 각 대안이 소비자에게 제공할 수 있는 가치라고 할 수 있다.

가치라는 것은 고객이 그 제품을 소유하고 사용하여 획득한 혜택(혹은 이익)과 그 제품을 획득하는 데 소요되는 비용 간의 차이이다. 대안의 가치는 가격을 고려한 대안의 고객만족수준이다. 만족은 소비자의 기대에 비하여 가치를 전달하는 데 있어 제품에 대해 지각하는 성능에 좌우된다. 만약에 제품의 성능이 기대에 일치한다면 구매자는 만족하는 것이다.

어떤 제품이나 서비스가 소비자의 욕구나 수요를 충족시키고 소비자에게 만족과 가치를 제공한다고 하더라도 그 제품이나 서비스를 제공하는 기업에게도 무엇인가 이득이 있지 않으면 교환은 일어나지 않는다.

교환은 가치 있는 제품이나 서비스에 대해 대가를 제공하고 획득하는 행위를 말한다. 교환이 실제로 일어나기위해서는 교환의 조건이 교환의 당사자로 하여금 교환 이전보다 더 나은 상태로 만들어 줄 수 있어야 한다. 그런 의미에서 교환은 가치를 창조하는 과정이라고 할 수 있다.

따라서 욕구나 수요를 충족시키는 수단으로서 교환은 상당히 중요한 것이다. 마케팅은 소비자의 욕구를 발견하여 충족시켜 주는 과정이라고 할 수 있다. 사회복지조직의 입장에서는 대상자의 욕구를 정확하게 파악하여 그에 맞는 서비스를 제공하는 과정이라고 할 수 있다.

사회복지조직에서의 마케팅 개념 도입을 위해서는 우선적으로 사회복지조직의 존립당위성을 제공하는 서비스가 무엇인지가 명확해야 하며 이를 토대로 고객인 대상자들의 행동을 분석하고 차별화된 마케팅을 통하여 사고의 전환을 시도할 수 있다.

02
CHAPTER

경영전략과 기업환경

CHAPTER 02 경영전략과 기업환경

SECTION 01 경영전략과 복지경영

1) 전 략[1)]

그리스어 strategia에 그 어원을 두고 있는 전략이란 용어는 전쟁에서 적을 속이는 술책이라는 뜻을 가지고 있으며, 18세기 말까지의 전쟁은 이와 같은 의미로서만 통하였다. 그러나 전략의 개념은 본질적으로 동적(動的)인 것이기 때문에 전술이 복잡해지고 다양화됨에 따라 진략의 개념도 점차 번화하었다. 예를 들면, 나뽈레옹[2)]이 생각했던 전략적인 문제가 그 본질에 있어서 오늘날 개념으로는 전술적일 수가 있다.

시대의 변천에 따라 무기기술이 발전되었듯이 전략의 개념도 발전되었으며, 또한 전략은 군사적 개념으로서의 통규(通規)를 벗어나 기업전략 등 비군사적 분야에도 응용되고 있다.

2) 경영전략

원래 군사용어였던 전략(strategy)의 개념은 '전쟁에 관한 전체적인 계획과 군사행동의 틀을 수립하고 그 안에서 개별적인 전술을 결정하는 것'으로 정의되었으나, 챈들러(Chandler, 1962)[3)]에 의해 '조직의 장기적 목표 및 목적을 설정하고, 이를 달성하

---

1) 전략(戰略, strategy)은 본래 군사에서 쓰이는 낱말로, 특정한 목표를 수행하기 위한 행동 계획을 가리킨다.

2) '내 사전에 불가능이란 없다.' 나폴레옹은 이 말로 잘 설명된다. 그는 프랑스령의 외딴 섬 코르시카 출신으로 가난과 설움 속에서 군사학교를 졸업하고 뛰어난 능력으로 프랑스 구국의 영웅이 되었다.

3) 경영사학에서 그리고 경제학의 산업조직론의 분야에서 챈들러는 "Strategy and Structure(1962)", "The Visible Hand(1977)" 그리고 "Scale and Scope(1990)"의 명저를 저술하였다. 특히 구조는 전략을 따른다는 유명한 말을 남겨 경영전략(strategic management) 분야 중에서 기업의 구조와 전략(다각화 측면)에서 많은 미국 거대기업(대기업)의 사례(P&G, GE 등)를 통하여 기업의 진화과정을 잘 설명하였다.

는데 필요한 행동방식을 채택하여 모든 자원을 분배하는 것'으로 정의되었다.

이와 같이 기업의 경영활동 차원에서 사용되는 경영전략은 의사결정이 이루어지는 기업 내부의 수준에 따라 몇 가지로 나누어 볼 수 있다. 여러 가지 서로 다른 사업들을 동시에 수행하는 다중사업(multi-business) 기업의 경우 일반적으로 다음과 같이 전사적 · 사업부 · 기능별 수준에서 각각 경영전략이 이루어진다고 할 수 있다.

(1) 전사적 수준(corporate level)[4]

전사적 수준에서의 전략경영은 전략본부의 책임을 맡고 있는 최고경영층에 의해 이루어진다. 이것은 주로 기업의 전체 목표를 정의하고, 무슨 사업에 참여하며 어떻게 사업부들 간에 자원을 배분할 것인가를 결정한다. 따라서 전사적 수준의 전략 경영은 새로운 사업영역의 선택, 기존 사업의 포기, 성장의 우선순위 결정, 장기적 자본조달 방안, 배당 정책 등과 관련된 문제들을 다룬다. 이와 같은 문제들은 기업전체적 관점과 장기적 시야를 필요로 하며, 잠재적 수익성이 높은 반면 위험부담이 높은 것이 특징이다. 전사적 수준의 의사결정은 보통 최고경영자가 전략 스태프의 도움을 받아 결정하거나 이사회의 결의를 통해 결정한다.

(2) 사업부 수준(business level)

여러 사업들을 동시에 영위하는 기업의 경우 여러 개의 독자적인 사업부들이 존재한다. 각 사업부는 각기 독자적인 사업영역을 가지고 있으며, 생산, 마케팅, 재무, 인사 등 독자적인 경영기능들을 소유하고 있다. 사업부 수준의 전략경영이란 이러한 개별 사업부 안에서 이루어지는 것을 말한다.

전사적 전략경영이 기업 전체의 관점에서 사업의 균형을 이루는 데 주안점을 두는 것에 반해, 사업부 수준의 전략경영은 특정 사업에 국한된 전략적 의사결정들을 주 내용으로 한다. 즉, 이것은 전사적 수준에서 결정된 전략적 방향과 목표에 입각하여 개별사업의 영위에 필요한 구체적 전략들을 결정한다. 따라서 사업

4) 전사적 수준의 전략(Corporate strategy)은 복수의 사업을 운영하는 기업체가 기업 전체의 경쟁우위를 어떻게 얻을 수 있는가에 대한 전략 이론이다.

부 수준의 전략경영은 미리 정해진 사업영역 안에서 어떻게 경쟁자들과 효과적으로 경쟁해 나갈 것인가의 문제를 주로 다룬다. 사업부 수준에서의 전략적 의사결정은 시장 세분화, 유통채널, 원가구조, 공장입지 등과 같이 상대적으로 구체적이고 경쟁우위의 확보와 관련된 것이 대부분이다.

(3) 기능별 수준(fuctional level)

기능별 전략경영은 궁극적으로 각 경영기능별 경영자들이 담당한다. 이것은 생산, 마케팅, 재무, 인사, 연구개발 등 각 경영기능에서의 단기적 목표와 전략방안들을 강구함을 주 내용으로 한다. 기능별 수준에서의 의사결정은 사업부 수준에서 결정된 전략을 실천하는 것과 직접 관련되어 있다. 따라서 기능별 수준의 전략들을 앞에서 설명한 사업부 수준에서의 전략들과 일관성을 가져야 한다.

기능별 수준에서의 전략적 의사결정은 전사적 또는 사업부 전략에 비하여 단기적이며 보다 구체적이다. 즉, 이 의사결정은 주로 생산시스템의 효율성 제고, 적정재고 수준의 결정, 고객서비스의 질적 향상, 연구 개발의 방법결정 등과 같은 실천적 문제를 다룬다.

3) 가치사슬의 개념

기업활동에서 부가가치가 생성되는 과정을 의미한다. 모든 기업은 구매물류, 생산, 배송물류, 마케팅 그리고 사후서비스를 포함하는 모든 활동의 집합체로 볼수 있으며, 이러한 개념이 바로 가치사슬(value chain)[5]의 개념이다. 경쟁적인 의미에서 가치란 단순한 가치가 아니라 기업이 제공하는 제품을 대상으로 구매고객이 기꺼이 지불하려는 금액을 의미한다. 따라서 가치사슬이란 기업의 모든 활동에 의해 고객에게 도달하기까지의 연결관계를 나타내는 것이며, 이러한 가치사슬관점에서 경쟁상황에 대한 분석은 가격을 중심으로 하는 것이 아니라 가치를 중심으로 해야 한다.

---

5) 가치 사슬 모형(value chain model)은 기업에서 경쟁전략을 세우기 위해, 자신의 경쟁적 지위를 파악하고 이를 향상시킬 수 있는 지점을 찾기 위해 사용하는 모형이다. 가치 사슬의 각 단계에서 가치를 높이는 활동을 어떻게 수행할 것인지 비즈니스 과정이 어떻게 개선될 수 있는지를 조사하여야 한다.

1985년 미국 하버드대학교의 마이클 포터(M. Porter)[6)]에 의하면 기업의 경쟁우위는 기업을 전체적으로만 연구해서는 이해하기 어렵다. 경쟁우위는 기업의 조직, 생산, 마케팅, 물류, 지원이라는 다채로운 활동에서 발생하고 이러한 활동은 각각 기업의 상대적 비용우위에 기여하고 또한 차별화의 토대를 만든다. 즉, 가치사슬은 비용 측면에서의 경쟁우위를 어떻게 창출하는가를 위하여 비용구조를 분석하기 위한 기법이다.

가치사슬은 총 가치로 표시되며 이는 가치활동과 이윤으로 구성된다. 가치활동은 기업이 수행하는 활동가운데 기술적 · 물리적으로 구별이 되는 활동으로 소비자에게 가치 있는 제품을 제공하기 위해 필요한 기업의 활동이며, 이윤은 기업이 창출한 총 가치에서 제반 가치 활동을 수행하는 데 필요한 총 원가를 뺀 차액을 말한다. 그리고 가치를 창출하는 활동은 크게 주활동(primary activities)과 지원활동(support activities)로 나누어 볼 수 있다.

(1) 주활동(primary activities)

주활동은 다섯 가지의 활동으로 구분된다.

① 물류투입 활동

생산활동에 필요한 원부자재, 즉 투입요소를 구매하는 활동을 제외하고 일단 구매된 것을 보관하고 관리하며 불량품을 반품하는 등 생산라인에 효율적으로 투입하기 위한 활동을 말한다.

② 운영활동

운영활동은 물류투입 활동으로 투입된 원부자재를 최종 제품으로 만드는 제조과정을 말한다. 예를 들면, 기계의 조작, 포장, 기계설비 운영, 공장의 유지 보수관리, 검사 등의 활동이 이에 해당된다.

③ 물류산출 활동

이것은 운영활동을 통해서 만들어진 제품을 창고에 보관하여 두었다가 고객의

6) 마이클 유진 포터(Michael Eugene Porter, 1947~)는 경영학과 경제학을 주로 연구하는 미국의 학자이며, 모니터 그룹(The Monitor Group)의 설립자이기도 하다.

주문이 있을 때 구매자의 손에까지 운반해 주는 활동과 관련된 것을 포함한다. 제품의 수송, 보관 및 구매자에게 전달될 때까지의 수주처리, 출하계획 등을 의미한다.

④ 마케팅과 판매활동

이것은 구매자를 설득하여 자사가 생산한 제품을 구매하도록 하여 대금을 지불하도록 하는 모든 활동을 말한다. 광고, 판매촉진, 방문판매, 경로선택 및 경로관리 활동, 가격정책 등이 여기에 해당한다.

⑤ 서비스 활동

기업은 제품을 판매하고 대금을 받는 것으로 모든 활동이 끝나는 것이 아니고 인도한 제품의 가치를 유지 및 증진시키기 위한 서비스의 활동까지를 무사히 수행해야 한다. 제품의 설치, 수리, 사용방법에 대한 교육, 필요한 부품의 공급 등과 같은 활동을 말한다.

(2) 지원활동(support activities)

지원활동은 네 가지 활동으로 다시 구분된다.

① 구매

원재료, 비품, 소모품, 기계류, 건물, 사무기기 등의 구매를 담당하는 것이다. 이렇게 구매되는 투입요소는 주활동과 보조활동 전반에 걸쳐 사용되는데, 구매활동은 기업 전반에 걸쳐 발생하기 때문에 담당자가 분산되어 있다.

② 기술개발활동

모든 가치활동에는 기술이 포함되어 있다. 노하우, 제반 절차, 공정기술, 사무직의 문서작성, 제품기술 등 다양한 형태의 기술로 기술개발 활동은 모든 산업에서 경쟁우위의 기초를 이루고 있다. 제품이나 제조기술의 개발활동은 전체 가치사슬을 지원하지만 몇몇 기술은 특정한 주활동이나 지원활동과만 연계가 되어 있다.

③ 인적자원관리활동

기업에 필요한 투입요소 자원 중의 하나인 인적 자원에 필요한 자원은 채용, 훈련, 교육, 처우개선 등 인적자원관리의 전반적인 활동을 말한다. 인적자원관리의 활동은 일반적으로 전체 가치사슬을 지원하는 것이 특징이다.

④ 기업의 하부구조

기업의 하부구조에는 본사 경영을 비롯하여 기획, 재무관리, 회계, 법률, 대정부 관련 업무 및 품질관리를 말한다. 하부구조의 활동은 일반 경비의 개념으로만 취급되기 쉬우나 사업의 내용에 따라서는 경쟁우위를 창출하는 중요한 요인이 되기도 한다.

가치사슬을 통해 기업의 비용을 분석하고 경쟁우위를 도출하기 위해서는 먼저 기업의 활동을 세분화하고, 이를 총비용과 비교하여 상대적으로 어떻게 줄일 것인가를 분석한다. 특히 개별적인 가치활동의 분석에 그치지 않고 가치활동의 연계를 중심으로 한 비용의 연관성을 파악하는 것이 중요하다(임창희, 2011).

SECTION 02 기업환경과 복지경영

1) 기업환경의 개념

환경(environment)이란 시스템과 구별되는 개념으로 설명할 수 있는데, 환경이란 시스템에 영향을 주어 어떠한 방향으로 시스템의 변화를 주는 요소로 설명할 수 있다. 이를 기업의 경영환경이라는 개념으로 재정의하게 되면, 조직이 성장하고 존속하기 위해 필요한 의사결정을 하는 과정에 관련되는 모든 주위 여건으로 이러한 조직환경은 정태적으로 정지된 형태의 것이 아니라 조직이 처한 장소나 시간에 따라 변할 수 있는 동태적인 개념이다.

이러한 동태적 개념의 환경은 조직에 영향을 미치는 미래 경영환경 여건을 정확하게 평가하고 예측하는 것이 어려운 환경 불확실성(environmental uncertainty)을 가지고 있다. 복잡성과 동태성이라는 두 가지 요소에 의해 좌우되는 환경 불확실성 정도 평가를 나타내고 있다. 복잡성이란 조직에 영향을 주는 경영환경요소들이 얼마나 서로 유사성을 가지고 있느냐를 구분하는 요소로서, 이에 따라서 동질적과 이질적으로 구분되며, 동태성이란 환경요소들이 얼마나 자주 변하느냐를 구분하는 요소로서 안정적, 불안정적으로 구분한다.

2) 기업환경의 유형

기업의 환경은 크게 내부환경과 외부환경으로 구분할 수 있는데, 내부환경은 조직이 가지고 있는 독특한 조직 분위기나 조직문화 그리고 조직구성원이 조직의 성격, 가치, 규정, 스타일 및 특성 등을 공유하는 지각의 정도를 의미하고, 외부환경은 조직의 외부에 존재하면서 조직의 의사결정이나 전반적인 조직활동에 영향을 미치는 환경을 말하는데 이들의 공통적 특성은 기업활동에 영향을 미치는 요소들이며, 주로 일반환경이라 불리고 있다.

(1) 일반환경(general environment)

일반환경이란 사회의 모든 조직에 영향을 미치는 환경을 말하며, 경제적 환경, 사회적 환경, 정치적 환경, 기술적 환경, 문화적 환경, 국제적 환경 등을 말한다.

① 경제적 · 기술적 환경

경제적 환경이란 기업경영활동을 둘러싸고 있는 국민 경제적 환경으로서, 재화 및 서비스의 생산과 분배에 관한 지역 · 국가 · 국제적 상태 또는 여건을 의미한다. 이러한 경제적 환경은 기업이 경제적 기능인 생산을 보다 효율적으로 수행해야 하므로, 다른 환경과는 달리 기업 활동에 직접적이고 또한 즉각적으로 영향을 미치는 중요한 환경요인이다.

기술적 환경이란 재화 및 서비스 생산과 관련되는 지식의 상태를 반영하는 것으로 기업경영에 영향을 미치는 국가 또는 산업의 기술수준 또는 상태를 지칭한다.

이러한 기술적 환경은 기업의 일반 환경 중에서도 가장 변화가 심한 성격을 지니고 있으며, 기업 경영에 있어서도 직간접적 차원에서 영향을 미치고 그 범위도 광범위하다는 점에서 중요하게 다루어져야 한다.

② 사회 · 문화적 환경

사회 · 문화적 환경은 사회구성원들이 행동하고 생각하며, 원하고 믿는 것 등과 관련된 일반 환경으로, 사회의 모든 규범 및 가치관, 선악에 대한 판단근거, 관습 및 관행 등이 포함된다.

한 나라에 있어서 이러한 사회적 · 문화적 특성은 기업의 활동에 중요한 기준을 제공하는데, 즉 사람들이 자라나면서 습득한 생활의식은 기업에 종사하는 경영자나 종업원의 행동은 물론 소비자행동의 바탕이 되는 행위패턴이 지속적이고 일관된 성향을 나타내도록 하기 때문이다.

③ 정치 · 법률적 환경

정치적 환경은 주로 법률과 공공정책이 형성되는 과정에 영향을 미치는 정치집단 및 이해관계자 집단을 지칭한다. 이러한 정치적 환경에는 사회의 정치 풍토나 권력집중의 정도, 정치조직의 성격, 정치·정단의 구성체계 등이 포함되며, 기업경영과 관련된 여러 이해관계자 집단 간의 갈등을 정치적으로 해결해야 할 필요성 때문에 기업행동의 큰 테두리를 설정해 준다.

법률적 환경은 기업이 경영활동을 수행하는 과정에서 관련되는 입법분야의 추세나 법원의 판례 등을 말하며, 오늘날 기업경영활동과 관련된 각종 법률이 증가하는 추세이므로 기업은 기업활동에 대한 합법성을 부여하기도 하고 제재를 가하기도 하는 법률적 환경에 능동적으로 대응해야 한다.

④ 국제적 환경

국제적 환경이란 기업이 한 국가의 국경을 넘어 국제기업활동을 수행할 때 당면하는 포괄적인 경영활동으로 세계경제의 블록화 및 글로벌화가 가속화되고 세계기업 간 경쟁이 더욱 격화되면서 그 중요성이 커지기 시작했다.

이처럼 국제적 환경은 다양성과 특수성으로 인하여 더욱 복잡해지고 변화에 대한 예측도 한층 어려워지고 있다. 다국적기업의 진출에 있어서 소유권이나 배당금의 제한, 그리고 국가권력이나 민족주의와의 상충문제뿐만 아니라 사회적·문화적 요인에 따라 진출국에 있어서 조직구조나 관리가 달라지게 되며, 국제기업의 사회적 책임도 달라질 수 있다.

⑤ 자연환경

최근 들어 사회적 관심이 가장 증가한 환경이 바로 자연환경이다. 자연환경은 산업이 창출한 경제시스템에 의한 상반된 개념으로 지구의 생태계에 관한 환경을 의미한다. 이러한 자연환경은 1970년대 이후 각종 환경단체들로 하여금 지구의 환경에 대한 중요성이 일깨워지면서 가장 파괴적 활동을 수행하는 기업들에 대해 공격적인 자세를 취하고 있는 사항이다. 주로 후진국보다는 선진국에서 자국의 환경을 보호하려는 활동을 넘어 지구적인 환경을 보호하고자 기업들에게 압박을 가하고 있는 환경과 자연 그 자체의 변화(태풍, 쓰나미 등)에 의해 기업 활동이 영향을 받는 것을 의미한다.

(2) 과업환경(task environment)

과업환경이라 함은 기업이 특정 목표를 달성하기 위해 기업의 활동과 관련이 있는 이해관계자들에 대한 영향을 의미한다. 이러한 과업환경으로는 주주, 노동조합, 소비자, 관계기업, 지역사회 그리고 정부 등이 포함된다.

① 주주

주주(stockholder)란 기업의 금융 또는 실물 자본 중 자기자본에 해당하는 부분을 제공하는 개인이나 투자집단 또는 기관을 의미한다. 초창기 기업에서는 자기자본을 제공하는 기업가 혹은 소유자가 강조되었지만, 막대한 자본을 필요로 하는 산업사회에서는 일정한 자금을 조달하는 주식시장이 활성화되고 이러한 주식시장을 통해 주식을 사고파는 것을 통해서 주주의 역할이 중요시되고 있다. 이러한 주주들은 기업의 성과를 일정량의 배당을 통해 또는 고평가된 주식의 거래를 통해 얻고자 하기 때문에 기업활동에 영향을 미치고 있다.

② 노동조합

노동조합은 산업화가 진전되면서 필연적으로 발생하는 집단으로서 사용자집단과 함께 기업조직을 구성하는 주요 과업환경이다. 산업화 이후 노동조합과 같은 노동자 집단은 오랫동안 기업에 대한 주요 대항세력으로 존재하여 왔으며 그 세력은 지속적으로 성장하여 왔다. 노동조합은 기업경영활동에서 채용 또는 고용의 문제에 영향력을 행사하며, 노동자의 권익을 위해 사용자의 단체교섭, 단체행동, 단체의결의 과정을 거쳐 실력행사를 하는 등 직접적인 기업활동에 대한 영향을 미치고 있다.

③ 소비자

소비자란 제품소비시장을 형성하면서 구매력과 구매의욕을 가지고 기업이 생산한 상품이나 서비스를 반복하여 구매하는 개인 또는 단체 등을 의미한다. 이러한 소비자는 1970년대 이후 자신들의 권익을 보호받고자 여러 단체 등을 만들어 각종 기업에 대한 실력행사를 수행하며 생산자 중심의 경제에서 사용자(소비자) 중심의 경제로의 전환을 이끌어 냈다.

④ 관계기업

관계기업은 간단히 경쟁기업과 협력기업으로 구분이 가능한데, 동일 시장을 대상으로 시장점유율의 각축을 벌이는 기업을 경쟁기업으로, 수직적 또는 수평적 연계를 통해 원자재나 부품의 공급 및 완제품의 수요를 통해 상호 보완하는 기업이 협력기업이다. 오늘날 기업들은 제품이나 서비스를 생산하는 데 있어서 모든 활동을 혼자서 다 할 수 없기 때문에 어떠한 협력기업이 존재하는가가 중요한 과업수행의 열쇠가 되기도 한다.

⑤ 지역사회

지역사회는 과업환경으로서 기업을 둘러싼 이익 집단 중에서 비교적 조직화되지 못한 산발적 형태로 특정 문제가 발생할 때만 기업에 대해 영향력을 행사한다. 그러나 이러한 일시적 영향력의 행사가 기업의 전략적 의사결정에 커다란 영향을 미칠 뿐만 아니라 자원의 보존, 유지, 환경문제 등과 같은 기업의 사회적 책임 문제와 관련하여 그 중요성이 더욱 증가하고 있다.

⑥ 정부

현대 산업사회로 발전하면서 정부는 일반 환경의 변화를 주도할 만큼 그 역할과 기능이 크게 확대되고 있다. 정부는 통상 국가사회의 지배적 정치조직의 하나로서 행정권력을 수행하는 조직으로 모든 기업의 이해관계자 집단들의 이해관계를 정책적으로 수렴하여 기업 활동에 직간접적으로 영향을 주고 있는 매체이다.

SECTION 03 경쟁전략 유형과 복지위기

1) 산업구조모형과 경쟁전략 유형

경영전략의 핵심은 기업의 중장기적 차원의 존속이나 성장 등의 목표를 달성하기 위해, 환경으로부터의 기회와 위협을 잘 포착하고 이에 기업 자원의 활용 능력을 최대한 효과적으로 이용하여 대처하는 데 있다. 따라서 기업이 가지고 있는 자원의 활용 능력 차이를 중심으로 경쟁전략을 비교할 수 있다.

이러한 경쟁전략을 분석하기 위해서는 먼저 살펴보아야 하는 것이 전략수행을 위한 환경 분석과 그 산업 내에서 경쟁의 위치에 관한 산업 내 경쟁세력에 대한 분석이다.

(1) 경쟁 환경 분석(SWOT)[7)]

기업이 경쟁에 대처하기 위해서는 자사의 강점과 약점에 대한 정확하고 객관적인 분석이 필요하다. 즉, 환경과 자사의 강점/약점을 종합적으로 파악하여 강점을 최대한 이용하고 약점을 보완할 수 있는 전략을 수립해야 한다.

이러한 분석을 관련 영어 단어들의 첫 글자를 따라 SWOT 분석(Strength-Weakness-Opportunities-Threats-Analysis)이라고 말한다. 즉, SWOT 분석법은 조직 내부의 강점과 약점을 조직 외부의 기회와 위협요인과 대응시켜 기업의 환경을 파악하고 전략을 개발하는 방법이다.

즉, SWOT 분석은 기업의 내부환경을 분석하여 강점과 약점을 발견하고 외부환경을 분석하여 기회와 위협을 찾아내어 이를 토대로 강점은 살리며 약점은 보완하고, 또한 기회는 활용하며 위협은 억제하는 기업 전략을 수립하는 것을 말한다.

이때, 사용되는 4요소, 즉 강점은 경쟁기업과 비교하여 고객으로부터 강점으로 인식되는 것은 무엇인지, 약점은 경쟁기업과 비교하여 고객으로부터 약점으로

7) 기업의 내부 환경과 외부 환경을 분석하여 강점(strength), 약점(weakness), 기회(opportunity), 위협(threat) 요인을 규정하고 이를 토대로 경영 전략을 수립하는 기법으로, 미국의 경영컨설턴트인 알버트 험프리(Albert Humphrey)에 의해 고안되었다.

인식되는 것은 무엇인지, 기회는 외부환경에서 유리한 기회요인은 무엇인지, 위협은 외부환경에서 불리한 위협요인은 무엇인지를 찾아내는 것이다.

① WT전략(내부약점/외부위협)

위협과 약점을 최소화하자는 전략으로 기업을 운영하기 위한 영역이다. 예컨대 합작 투자, 회사의 축소, 때에 따라서는 청산까지도 해야 한다.

② WO전략(내부약점/외부기회)

약점을 최소화하고 기회를 극대화하려는 전략이며 관건은 경영을 통해 약점을 강점으로 전환하려는 하위전략을 모색하는 일이다. 약점 보완에 많은 시간이 소요되고, 보완했다고 하더라도 한계가 있을 경우 약점 보완을 포기할 수 있어야 한다.

③ ST전략(내부강점/외부위협)

내부의 강점을 극대화하고 외부의 위협을 최소화하며 이에 대응하는 전략이다. 경쟁사가 신제품을 내놓아 위협적인 상황이 발생하면 자사의 기술, 재무, 마케팅 등의 강점을 극대화하여 적극적으로 대처한다.

④ SO전략(내부강점/외부기회)

외부의 기회를 이용하기 위해 내부강점을 사용할 수 있을 때 가장 바람직한 전략이다. 실제 매트릭스상의 모든 위치에서 이러한 위치로 옮기는 것이 모든 기업의 목표이다. 만약에 기업이 약점을 가지고 있다면 이를 극복하여 장점을 바꾸도록 노력해야 한다.

이와 같은 SWOT 분석을 이용하여 현재의 경영환경을 분석하고 미래의 환경변화 추세를 예측하여 사업의 성공 여부를 판단할 수 있고, 또한 자사가 보유하고 있는 조직상의 강/약점과 연계하여 분석함으로써 향후의 경영전략을 수립하는 데 유익한 분석 도구이다(안광호 · 임병훈, 1995).

2) 산업 내 경쟁세력모형(산업구조분석모형)

포터(M. Porter)는 기업의 수익성을 결정짓는 첫 번째 기본적인 요인은 산업 매력도이며, 경쟁전략은 산업의 매력도를 결정짓는 경쟁법칙에 대한 올바른 이해로부터 출발한다고 하였다. 따라서 이러한 경쟁법칙을 결정하는 것으로 새로운 경쟁자의 진입, 대체재의 위협, 구매자 교섭력, 공급자의 교섭력 그리고 기존 경쟁자간의 경쟁상황을 들고 있다

① 산업 내 경쟁기업

산업 내의 기존 경쟁업체가 어떠한 상태에 있는가에 따라 경쟁의 방법이 달라진다. 즉, 대부분 산업 내에서는 기술적 우위라든가 시장에의 선점 진출에 의한 경쟁의 방식이 결정되기도 하지만 경쟁업체의 수라든지 기술적 모방 정도에 따라 달라지기도 한다.

② 잠재적인 진출기업의 위협

진입장벽은 특정 산업에 진입하려고 하는 기업이 직면하게 되는 어려움 정도를 말한다. 만약 장벽이 낮으면 새로 진입한 기업이 산업의 규모를 확대시켜서, 원자재의 수요와 가격을 높일 것이고, 따라서 산업의 수익률은 하락할 것이다.

③ 공급과 교섭력

공급자 교섭력은 원자재 가격, 물량, 품질에 대해서 공급자가 행사할 수 있는 능력을 의미하는데, 이것은 공급자와 구매기업이 어떠한 위치에 있는가에 의해 결정된다.

④ 구매자 교섭력

구매자 교섭력을 가격인하와 품질향상에 대한 구매자의 요구 등을 의미하는데, 이러한 구매자의 교섭력은 구매자가 대규모 구매가 가능한 경우 더욱 그 위력을 발휘하게 된다.

⑤ 대체품의 위협

기존 또는 잠재적인 대체품은 기술개발이라든가 환경적 요인 등에 의해 기존

제품을 대체하는 것을 의미하며, 이러한 대체품은 고객의 수요변동 패턴에 따라 달라지는 경향을 띤다.

3) 경쟁전략유형

포터는 경쟁전략에 대해 원가우위 전략, 차별화 전략, 집주와 전략의 세 가지를 본원적 경쟁전략이라고 한다. 이러한 본원적 경쟁전략은 기본적으로 경쟁우위의 원천이 다른데, 이러한 문제는 경쟁우위를 얻을 수 있다. 전략적 목표영역에서 창출 가능한 경쟁 우위 형태를 선택하는 측면을 포함한다. 즉, 원가우위와 차별화 전략은 산업의 광범위한 영역에서 경쟁우위를 추구하는 반면, 집중화 전략은 세분화된 영역에서 원가우위 집중화와 차별화 집중화를 추구한다.

(1) 원가우위 전략(cost leadership strategy)

원가우위 전략은 생산, 마케팅 등 조직 내의 모든 분야에서 원가를 낮추어 경쟁회사보다 제품의 가격을 저렴하게 유지하여 판매함으로써 경쟁사보다 높은 경쟁력을 확보하려는 전략을 의미한다. 원가우위 전략에서는 원가의 핵심이므로 기업은 원가에 대한 비용관리를 엄격하게 유지하며, 품질이라든지 기타 다른 경쟁요소들에 대해서도 일정 수준을 유지하는 정책을 활용한다.

즉, 원가우위 전략을 추구하는 원가선도 기업은 경쟁우위를 원가우위에서 창출한다 해도 평균이상의 성과를 얻기 위해서 경쟁자와 차별화 차원에서 동등하거나 비슷해야 한다. 이러한 원가우위 전략은 주요 기술변화가 그 원가구조를 급격히 변화시키지 않는 한 누가 먼저 사용했는가가 효과에 영향을 주는 요소이다.

(2) 차별화 전략(differentiation strategy)

차별화 전략은 경쟁사와는 다른 독창적인 제품을 공급함으로써 경쟁사보다 높은 경쟁우위를 확보하고자 하는 전략으로, 대부분 원가우위 요소를 제외한 품질, 제품의 유연성, 서비스의 다른 기능 등과 같은 차별적 요소가 뛰어난 기업들이 활용할 수 있는 전략이다.

즉, 차별화 전략이란 경쟁력 있는 가격으로 고품질의 제품을 제공하는 등 산업 내에서 독특하고 차별화된 제품이나 서비스를 제공하는 것을 말한다. 구매자 가치사슬에 부합하는 자사 제품의 특성과 역할은 차별화의 주된 결정 요인이다.

(3) 집중화 전략(focused market strategy)

집중화 전략은 세분화된 시장을 선택하고, 그 시장에서 원가 집중화 전략 또는 차별화 집중화 전략을 구사하는 것을 말한다. 집중화 전략의 두 요소는 집중화하려는 기업의 목표산업과 산업 내의 다른 세분 산업 간에 차이점이 존재하는 것에 착안하여 선택하게 된다.

이와 같이 '전략'의 개념에서 3가지 중요한 요소가 포함되어 있다. 이들은 기업, 고객, 경쟁상대 등이다. 이들 3가지 요소는 전략속에 서로 혼합되어 각각의 경쟁방법에 막대한 영향을 미치고 있는 것이다(이학식, 2010).

4) 제품수명주기별 전략

(1) 도입기

도입기(introduction stage)는 일반적으로 상당기간 지속되는 것으로, 이 기간 중에 완만한 매출액의 증가를 보인다. 이 단계에서 이익 역시 적자이거나 낮은데 이는 판매량은 적으면서 유통비용과 촉진비용이 많이 소요되기 때문이다.

이 단계에서 경쟁이 없거나 매우 약하고 제품의 다각화 정도가 낮은 것이 특징이기 때문에 제품의 소비가 일부의 소비자 특히 고소득층을 대상으로 하게 된다. 생산에 있어서 원가가 높기 때문에 가격도 높은 편이다. 그렇다고 해서 도입기의 판매가가 항상 높게만 책정되는 것은 아니다. 만약 초기에 저가로 시장침투를 가속화시키고 최대의 시장점유율을 확보하는 것이 기업의 전략이라면 저가정책을 채택할 수도 있기 때문이다. 이와 같이 기업은 시장의 규모, 그 신제품의 인지 여부, 고객들의 가격민감도, 경쟁사의 침투 가능성, 생산비용 등 도입기 시장의 여러 특성에 따라 제품의 다양화 정도라든가 가격, 가치수준, 유통망의 강화 여부와 같은 전략들을 적절히 절충해서 구사해 가야만 한다.

(2) 성장기

성장기(growth stage)에 진입하면, 초기수용자들이 계속적으로 구매할 것이고, 후기수용자들도 이들을 따라서 구매하게 되는데, 특히 호의적인 구전에 접하는 경우 그 효과는 크다. 또한 새로운 경쟁사들이 대량생산과 대량판매로 단위당 비용이 하락하여 이익은 절정에 달하게 된다. 이로 인해 경쟁사들도 새로운 제품 특성으로 서서히 침투하기 시작하는 단계이다.

성장기에 있는 기업은 시장점유율과 단기이익이 크게 증대하게 된다. 새로 침투한 경쟁사에 대응하기 위해서는 경쟁에서 유리한 시장위치를 차지하는 전략이 필요하다. 특히 시장점유율이 중요한 전략대안이다. 그러므로 성장기에 있어서는 시장점유와 이익 중 한 가지 전략에만 중점을 두는 것이 바람직하다. 즉, 제품개선, 촉진, 유통경로를 강화하면 시장점유율을 증가할 수 있겠지만, 이윤극대화는 어렵다. 그러므로 다음 단계에서 이윤극대화를 확보하려면 이 단계에서의 단기이익은 희생하는 것이 좋다.

(3) 성숙기

성숙기(maturity stage)는 이전의 단계들보다 오래 지속되는 것이 보통이며, 판매성장률의 둔화로 인하여 업계의 과잉생산능력으로 인항 경쟁이 더욱 격화된다. 따라서 경쟁사들은 빈번한 가격인하나 가격할인을 단행하거나, 광고와 중간상 촉진 및 판매촉진도 증가시킨다. 또한 제품을 개선하기 위해 연구개발(R & D)비 지출을 증대한다. 이러한 조치들로 인하여 이익은 하락하게 되고, 일부의 취약한 경쟁사들이 떨어져 나가기 시작하고, 결국 이 산업에는 경쟁우위의 확보가 가능한 경쟁사들만 남게 된다. 이렇게 기업들 간의 경쟁이 심화된 경우 제품관리자는 수동적인 방어 전략이 아닌 다음과 같은 적극적인 공격 전략을 수립해야 한다.

첫째, 그 제품의 새로운 사용자를 찾아 판매량을 증대시키는 시장수정전략을 한다.

둘째, 새로운 사용자들을 유인하거나 혹은 기존 사용자들의 사용량을 증대시키기 위해 제품의 특성을 의도적으로 변경하는 제품수정전략을 사용한다.

셋째, 마케팅믹스 요소들 중 하나 혹은 그 이상을 변경시키는 마케팅믹스 수정 전략을 사용한다(이학식, 2013).

(4) 쇠퇴기

대부분 제품형태와 상표는 결국 쇠퇴하지만 쇠퇴 속도는 제품에 따라 다르다. 쇠퇴의 속도는 급속한 경우, 늦은 경우, 판매가 전혀 되지 않는 상태로 하락하는 경우, 일정한 수준으로 떨어져 한동안 정체하는 경우 등이 있다. 쇠퇴기(decline stage)가 오는 이유는 기술발달로 대체품의 등장과 변화, 소비자기호의 변화, 국내외 경쟁의 격화가 있다. 판매량과 이익이 하락함에 따라 일부 기업들이 시장에서 철수하고, 잔존기업들도 제품의 수를 축소시키게 된다. 쇠퇴기 제품은 우선 제품별로 판매량과 시장점유율 및 비용과 이익 등의 추세를 주기적으로 검토하여 쇠퇴기 제품을 파악해야 한다. 쇠퇴기 제품에 대한 방안으로는 유지와 수확 및 철수의 세 가지가 있다.

유지방안(maintain)은 경쟁사들이 그 산업에서 철수할 것이라는 기대하에 자사제품을 그대로 존속시키는 것이다. 그리고 수확방안(harvest)은 판매량이 한동안 유지되는 경우, 제반 비용을 축소시키면서 잔존수익의 확보를 극대화하고자 하는 것이다. 마지막으로 철수방안(drop)은 쇠퇴기제품을 다른 기업에 팔아넘기거나, 잔존가치로 감가상각을 할 수도 있다. 만약 사업철수를 하고자 하면 가동률을 낮추는 수확방안은 쓰지 않아야 한다(이학식, 2010).

5) 복지 위기에 대처하는 해법

(1) 명확한 전략 수립과 핵심사업 자원 배치
(2) 비용과 현금흐름의 철저한 관리
(3) 수입, 지출, 후원금의 확대

6) 복지경영의 필요성

(1) 커뮤니케이션

현대 사회조직이 복잡하고 빠르게 변화함에 따라서 가장 중요하면서 가장 부족한 것이 커뮤니케이션이라고 생각한다. 조직을 하나의 교향악단에 비유한다면, 지휘자가 연주자들의 호흡을 읽어 매끄러운 연주를 할 수 있다면 조직도 고위 경영자가 각각의 서브 경영자들과 커뮤니케이션을 통해 조직을 제대로 경영할 수 있다고 본다.

조직의 질서와 체계는 인간이 만든 것이기에, 한때는 좋은 아이디어였을지 몰라도 시간이 지나고 나면 모순투성이며 이해할 수 없는 것들이 되어버린다. 그러면서도 변화를 싫어하는 조직의 사람들은 규정이나 전통이라는 이유로 대물림하고 있는 게 현실이다. 조직의 중간계급에서는 끝까지 저항하며 바꾸려는 노력을 꾸준히 해야 하는 의무가 있다고 생각한다.

(2) 자기계발

자기 계발이나 경력 개발은 스스로 책임져야 한다는 것이다. 조직 내에서 역할이 작다거나 업무 구분이 명확하지 않다면 본인의 실력을 보여줄 수 있는 기회를 만든다든지 상사와의 조율을 통해 업그레이드 할 수 있는 기회를 만들어야 할 것이다.

현대의 지식근로자에게 자기 관리는 각자가 '최고경영자'처럼 생각하고 행동해야 함을 요구하고 있다. 경영은 다양한 지식과 기술을 가진 사람들을 하나의 조직에 통합하고자 하는 모든 노력과 관련이 있다. 경영의 과제는 공동의 비전과 목표 그리고 가치관에 대해 깊이 생각하고, 결정하고, 구성원들에게 제시하는 것이다.

(3) 기업의 목적과 사명

기업의 목적과 사명에 대한 정의 그리고 사업에 대한 정의가 내려지고 나면, 그것은 반드시 구체적인 목표들로 표현되어야 한다. 목표는 구체적인 작업으로 전환될 수 있어야 한다. 사회 문제들이 우리가 문제를 보는 관점을 바꾸기만 하면 저절로 소멸될 수도 있다고 기대하는 것은 어리석은 생각이다.

문제가 해결되는 것은 누군가가 어떤 조치를 취했기 때문이다. '자신의 일에 대해 조직 내의 다른 어느 누구보다도 더 많이 알아야 한다'는 것은 지식 근로자에 대한 정의를 구성하는 한 가지 요소이다. 지식 근로자는 자신이 스스로 설정한 기준에 따라 성장한다는 것이다.

사람은 스스로가 성취하고 획득할 수 있다고 생각하는 바에 따라 성장한다. 만약 자신이 되고자 하는 기준을 낮게 잡으면, 그 사람은 더 이상 성장하지 못한다. 만약 자신이 되고자 하는 목표를 높게 잡으면, 그 사람은 위대한 존재로 성장할 것이다. 일반 사람이 하는 보통의 노력만으로도 말이다.

어떤 이론이나 가치와 같이 인간이 만들어 낸 모든 가공품은 반드시 늙고, 경직되고, 진부해져서 결국에는 '재앙의 씨앗'이 된다는 것으로 혁신과 기업가 정신이 필요하다.

정부의 정책들과 정부 기관들이 처음부터 신이 만든 것이 아니라 인간이 만든 것이라는 사실을, 따라서 그것들은 꽤 빠른 속도로 진부해진다는 사실을 인식하게 된 것으로서, 이는 진정으로 획기적인 인식의 전환이었다.

기업가 사회의 개인들은 자기 자신의 지속적 학습, 자기 계발, 경력 개발에 대해 스스로 더 많은 책임을 져야 한다. 미래경영에서의 예측은 '이슈플레이'에서 제공하는 포인트를 걸고 베팅 방식으로 진행된다. 스포츠 경기의 승패 예측이나, 인기 영화의 관객 예측에서부터 이번 주의 유가라든가, 미국의 달러 환율과 같은 경제 예측도 진행되고 있다.

'예측시장'은 미래학자들에 의해 유망한 미래 산업으로 주목받고 있기도 하다. 지난 수십 년간, 전략의 수립과 실행은 기업 경영에 있어서 반드시 필요한 활동으로 인식되어 왔다. 불확실성으로 가득한 현대의 경영 환경하에서 효과적인 경영 전략의 수립과 실행이 갖는 중요성은 그 어느 때보다 강조되고 있다.

물론 모든 기업들을 성공 기업으로 만들어주는 만병통치약은 존재하지 않는다. 기업들의 규모와 산업이 다르고, 고객과 시장이 변화하며, 재무 구조와 핵심 기술 또한 같지 않은 만큼 이런 전략은 성공하는 전략이고 저런 전략은 실패하는 전략이다 라고 말하는 것만큼 어리석은 일도 없을 것이다. 현실은 미래경영과 미래를 위한 복지의 예측이 그 어느 때보다도 절실하기에 미래를 위해 준비하는 복지경영을 기대한다.

(4) 과학적 경영관리론

체계적·과학적 경영관리론의 기초가 형성된 시기는 19세기 말부터 20세기 초이며 그 대표적 이론이 프레더릭 W. 테일러[8]의 '과학적 접근법'이다. 테일러는 과학적 관리법을 단순한 '능률' 장치가 아니고 경영자와 노동자 쌍방에 철저한 '정신적 혁명'을 일으키는 것이라고 주장했다.

프레더릭 W. 테일러
출처 : https://www.google.com

그는 또한 유명한 과학적 관리법의 4대 원칙을 세웠는데 첫째, 과학의 발전과 지식의 관리자로의 집중, 둘째, 노동자의 과학적 선택과 점진적 발전, 셋째, 과학과 과학적으로 선택·교육된 노동자의 결합, 넷째, 관리자와 노동자의 밀접하고 친밀한 협동 등이다.

관리란 계획·조직·지휘·조정·통제하는 것이며 경영관리는 계획·조직·지휘·조정·통제라는 제 기능의 과정으로 볼 수 있다. '능률'을 중심으로 하는 경영합리화를 목표로 능률증진운동이 전개된 결과 노동자의 기계화·비인격화라는 새로운 문제가 발생했다.

(5) 인간관계론

이런 모순을 타개하기 위해 사회학과 심리학의 측면에서 새 방향이 모색되었고 그 결과 '인간관계론'이 등장했다. 그 직접적인 계기는 호손(Hawthorne)[9]의 실험을 통해 마련되었다. 이 실험을 통해 물리적 환경의 변화와 생산과의 변화 사이

8) 프레데릭 윈즐로 테일러(Frederick Winslow Taylor, 1856~1915)는 미국의 기계기사이다. 노동에 대한 최초의 과학적 관리법인 '테일러 시스템'의 창안자이다. 후에 '포드 시스템'과 함께 세계 산업계에 커다란 영향을 미쳤다.

9) 호손 효과(Hawthorne effect)는 일종의 반응 현상으로서 개인들이 자신의 행동이 관찰되고 있음을 인지하게 될 때 그에 대한 반응으로 자신들의 행동들을 조정, 순화시키는 것이다.

에는 아무런 상관관계가 없다는 것이 밝혀졌으며 인간관계의 복잡한 상황이 반성되고 종업원의 태도와 감정의 중요성이 새롭게 인식되었다.

호손

호손 공장

출처 : https://www.google.com

또한 이 실험에서 공식조직과 비공식조직이란 개념이 생겼는데 공식조직은 경제적 목적 달성도를 평가하는 '비용의 논리'와 협동적 노력을 평가하는 '능률의 논리'에 의해 조직화된 것이다.

한편 비공식조직은 직장의 대내외적인 인간상호관계 속에 존재하는 가치의 표현인 '감정의 논리'에 따라 조직화된 자생적 집단이다. 이 비공식 조직의 발견으로 직장인을 '경제인'뿐만 아니라 '정서인'으로 보는 인간관의 수정이 이루어졌으며, 공식조직의 원활한 운영을 위한 새로운 관리기법인 인간관계 관리기법이 생겨나게 되었다.

경영관리와 조직은 밀접한 관계에 있고 조직은 경영의 자리를 제공한다. 버너드의 이론에 의하면 개인은 각자 고유의 능력과 목적 또는 동기가 있지만 한 개인의 능력은 자신의 목적 전부를 달성할 만큼 무한하지 못하다.

따라서 이러한 능력의 한계를 극복하는 수단으로 협동이 성립되어 협동체계를 이룬다. 이 체계를 유지 · 발전시키기 위해 관리가 필요하며 인간의 활동에 '조직' 개념이 설정된다. 여기서 참가자의 공헌의욕, 조직의 목적, 참가자 상호 간의 전달기능 등 조직의 3요소가 나온다.

이 조직의 3요소를 조직이 처한 환경변화에 적응시키는 것이 경영자의 역할이다. 사이먼은 인간을 의사결정 후 행동을 한다고 규정한다. 이 의사결정이란 인식한 목표의 달성을 위해 정보를 수집해 대체적 선택대상들을 검토해 보고 목표에 적합한 대상을 선택하는 것이다.

행동과학적 접근은 인간관계론의 흐름에 속하는데 단순한 비공식 조직의 집단규범 연구에 머물지 않고 주로 소집단 수준에서의 인간과 업무 내지 인간의 상호관계를 지휘, 동기, 심리적 욕구, 만족 등의 심리적 측면에서 분석한다.

이 이론의 목표는 조직의 성과가 개인의 내적 욕구의 충족과 밀접한 관계가 있으므로 소집단을 통해 개인을 전체의 공식조직에 결합시키는 데 있다.

기업경영과 마찬가지로 사회복지경영도 비영리조직이지만 효율성과 효과성의 입장에서 '경제목적 달성을 위한 경제적 가치의 조직'이며 동시에 '공통의 목적을 향해 결합된 인간공동사회'이므로 경영관리는 '업무관리'와 '인간관리'의 2중체계로 이루어진다(임창희, 2011).

그리고 이 2중체계에는 일과 인간에 대해서 단위화하는 측면과 집합회하는 측면의 양면성이 있다. 따라서 이 4영역에 대한 통합적인 관리가 필요하다. 사회복지는 이러한 종합적 관리를 경영직능의 수직적 분화와 수평적 분화를 통해 수행한다고 볼 수 있다.

03
CHAPTER

경영조직화와 복지경영

CHAPTER 03 경영조직화와 복지경영

SECTION 01 조직경영에 대한 고전적 이론(Classical Approach)

애덤 스미스
출처 : https://ko.wikipedia.org

경영과 관리에 대한 활동은 기업이라는 조직과 관련된 활동을 전개해 나가는 것이다. 이러한 조직에 대한 이해를 높이기 위해서는 경영의 시작과 관련된 몇 가지 이론들에 대한 접근이 필요할 것이다. 물론, 경영 또는 관리의 활동은 1776년 애덤 스미스(Adam Smith)의 국부론(The Wealth of Nation)[1]의 분업(Division of Labor)의 장점, 즉 핀을 만드는 데 있어서 모든 과정을 작업자 한 사람이 수행하게 되면 하루에 1인당 10개 정도의 핀을 생산할 수 있다. 그러나 10명의 작업자가 핀 하나의 작업을 10개로 나눠서 작업을 전문화하고 분업화하였을 때는 하루에 약 48,000여 개를 생산하게 되므로 약 480배의 생산성을 나타낼 수 있고 이것이 결국에는 기업과 경영의 필요성을 초래했다고 볼 수 있다. 그러나 경영학의 조직적 차원에서의 접근은 이와 같은 오래된 관점보다는 1890년대, 즉 산업혁명 이후 100여 년이 지난 시기를 보고 있는데 그 시점은 바로 테일러(F. Taylor)의 과학적 관리론으로부터 보는 것이 가장 일반적인 관점이다. 이러한 테일러를 과학적 관리론을 중심으로 한 고전적 조직경영론과 호손(Horthorn)공장에서 실시된 실험을 통한 행동학적 조직이론과 이를 발전시킨 현대적 조직경영론으로 구분할 수 있다.

1) ≪국부의 본질과 원인에 관한 연구≫(國富의 本質과 原因에 關한 硏究, An Inquiry into the Nature and Causes of the Wealth of Nations), 또는 『국부론(國富論, The Wealth of Nations)』은 계몽주의 시대인 1776년 3월 9일에 출판된, 영국의 경제학자 애덤 스미스의 주요 저작이다.

1) 테일러의 과학적 관리론

프레드릭 W. 테일러(F. W. Taylor, 1856~1915)는 미국 펜실베이니아주의 베들레헴이라는 철강회사에서 1870년대 근무를 시작하면서 지속적으로 근로자의 업무효율성이 낮다는 사실을 발견하고 이에 관심을 갖고 그가 전문경영인이 되면서 이를 해결하고자 지속적으로 노력하였다.

당시 근로자들은 사회적으로 묵인된 비효율적 노동생산성을 허용하는데, 이는 테일러에 의하면 근로자들은 똑같은 일을 하는데 각자 서로 다른 방법으로 일을 하며, 노동자들은 가능하면 하기 쉬운 방법으로 일을 하고 있으며, 그 결과 그들이 가진 능력의 1/3 정도만 발휘되고 있다고 설명하였다.

결과적으로 테일러는 19세기 후반부터 20세기 초에 과학적 관리론(Science Management Theory)을 주장하며, 조직을 과학적으로 관리한다면 인간의 능력을 효과적이고 효율적으로 이용할 수 있다는 데 초점을 두고 있다. 즉, 테일러는 동작연구(Motion Study), 시간연구(Time Study)의 개념을 도입해 어떤 작업을 수행하는 데 필요한 동작을 하나하나 분석함으로써 그 작업을 가장 효율적으로 수행하는 방법을 찾고, 그 결과는 경영자와 근로자 모두에게 경제적으로 도움이 될 수 있다.

(1) 과학적 관리의 중요내용

① 과업을 위한 표준작업 방법과 표준시간의 개발
② 직무에 적절한 사람의 선발 및 훈련
③ 과학적 방법과 선발된 사람을 결합
④ 경영자와 작업자 간에 노동의 분화에 기초한 협조

테일러의 중요관심은 능률(efficiency)에 있었으며 반복 작업과 사무업무에 재량권을 부여하지 않았다. 또한 그는 최초로 생산 활동과 감독활동을 분리하여 기능별 전문화를 도모하였으며 후일 기능별 스태프 조직학적 관리의 목표는 작업비용과 시간을 최소화하는 데 있다.

또한 굴릭(Guilc), 어윅(Urwick), 페이욜(Fayol)은 다양한 활동을 집단화하며 부문화(department)에 기초한 조직을 설명하였다. 이들은 기본적으로

① 단위과업의 인식과 이들을 조직화하여 개인작업의 구성
② 이들 작업의 관리적 단위(administrative units)화 및 이들을 조직화하여 보다 큰 단위작업화
③ 최고수준부문(top-level department)의 구성을 어떻게 할 것인가?

등에 관심을 두었다.

이러한 결과로 조직 내 부문화가 탄생하였으며 각 부문은 권한과 책임 단위로서 후일 제품별, 고객별 등의 사업부제도로 발전되었다. 이러한 고전적 이론은 낮은 수준의 반복적 과업에 관한 것이며 의사결정의 문제는 취급되지 않았다. 테일러는 화폐적 보상을 기본적인 동기요인으로 보았으며 엄격한 감독이 있어야 한다고 제안하였다. 또한 부문화 접근은 개인적 요소를 간과하였으며 부문 간 협조와 상호의존성을 무시하였다.

그럼에도 불구하고 테일러의 과학적 관리론은 현재까지 실제 경영현장에 커다란 영향을 미쳤다.

(2) 조직을 관리(경영)하는 시사점

① 어떤 작업에 있어서 불필요한 동작을 제거하기 위하여 동작 및 시간연구를 행할 것
② 각 작업에 최적인 작업자를 고용 또는 배치할 것
③ 각 작업자가 능력을 최대한 발휘할 수 있도록 훈련시킬 것
④ 각 작업자가 능력을 최대한 발휘할 수 있도록 감독자가 지원할 수 있도록 우선적으로 감독자를 훈련시킬 것
⑤ 성과에 근거한 보상체계(성과급제)를 설계하고 시행할 것

(3) 과학적 관리론의 의의

과학적 관리론은 과학적인 방법을 활용한 노동 시간과 방법의 능률성을 극대화하고자하는 관리이다. '공장관리론(1903년)', '과학적 관리(1911년)'와 같은 저술로 대표되는 이 이론은, 우선 경영과 생산의 분업을 전제로 두었다. 이를 위해

직능별 직장제도를 만들어 구상하는 사람(직장)과 생산하는 사람(노동자)을 분리하였다. 또한 모든 노동자들은 물질적인 이익, 즉 돈에 의해 간단히 일에 대한 동기를 부여할 수 있다고 여겼다. 당시 만연하던 조직적 태업을 개인의 생산성을 높일 수 있는 유인 동기(돈)를 부여함으로써 제거하고자 한 것이다. 이를 위해 도입된 제도가 바로 차별적 성과급 제도이다. 이는 현대 인센티브제의 기원이 되었다. 마지막으로 노동자의 표준 과업량을 설정하였다. 이것은 당시 체계적으로 구성된 업무 기준(임금, 노동 시간, 업무량 등)이 없었기 때문이다. 시간 연구와 동작 연구라는 과학적 방법을 통해 적절한 과업량을 정하여서 노동자가 뚜렷한 목표를 가지고 능률적으로 업무를 수행하도록 만들었다.

이러한 과학적 관리론의 도입은 생산의 능률성을 향상시키는 데 획기적인 기여를 하게 된다. 우선 일의 분업을 통해 효율성을 높였고, 시간 연구, 동작연구를 토대로 효율적인 작업 방식과 도구를 개발하여 이에 적합한 생산방법을 찾아내었다. 이 결과를 바탕으로 작업 지시서를 만들고 노동자는 이에 따라 일하게 된다. 경영층은 분업에 따라 적합한 생산 파트에 노동자를 선별하여 배분하고 이를 통해 생산량은 증가되며, 증가된 생산량에 따라 노동자들은 많은 임금을 받게 되었다. 결국 노동자와 경영층 모두 Win－Win하는 결과를 가져오게 되었다. 테일러가 주장한 분업의 원리(전문화, 단순화, 표준화)는 이후 포디즘이라 불리는 포드 시스템에게 영감을 주게 되었다. 테일러리즘은 현대의 생산방식에서도 쉽게 찾아볼 수 있다. 업무 분업, 최선의 작업방식을 찾아내는 연구 등이 그 예이다. 이러한 예에 따라서 현대까지도 지대한 영향을 미친 이론이라는 것을 판단할 수 있다.

2) 페이욜의 관리원칙론

관리라는 주제를 연구해 온 일반관리론 연구자들은 '일반적으로 관리자라면 무엇을 해야 하는지', '좋은 관리라는 것은 어떤 내용으로 구성되는지'에 대한 관심을 가지고 연구를 수행해왔으며, 이들 중 가장 대표적인 학자가 바로 프랑스인 페이욜이고 그의 관리원칙론이다.

페이욜은 테일러의 일반현장 관리자의 초점보다는 조직 전체적인 측면에서 접근에 관심을 두었고, 그의 '관리원칙론'은 다음과 같은 다섯 가지의 규칙과 이를 세부화한 14가지의 조직 관리를 위한 관리원칙을 구성하게 되었다.

① 다섯 가지의 규칙

- 준비(foresight) : 미래의 행동에 대한 완벽한 계획의 수립
- 조직화(organizing) : 그 계획을 수행하기 위한 자원의 조달과 공급
- 명령(command) : 종업원의 선발, 평가, 리드
- 조정(coordination) : 다양한 노력들의 결집, 정보의 공유, 문제의 해결
- 통제(control) : 계획의 달성과 필요한 조치

페이욜은 관리라는 것은 기업이나 정부, 심지어 가정 등 인간의 모든 조직에 공통적인 활동으로 보았으며, 다음과 같은 14가지의 관리원칙은 모든 조직에 적용이 가능하다고 주장하였다.

② 14가지의 관리원칙

- 분업 : 전문화가 높을수록 효율성이 증가
- 권한 : 권한은 경영책임을 수행하기 위해 필요
- 규율 : 조직구성원은 조직을 지배하는 규율을 준수
- 명령일원화 : 하위자는 1명의 상급자에게 보고
- 지휘통일화 : 조직의 유사한 활동은 1명의 경영자에게 통합
- 조직 전체의 이익이 개인의 이익에 우선 : 개인의 이익이 조직 전체의 목표에 앞서서는 안 됨
- 보상 : 보상은 종업원과 조직 모두에게 공평해야 함
- 집권화 : 권력과 권한은 가능한 한 상위계층으로 집권화
- 계층화의 원칙 : 권한의 연쇄는 위에서 아래로 연결되어야 하며 항상 준수되어야 함
- 질서 : 업무수행상 조직 전체의 질서가 유지되어야 함
- 공정 : 경영자는 하위자를 다룰 때 친절하고 공정해야 함
- 안정 : 종업원의 이직률이 높아서는 안 됨

- 주도권 : 부하는 주도권을 갖고 일하는 자유를 가져야 함
- 단결 : 팀워크, 단체정신, 단결력 등이 강조되고 유지되어야 함

페이욜의 이러한 14가지 경영관리원칙은 실제 페이욜의 이전과 많은 사람들이 이러한 원칙들을 이용하기는 하였으나 이를 최초로 공식화하였다는 점에서 큰 공헌을 하였다. 또한 페이욜의 경영관리원칙은 너무 단순하고 비현실적이라는 비판을 받기도 하였지만, 그는 테일러와 함께 근대적인 경영이론과 경영사상을 형성하는 데 선구자적인 역할을 하였다(제임스 맥그래스, 2014).

3) 베버의 관료제 이론

산업혁명이 일어나자 과학과 기술에 대한 인식이 새롭게 되었으며 많은 사람들이 도시 노동자화 되었다. 이런 변화와 더불어 사회적 불평등에 대한 긴장이 고조되었으며 민족 국가주의적 감정도 싹트게 되었다. 이 시기에 유럽에서 조직이 효율적이기 위해서는 어떻게 설계하고 관리되어야 하는가에 대한 공식적인 연구가 나타났다.

막스 베버
출처 : https://ko.wikipedia.org

독일의 사회학자 베버(Max Weber)는 조직을 하나의 전체적인 시스템으로 보는 관료주의적 모형을 제시하였다. 그는 모든 사회적·경제적·정치적 조직이 합리적이고 능률적인 관료조직을 갖추면 사회를 보다 이상적인 모습으로 발전시킬 수 있을 것으로 믿었다.

그러나 19세기 말경에 유럽의 조직은 대부분 사적이고 가족 중심적으로 관리되고 있었다. 조직의 구성원들은 조직보다는 한 개인을 위해 충성을 바치고 있었고, 조직의 자원은 조직의 목표달성보다는 개인의 욕구를 충족하는 데 사용되고 있었다.

그래서 베버는 조직이 사적인 욕구를 충족하기 위해 즉흥적으로 사용되어서는 안 되고 비개인적이고 합리적인 기준으로 관리되어야 한다고 주장하였고, 이러한 이상적인 조직을 관료조직이라 하였다.

(1) 관료주의 조직의 특징

- 규칙의 명확화 : 규칙을 통하여 업무 절차를 표준화할 수 있고, 모든 사람을 동일하게 취급할 수 있다. 따라서 규칙은 조직의 질서와 영속성을 위해 필요하다.
- 노동의 분화 : 사람들은 잘 정의된 직무를 담당하고 있으며, 직무를 수행하는 데 필요한 권한을 가진다. 따라서 노동의 분화원칙은 조직설계의 근간이다.
- 기술적 훈련, 역량, 전문성에 근거한 인사 : 특정 직무에 대한 자격요건이나 승진에 대하여 객관적 기준을 적용한다.
- 전문 경영 : 관리시스템은 생산 수단의 소유와 완전히 분리되어 있다. 의사결정은 합리적이고 객관적으로 행하기 위하여 소유권은 리더십과 분리된다.
- 계층의 원칙 : 하위 직급은 상위 직급에 의해서 직접적으로 감독과 통제를 받는다. 의사소통은 수평적이라기보다는 수직적으로 이루어진다.
- 문서화 : 의사결정 그리고 규칙 등은 문서로 기록되고 보관된다. 이렇게 조직의 기능은 공공기록의 한 부분이 된다.
- 조직생활과 사생활의 구분 : 합리적이고 비개인적인 조직생활과 개인적인 사생활은 완전히 구분한다.

오늘날에는 관료제라는 용어가 부정적인 의미로 사용되는 경우가 많다. 즉, 관료제란 수많은 공문과 관료의 불친절, 비효율적인 절차를 통한 중복 규제 등을 연상하게 한다. 하지만 이러한 관료제의 병폐는 베버의 관료제 이념을 잘못 적용한 결과로 해석된다. 이상적인 관료제하에서는 규칙과 절차가 표준으로 적용되면 구성원이 상급자의 자의적인 판단에 좌우되지 않고 공정한 대우를 받게 되어 고용이 안정되고 능률이 향상된다. 따라서 관료제는 현대조직이론의 기초로서 가장 효율적인 조직구조를 설계·운영하기 위한 합리적인 지침이라고 할 수 있다.

(2) 사회과학방법론에 공헌한 세 가지 핵심 사상

첫 번째, 사회학적 개념은 개인적 행위로 환원될 수 있다는 패러다임이다. 환원

가능성의 패러다임은 개인적 행위의 측면에서 나타나는 단어의 의미를 설명한다는 것을 말한다.

두 번째, '몰가치성(wertreiheit)'[2)]은 가치자유(value-freedom), 혹은 윤리적 중립성, 혹은 무평가의 패러다임으로 번역될 수 있다. 이것은 사회과학자에게 감정을 억제하고 이성적으로 문제에 접근할 것을 강조한 것이다.

세 번째의 방법론적인 패러다임은 이념형 개념이다. 베버의 탁월성은 귀납적 일반화를 제시한 그의 탁월한 능력에 기인한다. 이념형은 현실을 극화한 이론적 유형이다. 이것은 사회학적 개념의 추상화와 일반화를 위한 기준이 되고 있다.

2) 경험 과학이 객관성을 지니기 위해서는 가치 판단으로부터 분리되어야 한다는 학문적 태도. 독일의 사회학자 베버의 주장으로 이론의 실천적 의도 및 가치 판단의 개입을 엄격하게 거부하였다. [비슷한 말] 가치 중립성.

SECTION 02 행동과학이론과 복지경영

고전적 경영이론을 개발한 사람들은 조직과 직무를 기계적 관점에서 보았다. 이러한 기계적인 관점에서는 조직은 기계로, 작업자는 부속품으로 간주되었다. 대부분의 고전적 경영이론가들은 개인의 역할을 인식하기는 하였지만 그들은 개인의 행동을 통제하고 표준화하는 데 더 많은 관심을 집중시켰다. 이에 반해서 행동과학이론에서는 고전적 경영이론의 한계를 극복하고자 조직 내에 있어서 개인의 태도, 행동 및 집단과정 등의 인간행동을 중요시하는 이론이 나타났다.

1) 호손(Howthorn)실험

호손실험은 하버드대학의 사회학자인 메이요(E. Mayo)[3]와 뢰슬리스버거(F. Roethlisberger)가 중심이 되어 미국 웨스턴 전기회사의 호손공장에서 1924년부터 1932년까지 4단계로 실시된 일련의 인간관계의 실험을 말한다.

본래 이 실험의 목적은 소음, 조명, 온도 등의 작업 물리적 환경이 생산성 미치는 영향을 연구하기 위한 것이었다. 이 실험에서 그들은 여성작업자를 대상으로 작업자를 2개의 집단으로 나누어 하나의 집단(실험집단)에는 조명강도를 다양하게 변화시키고, 다른 집단(통제집단)에서는 동일한 조명에서 작업하게 한 다음 두 집단 간의 생산성의 차이를 측정하였다.

그 결과 놀랍게도 조명의 강도를 증가시킨 실험집단과 통제집단 모두에서 생산성이 증가하였다. 또한 작업일수를 늘리고 휴식기간을 단축해도 생산성이 증가하였는데, 실험에 참가한 여성작업자의 대부분은 실험을 하기 전보다 자신의 작업자에 더 만족하고 있다고 응답하였다. 하버드대학의 메이요 연구팀은 1927년에서 1932년까지 4개의 실험집단과 3개의 통제집단으로 나눈 다음, 제1차 조명실험, 제2차 계전기 조립실험, 제3차 세 집단에 대한 면접실험, 제4차 배선관찰실

3) 메이요(Elton Mayo)는 오늘날 인간관계를 학문적으로 접근하여 이론에 공헌한 바 크다.

험을 실시하였다. 모든 실험은 조명도 이외의 작업요인과 작업조건이 생산성에 미치는지에 초점을 두었다.

〈표 3-1〉 호손실험의 주요 내용

실험명	목적 및 내용
조명실험	조명의 변화가 작업자의 생산성에 미치는 영향을 알아보기 위한 실험
계전기 조립실험	작업과 관련된 요인들이 작업자의 생산성에 미치는 영향을 알아보기 위한 실험
면접실험	작업자의 태도를 알아보기 위해 광범위한 개별면접을 실시
배선관찰실험	관찰과 설문을 통해 작업자에서의 지속적 성과증대에 영향을 미치는 다양한 사회적 요인을 분석

(1) 호손실험의 연구 결과

메이요와 그의 동료들은 몇 년간의 지속적인 연구 끝에 다음과 같은 연구 결과를 얻었다.

첫째, 화폐적 자극은 생산성에 영향을 미치지 않는다. 그 이유는 실험집단에만 임금을 올려주었으나 임금을 올리지 않은 통제집단에서도 생산성이 증가하였기 때문이다. 대신에 그들은 면접과 관찰을 통하여 정서적인 연결반응이 생산성 증가의 원인이라는 것을 알게 되었다.

둘째, 작업자들은 실험의 참가자로서 선발되었다는 이유로 집단의 긍지를 갖게 되었으며 이것이 그들의 성과가 증가하도록 하는 동기를 부여했다는 것이다. 그들은 공장에서 소외된 사람이 아니며 중요한 집단의 일원이라는 것을 느낀 것이다. 또한 감독자의 지원과 자신들의 직무에 대하여 의사결정을 할 수 있는 기회를 준 것도 그러한 동기부여에 기여하였다.

(2) 호손실험이 주는 시사점

작업집단에 소속됨으로써 만족될 수 있는 심리적인 욕구나 욕망에 비해 임금이나 작업조건에 의한 동기부여가 되지 않았다. 또한 과업에 관한 의사결정의 책임을 개인으로서 또는 집단으로서의 작업자에게 부여함으로써 그 과업을 더욱 중요하게 생각하도록 하는 자극을 주었다. 그리고 감독자의 인식전환을 통해 작업자가 조직을 위해 자신들이 중요한 기여를 하고 있다고 느끼게 했다는 점을 암시하였다.

또한 메이요 등은 경영층이 작업자의 복지에 관심을 두거나 감독자가 작업자에게 특별한 관심을 두면 열심히 일을 한다고 믿었다. 이것을 호손효과라고도 한다. 또한 그들은 작업자의 사회적 환경과 같은 비공식적 작업집단이 생산성에 영향을 미친다는 것을 발견하였다. 즉, 경영자의 요구보다는 동료작업자의 관계나 우정 등에 의해 형성된 작업집단의 압력이 생산성에 더 많은 영향을 미칠 수 있다는 것을 발견하였다.

2) 동기부여이론

일반적으로 기업조직은 기계설비나 원재료의 조합을 통해 제품이나 서비스를 생산하는 물질・기술적 시스템으로 볼 수 있으며, 여러 계층의 사람들, 즉 근로자, 감독자, 관리자로 구성된 인적・사회적 시스템으로 보는 관점이며, 이것은 작업자가 결코 경제적 욕구에 의해서만 움직이는 기계와 같은 존재가 아니라, 다양한 사회적・심리적 요인에 의해 영향을 받는 인간적 존재로 이해해야 한다는 것을 의미한다. 이와 같은 인간관계론은 동기부여이론으로 발전하였으며, 여기에서는 아지리스(C. Argyris)의 성숙・미성숙이론, 맥그리거(D. McGregor)의 X・Y이론만을 설명하고자 한다.

아지리스(Argyris)는 조직에서 개인 즉, 종업원의 유형을 성숙된 존재와 미성숙된 존재로 구분하는 성숙・미성숙이론을 제시하였다. 그는 많은 사람들이 작업환경에서 성숙된 인간으로 대접받지 못하고 있다는 점을 직시하고 관리방법이 인간의 행위나 개인적인 성장에 미치는 영향을 연구하였다. 그는 한 인간이 미성숙한 어린이에서 성숙한 어른으로 성장하는 과정에 개인의 퍼스낼리티는 일곱 가지 차원에서 변화가 발생한다고 주장하였다. 이에 대한 자세한 사항은 <표 3-2>와 같다.

〈표 3-2〉 성숙과 미성숙이론 단계

미성숙단계	성숙단계
• 수동적 행동 • 의존심 • 제한된 행동 • 엉뚱하고 관심이 적음 • 단기적 전망 • 종속적 위치 • 자아의식 결여	• 능동적 행동 • 독립심 • 다양한 행동 • 심도 있는 강한 관심 • 장기적 전망 • 대등하거나 우월한 위치 • 자아의식과 자기통제

아지리스가 얻은 결론의 일부는 맥그리거의 X · Y이론과 같지만, 맥그리거는 X이론의 인간성을 미성숙한 유아적인 인간성이라 하여, X이론에서 Y이론으로의 연속적인 발전을 건강한 성인의 길을 가는 인간의 성숙과정이라고 하였다.

공식조직은 인간의 미성숙 상태를 조장하는 고전적 관리 방식을 채택하고 있는 바, 조직구성원이 스스로의 욕구를 충족시킴으로써 성장과 성숙의 기회를 얻을 수 있도록 하는 새로운 관리전략을 마련해야 한다는 아지리스[4]의 이론을 말한다. 그는 공식조직이 구성원의 행태에 미치는 영향을 분석하면서, 직무의 전문화 · 명령체계의 확립 · 명령의 통일 · 통솔범위의 적정화 등의 원리에 입각하여 기계적으로 설계된 공식조직은 인간을 미성숙 상태에 머물도록 구속하기에, 직무확대 · 참여적 리더십 등 인간의 성숙을 촉진할 수 있는 새로운 관리 전략을 추구하여야 한다고 주장하였다.

4) Chris Argyris(1923~2013)는 미국 비즈니스 이론가이자 하버드 비즈니스 스쿨 명예 교수였으며 Monitor Group에서 "Thought Leader"의 직책을 맡았다.

SECTION 03 현대 경영 이론

오늘날 많은 기업들은 규모의 증가, 제품의 다양화, 생산기술의 고도화, 컴퓨터와 정보통신기술의 발전, 커뮤니케이션과 운송수단의 발전과 같은 급격한 환경 변화에 직면하게 되었다. 이와 같은 환경의 변화는 기업에게 환경과의 끊임없는 변화를 요구하며 이러한 변화에 적합한 새로운 접근방법으로 시스템이론(System Theory)과 상황적합이론(Contingency Theory)이 나타나게 되었다.

1) 시스템이론

시스템이론은 인간행동의 영향 요소들 간의 복잡한 상호작용의 중요성을 강조하고 있다. 즉 모든 것이 다른 모든 것과 관련되어 있다는 것이다. 이런 관점에서 볼 때 조직에서의 인간의 행동은 태도, 성격, 의사소통과 보상제도 등과 같은 다양한 요소의 상호작용에 의해 결정된다고 할 수 있다.

시스템이란 특정 목적을 달성하기 위하여 여러 개의 독립된 요소들이 상호작용하여 유기적인 관계를 유지하는 하나의 집합체라고 정의할 수 있다. 따라서 기업조직을 하나의 시스템으로 보면 조직 내의 여러 부서가 하위시스템으로 상호작용한다. 즉, 하위 시스템은 상호작용하면서 전체 시스템의 목표달성에 기여한다.

(1) 시스템의 기본적인 특성

- 모든 시스템은 주어진 환경 내에서 활동을 수행한다. 예를 들어, 기업시스템은 주주, 고객, 경쟁업체, 노동조합, 정부 등으로 구성된 환경 속에서 경영활동을 수행한다. 기업환경은 경영 활동에 중요한 영향을 미치며 기업 조직이 임의로 통제할 수 없는 요소이다.
- 모든 시스템은 여러 개의 하위시스템으로 구성된다. 하위시스템은 전체 시스템의 구성요소가 된다. 기업시스템에서 인사, 재무, 생산, 마케팅, 회계와 같은 부서가 하위 시스템이다.

• 모든 시스템의 하위시스템은 상호 관련성을 갖는다. 하위시스템 간의 상호 관련성은 시스템적 접근법에서 매우 중요한 특징을 갖는다. 예를 들어, 기업 시스템에서 경영자가 어느 한 가지 하위시스템에 영향을 주면 다른 하위 시스템도 영향을 미치게 된다.
• 모든 시스템은 목표를 가지고 있다. 따라서 하위시스템은 전체 시스템의 목표달성에 기여해야 한다. 그리고 하위시스템의 성과는 전체 시스템의 목표달성에 기여한 정도에 따라 평가되어야 한다.

시스템이론에서 개방시스템, 폐쇄시스템, 하위시스템, 시너지, 엔트로피, 시스템 경계와 같은 아이디어는 경영 사고에 영향을 미치는 주요 개념이며, 이 중 엔트로피는 시스템이 쇠퇴하고 소멸해 가는 과정을 의미하며, 시스템 경계는 시스템과 환경을 분리시키는 경계를 의미한다.

(2) 시스템 분석

필요한 작업의 효율적 수행을 위해 취하는 행위 · 방법 · 수단 · 기술 · 업무 등을 분석 · 평가 · 비교 · 연구하는 과정이다. 정보시스템이나 물류(物流)시스템 · 생산관리시스템 등에서는 먼저 시스템 분석이 필요하다. 시스템 분석은 다음의 단계에 의해 진행된다.

① **문제의 파악과 정식화(定式化)** : 문제는 왜 제기되었는가, 문제는 정당한가, 그리고 그 문제해결에 의해 달성되는 성과 등을 검토하여 문제의 정식화를 행한다.
② **시스템 팀의 편성** : 팀 리더 밑에 문제 해결에 적합한 전문가를 모으고, 시스템 사용자의 대표를 구성원으로 참가시켜야 한다.
③ **시스템의 정의** : 대상이 되는 시스템을 각 하위 시스템으로 분해하고, 그들 사이의 상호관계를 플로차트(flow chart : 흐름도) 등으로 표시하여 분석한다. 전체 목적을 달성할 수 있도록 각 하위시스템을 통합하는 종합화를 행함으로써 시스템의 정의가 이루어진다.
④ **시스템 목적의 정의** : 시스템이 부분적 최적화(最適化)에 빠져드는 것을 피

하기 위해 그 시스템의 일부를 이루는 것과 같은 보다 큰 시스템과의 상호 관계를 흐름도 등에 의해 분명히 하고, 보다 큰 시스템 안에서 당해 시스템이 수행해야 하는 기능을 명확히 한 다음 정의해야 한다. 또 부분적 최적화에 빠져들지 않기 위해서는 시스템의 목적을 보다 넓게 다차원적(多次元的)으로 규정하는 것이 필요하다.

⑤ **경제적 기준의 설정** : 시스템의 목적에서, 시스템의 효율을 측정하는 척도로서 단위당 비용이나 자본이익률 등의 경제적 기준을 설정한다. 복수의 경제적 기준 사이에 모순이 있는 경우는 가중치를 가하거나 일정한 평가기준을 제약조건으로 삼는 일이 필요하다.

⑥ **정보수집** : 시스템 분석에서의 마지막 단계는 시스템 모델화의 기초가 될 데이터나 정보의 수집이다. 시스템 조작에 관계되는 정보뿐만 아니라 시스템의 조작이 행하여지는 환경의 예측도 함께 실시한다. 이상의 시스템분석을 거친 다음 시스템 설계 단계로 나간다. 시스템분석에 이용되는 수법에는 시스템 이론 · 시뮬레이션 · 분할법 등이 있다.

2) 상황적합이론의 조직구조와 설계

리더십의 결정요인이 리더의 특성에 있는 것이 아니라 리더가 처해 있는 조직적 상황에 있다는 주장이다. 초기의 리더십 이론은 리더십을 단지 지도하는 개념으로 보고 지도자에게 편중되어 있었으나, 사회변화 등 시대적인 조류에 따라 구성원과의 협력이라는 차원에서 리더십이 조정되고 발전하였다. 이 이론은 각기 다른 상황은 리더십에 있어서 다른 접근방식이 요구된다는 전제 아래 어떤 상황이든 가장 효과적인 리더십을 발휘하기 위해서는 리더의 지위권력, 수행해야 할 과제의 구조와 본질, 리더와 구성원 간의 인간관계 등을 필수적인 요소로 하고 있다.

따라서 일정한 조직적 상황에 있어서 어떠한 지도행동이 적절한가를 규명하여 그것에 알맞은 지도자가 결정되는 것이며, 조직의 성격과 규모에 따라 리더십의 유효성도 다르게 나타나므로 리더십 상황이 리더에게 유리하거나 불리한 경우에는 과업지향적 리더가 효과적이고, 상황이 리더에게 유리하지도 불리하지도 않으면 관계지향적 리더가 효과적이라고 하였다. 결국 어떤 상황에서나 가장 효과적인 리더십 유형은 없으며 리더십 효과는 상황에 적합한 리더십 유형을 발휘할 때 높아질 수 있다.

상황이론은 각 조직은 모든 상황이 각기 독특하기 때문에 모든 상황에 적용될 수 있는 보편적 원칙이 존재하지 않는다는 관점에서 시작한다. 이 접근방법에 의하면 경영 활동은 어떤 단순한 원칙에 의해서 이루어지는 것이 아니라는 점, 즉 조직성과에 영향을 미치는 가장 좋은 방법이란 존재하지 않으며 상황에 따라 다르다는 것을 강조한 접근방법이다. 상황적합이론은 조직 각 부문의 상호관련성을 중요시하며, 이러한 상호관련성의 성격에 초점을 두고 특정의 과업이나 문제에 결정적인 요인들이 어떤 것인가를 찾아내어 각 요인들 간의 기능적 관련성을 명백히 하려는 데 그 차이점이 있다. 따라서 상황적합이론[5]은 경영이론의 개발과 실무 면에서 매우 유용하게 이용될 수 있다.

3) Z이론

1970년대 이후부터 1980년대에 이르기까지 미국 기업들의 생산성은 다른 공업국 특히 일본에 비해 현저히 떨어졌는데, 이와 같은 생산성 하락에 대한 우려와 외국으로부터의 도전에 직면해 있던 미국의 경영자들은 일본의 기업들이 미국기업과 다르게 경영되고 있다는 것을 인식하게 되었다.

A형 (미국)	Z형	J형(일본)
• 단기고용 • 개인적 의사결정 • 개인책임 • 단기적 평가와 승진 • 통제기구의 명확화 • 경영관리의 전문화 • 종업원을 하나의 종업원으로만 보고 부분적 관심을 가짐	• 장기고용 • 집단적 의사결정 • 개인책임 • 장기적 평가와 승진 • 공식적인 통제기구를 가지면서도 비공식적 통제의 응용 • 어느 정도 전문화된 경영관리 • 가족을 포함한 전반적 관심	• 장기고용 • 집단적 의사결정 • 집단책임 • 장기적 평가와 승진 • 통제기구의 불명확화 • 경영관리의 비전문화 • 종업원을 하나의 인간으로 보고 전반적 관심을 가짐

|그림 3-1| Z이론

5) 1960년대 상황론적 접근법은 피들러에 의해 개발되었다. 리더 및 부하의 행동적 특성, 과업과 집단구조, 조직체요소를 중심으로 리더십 상황을 유형화하고 리더십 과정에서 이들 요소의 역할과 리더의 효과를 분석하려는 이론이라고 할 수 있다.

따라서 미국 경영자들은 일본식 경영을 미국기업에 인식할 것을 고려하였지만 상이한 사회·문화적 구조, 경제적·기술적 환경은 경영철학의 전반적인 이전을 불가능하게 하였다. 이에 1981년 오우치(W. Ouchi)가 미국과 일본에서의 보편적인 경영방식의 장점을 통합하여 하나의 새로운 이론을 시도한 것이 Z이론이다.

오우치
http://mbanote2.tistory.com/

오우치가 주장한 Z이론은 미국식 경영방식(A타입, Y이론)에 일본식 조직문화(J타입)를 접목한 방식으로, 서구식의 개인주의보다는 동양의 집단문화를 도입하여 조직 전체를 강조하며, 노동자 간 상호협력, 집단적 의사결정과 집단적 책임을 중시하고, 장인정신과 장기에 걸친 근무실적 평가 및 승진을 통한 안정적 고용을 보장하며, 내적 통제방식을 적용한다.

|그림 3-1|은 A형 조직, J형 조직, Z형 조직을 요약한 것으로, 이것은 미국과 일본 기업이 7개 측면, 즉 고용기간, 의사결정형태, 책임소재, 평가와 승진 속도, 통제기구, 경력경로, 종업원에 대한 관심이 성격에서 매우 상이함을 보여주고 있는데 Z이론은 미국과 일본 기업의 보편적인 경영방식의 장점을 통합한 새로운 이론이다.

04

CHAPTER

조직문화와 지휘

04 조직문화와 지휘

CHAPTER

SECTION 01 조직화와 복지경영

1) 조직화

(1) 조직화의 개념

행정관리의 기능 중 가장 핵심적인 요인 중의 하나로서 정적(靜的) 구조만을 뜻하는 것이 아니라 각 조직 구성요소 간의 상호관계를 설정하는 일련의 동태적(動態的) 과정이다.

조직화의 기본적 과제는 영속적인 과제로서 고위층의 행정관리들이 과업수행에 관련된 행정조직 전체와 기술적 방법을 적용시키는 데 있다. 따라서 조직화가 잘 이루어지기 위해서는 인간적 요인 · 기술적 요인 · 정치적 요인의 조화가 잘 이루어져야 한다. 일반적으로 조직화에서는 세 가지 영역이 고려되고 있다.

즉, ① 일반적인 조직 내지 구조의 영역으로 통상적인 조직 편성의 수준에 따라 부서 간의 권한을 배분하게 되므로 직무수행을 위한 공식적 조직구조 내지는 조직화가 이루어지는 것이다. ② 직무수행의 절차에 관한 문제영역으로서 결재절차 · 예산절차 · 구매절차 · 수용절차 등의 문제가 고려되어야 한다. ③ 행정직무 수행 수단에 대한 문제영역으로 일상적인 행정업무 수행활동이 원활히 이루어지도록 고려되어야 한다.

(2) 조직화의 의의와 필요성

기업은 하나의 조직이며 이러한 조직은 조직구조를 가지고 있다. 이러한 측면에서 조직화(organizing)란 조직체의 목표를 달성할 수 있도록 조직구성원 각자의 직무와 상호 간의 관계를 규정하는 것을 말한다.

즉, 조직화는 누가 무엇을 하도록 할 것인가, 부하는 어떤 상사에게 보고하는가, 누가 할 것인가 등에 대해 공식적이고 구체적으로 결정함으로써 조직구성원의 직무범위를 결정하고 그에 따르는 권한과 책임을 부여하는 활동으로 정의할 수 있다.

이러한 조직화의 주요한 목적은 업무를 가장 효과적으로 수행하는 데 필요한 모든 요소들인 사람, 작업 방법, 원자재, 자금 등을 합리적으로 배분하고 조정하는 데 있는데 이러한 조직화는 기능적 측면과 인적 자원 측면에서의 조직화로 구성 될 수 있다.

기능적 측면에서의 조직화는 기업의 여러 부문의 경영기능이 효율적으로 수행되고 효과적으로 조정될 수 있도록 조직을 구성하는 것이고, 인적자원 측면에서의 조직화는 가장 능률적인 조직 활동이 이루어질 수 있도록 조직구성원의 구성을 조정하는 활동으로 볼 수 있다.

(3) 조직화과정

조직이란 경영자의 지휘하에 있는 사람들이 그들의 공동목표를 달성하기 위하여 서로 얽힌 관계를 구성하는 형태이며, 조직화과정이란 현재부터 미래까지 오랫동안 지속할 수 있는 조직의 기본적 체계를 구성하는 의사결정과정으로 다음과 같이 세 가지의 기능에 관계된다.

- 계획된 목표를 달성하는 데 필요한 구체적 활동을 확정하는 기능이다.
- 관련된 활동끼리 묶는 부문화 기능이다.
- 부문 간의 연결로서 누가 누구에게 보고하고 누구를 도와야 하는가를 세부화하기 위한 조정 기능(coordination)과 계층화기능(hierarchy)이다.

① 과업의 확정

과업의 확정이란 한 개인이 혼자서 업무 전체를 수행하기 보다는 세분화하여 직무를 단순화시켜서 개별적으로 수행하는 것을 의미한다. 즉, 조직이 설정한 목표를 달성하기 위해서 요구되는 경영활동으로 이 과정은 될 수 있는 대로 전문화(specialization)되어야 한다.

② 부문 또는 부서화

부문 또는 부서화란 일정한 기준에 의해 작업자 또는 작업 활동을 결합시켜 일정한 경영자의 관리 통제하에 두면서 조직효율성을 촉진시키기 위해 단위화하는 것을 의미한다. 일반적으로 기능별 부문화, 사업별 부문화, 그리고 행렬형태 부분화의 유형이 있다.

③ 권한과 위임

부서화가 성공하려면 무엇보다도 권한의 이음줄이 조직의 상위부터 하위에 이르기까지 잘 연결되어야 한다. 상사의 명령이 부하에게 전달되고, 또한 누가 누구에게 보고하였는지가 잘 알려져야 하는데 이것을 명령의 연쇄원칙이라고 한다.

또한 여기에서 강조해야 할 사항은 모든 종업원은 한 사람의 상급자로부터 명령을 받아야 하며, 그 수행 결과도 한 사람의 상급자에게 보고되어야 한다는 명령일원화의 원칙이다.

명령의 연쇄상에서 권한이라는 것이 존재하게 되는데 권한이란 조직에 의해 승인되고 구성원들에 의해 인정된 합법적인 권력으로서 행동을 요구하고 그에 따른 대응을 요구한다. 이러한 권한과 함께 업무수행 결과에 대한 일정한 책임을 지게 되는 것을 책임이라고 한다.

이러한 권한과 책임의 관계에 따라 집권화조직과 분권화조직으로 구분하는데, 집권화조직은 공식적인 권한이 조직의 한 분야 또는 한사람에게 집중되어 있는 것을 의미하고, 의사결정 권한을 조직 하부로 이양하여 하위직에 있는 사람들에게 책임과 의사결정을 내리고 수행하는 권력을 부여하는 것을 분권화 조직이라고 한다.

④ 통제와 조정

통제와 조정은 조직화의 마지막 단계로, 어느 조직이든지 간에 조직의 한 계층이나 부서에서는 몇 명의 관리자가 필요한가를 결정하여야 한다. 그 결정기준은 부서에서 수행되는 업무를 얼마나 효과적으로 감독할 수 있는가이다. 이를 통제의 범위라고 하는데, 통제의 범위는 상급자 한 사람이 적정한 수의 부하를 통제

해야 효과적인 경영이 가능하다는 원칙으로, 쿤츠에 의하면 상위직은 4~8명, 하위직은 8~15명이 가장 적당하다고 보고 있다.

또한 조정의 원칙에 의하면, 경영자는 전문화되어 분업화된 개인이나 집단의 작업활동을 상호 연결시키는 능력과 실천이 필요하며, 구성원들은 적절한 의사소통과 서로 간의 활동을 이해하여야 하며, 작업의 흐름 속에서 협동이 이루어져야 한다.

2) 직무분석과 분화

조직을 만들기 위해서는 먼저 조직에서 수행될 업무를 파악하고 이를 근거로 부서와 직책/직위 등을 만들게 되며, 만들어진 부서는 상하관계가 설정되고 부서 상호 간의 관계도 정의되는데, 이를 조직의 분화가 이루어졌다고 할 수 있다.

즉, 조직의 분화는 어떤 조직이 수행해야 할 업무 전체를 하나하나 모두 파악한 다음 이를 유사하거나 상호관련이 있는 것끼리 묶고 마지막으로 이 묶음 간의 관계를 설정하는 것이다. 이러한 조직분화는 수평적 분화와 수직적 분화로 구분할 수 있다.

(1) 수평적 분화

수평적 분화란 조직의 업무 중에서 상호 대응되는 수준의 업무단위를 묶어 분화하는 것으로, 이러한 기준에는 기능, 제품, 지역, 고객, 업무과정 등이 있다.

① 기능(function)에 의한 분화

조직에서 수행되는 기본 기능을 중심으로 분화하는 것으로 보통의 기업들은 인사, 생산, 마케팅, 재무 및 회계 등의 기능을 갖게 되는데, 이는 즉 부서별로 기업의 조직을 구분하는 것이다.

② 제품(product)에 의한 분화

제품에 따라 부서를 나누는 것으로 제품 그 자체에 의하여 분화하기도 하고 제품생산라인에 따라 분화하기도 한다.

③ 지역(region)에 의한 분화

지리적인 요소에 근거하여 조직을 나누는 것으로, 서울, 인천, 경기 등으로 나누기도 하지만 요즘은 기업이 글로벌화 되면서 한국본부, 미주본부, 중국본부 등 국가별로 나누기도 한다.

④ 고객(customer)에 의한 분화

제품이나 서비스에 대한 고객을 어떤 기준에 의하여 분류하여 그것에 대응되게 조직을 나누는 것으로, 고객의 특성에 따라 이에 대응하는 조직을 구분하는 것을 의미한다.

⑤ 업무과정(work process)에 의한 분화

상품이나 서비스를 고객에게 판매하는 과정까지의 일련의 업무순서를 말하며, 이러한 과정에서 유사한 업무를 묶어서 조직을 편성하는 것이다.

(2) 수직적 분화

수직적 분화는 조직의 상하, 즉 상사와 부하 간의 관계에 대한 조직구성을 수행하는 것으로 조직의 상하로 이어지는 계층의 수를 구분하는 것을 말한다. 예를 들어, '사장－전무－상무－부장－과장－대리－사원'과 같이 수직적으로 조직을 나누는 것으로 일반적으로 기업의 규모가 커질수록 수직적 분화에 의한 계층수가 많아진다.

3) 조직화의 원칙

조직을 만들 때 지켜야 하는 원칙으로 목적의 원칙, 기능화의 원칙, 책임・권한의 원칙, 권한위임의 원칙 그리고 관리한계의 원칙 등 다섯 가지의 원칙이 지켜져야 한다.

① 목적의 원칙

조직의 각 부문은 목표가 있으며 이는 전체 조직의 목적과 부합 또는 조화되어야 하고 공표되어야 함을 뜻한다.

② 기능화의 원칙

조직의 형성 시 가장 먼저 각 직무의 존재 이유와 그 기능의 내용을 명확히 한 후 그 직무에 적합한 인력을 배치해야 하는데, 즉 조직을 구축할 때 사람 중심이 아닌 일 중심으로 접근하고자 하는 원칙을 말한다.

③ 책임 · 권한의 원칙

권한과 책임은 상호 적절히 대응해야 하는데, 즉 할당된 책임수행에 필요한, 충분하면서도 일정한 권한이 주어져야 하며, 권한은 공정하게 배분되고 분명하게 표시되어야 함을 의미한다.

④ 권한위임의 원칙

권한위임이란 조직 내의 하위자가 매번 상위자의 지시나 명령을 받지 않고도 자신의 독자적인 판단만으로 직무를 수행할 수 있도록 상위자가 지니는 직무수행의 권한을 하위자에게 나누어 주는 것을 의미한다.

⑤ 관리한계의 원칙

한 사람의 상사가 지휘나 감독 등 관리할 수 있는 부하의 수에는 한계가 있으며, 관리자의 특성이나 업무의 종류에 따라 다르게 나타나기도 한다.

4) 조직화의 경향

조직을 만들고 운영하는 데 있어서 비용을 절감하고 성과는 높이며 종업원의 참여도를 높이기 위한 다양한 방안으로 조직화의 새로운 경향들이 나타나고 있다.

① 명령단계의 축소

조직의 수직적인 위계단계에서 관리상 불필요한 단계를 제거하면 명령단계가 축소되어 보다 능률적인 조직을 만들 수 있으며, 일반적으로 수직적인 조직단계를 줄이면 전체적인 조직의 모양은 횡적으로 넓게 퍼지게 된다.

② 명령일원화 원칙의 퇴조

가장 기초적인 조직 형태인 기능별 또는 부문별 조직에서는 명령일원화 원칙이 강조된다. 그러나 프로젝트 조직이나 매트릭스 조직처럼 명령체계가 복잡한 조직형태가 나타나면서 명령일원화 원칙의 중요성은 상당 부분 감소되고 있다.

③ 통제범위의 확대

통제범위란 한 사람의 관리자가 직접적으로 관리하는 부하직원의 수를 말하는데, 명령단계를 축소하기 위하여 조직의 상하단계를 줄이다 보면 필연적으로 통제범위가 확대될 수밖에 없다.

④ 스태프부문의 축소

스태프의 원래 기능은 라인에 '조언'을 하는 것이다. 그런데 많은 조직에서 스태프의 조언으로 인하여 얻는 효익보다 관리상 비용이 더 큰 것으로 나타나고 있다. 또한 스태프와 라인과의 갈등이 종종 발생하여 조직의 효율성을 떨어뜨리고 있다. 이에 따라 많은 조직에서 스태프 부분을 축소하고 있다.

⑤ 분산화와 집중화의 동시진행

분산화와 집중화는 상충되는 것이지만 현실적으로는 동시에 진행되고 있다. 분산화는 업무의 의사결정 권한 및 책임을 하부로 위임하는 경향이 확산됨에 따라 필연적으로 발생하고 있는 한편, 발달된 정보기술을 조지게 도입하여 정보시스템을 구축하면 중앙 통제 및 관리를 할 수 있어 집중화도 동시에 진행된다.

SECTION 02 조직구조와 복지경영

조직구성원의 '유형화된 교호작용(patterned interaction)'을 말한다. 조직구성원들은 조직목표를 달성하기 위하여 서로 협동하면서 끊임없이 상호작용을 계속하는 바, 이러한 계속적인 교호작용 속에서 조직구성원들의 행위의 유형이 형성된다. 조직구조는 조직 내의 수평적 분화 및 수직적 계층에 따라 다양한 형태를 띠고 있다. 대표적인 조직구조는 베버(M. Weber)가 제시한 관료제조직으로 분업화와 집권화 및 공식화 정도가 높은 조직 형태이다. 그 밖에 애드호크라시(adhocracy)[1], 사업부제조직, 직능조직, 행렬조직 등이 있으며, 단순조직과 복잡조직도 있고, 기계적 조직과 유기체적 조직도 있다.

조직구조의 특성은 조직설계에 따라 결정되는데, 일반적으로 이렇게 결정된 조직구조 형태로는 라인-스태프 조직, 매트릭스 조직, 그리고 팀 조직 등이 있다.

1) 라인-스태프 조직

라인조직은 직계식 또는 군대식 조직이라고 하여 최고경영자에서 하위계층까지 명령권한이 직선적으로 연결되는 조직구조이다. 이 조직은 업무의 부서화가 이뤄지지 않은 매우 단순하고 초보적인 형태이며, 모든 조직은 최고경영자부터 시작하여 제품이나 서비스를 제공하는 말단 접점까지의 직접적인 명령체계를 갖는데, 이러한 조직체계에서 좀 더 규모가 커지고 복잡해지면 스태프부서가 추가된다. 스태프는 전문적 지식이나 기술을 사용하여 라인활동을 도와주는 역할을 담당하는 종업원들이다.

즉, 라인-스태프는 조직의 목표 달성에 필요한 핵심적 활동을 수행하는 라인조직에 전문적 지식이나 기술을 가지고 라인의 활동에 조언하며 도와주는 스태프를 결합한 조직을 의미한다.

1) 애드호크라시(adhocracy)는 기존의 관료제에서 탈피하여 다양한 분야의 전문가들로 구성된 융통적, 적응적, 혁신적 사회조직을 말한다. 애드호크라시는 조직 문제 해결 시 규격화 및 표준화된 절차를 간소화하거나 제거하여 전문지식을 가진 사람들이 상황에 맞게 처리하는 방식으로 문제에 접근하게 된다. 대표적인 유형으로는 매트릭스 구조, 태스크포스(TF), 위원회 조직 등이 있다.

라인은 직계조직, 스태프는 참모조직을 의미한다. 라인은 상급직원에서 하급직원의 순으로 라인을 계속 연결하는 조직으로 경영의 주된 활동을 할 책임과 권한을 가지고 있다. 스태프의 직원은 전문적인 지식을 활용해서 라인에 조언하는 것이 주요 역할이다. 기업규모가 작을 때에는 라인만으로도 충분하지만 규모가 확대됨에 따라 직능이 분화하여 스태프를 두게 된다. 간단히 말하자면 영업부·생산부는 라인이고 기획실·총무부·인사부 등은 스태프이다.

2) 매트릭스 조직

매트릭스 조직이란 행정활동을 직능 및 기능부문으로 전문화시키면서 전문화된 부문들을 프로젝트로 통합시키는 단위를 갖기 위해 고안된 조직형태다. 행렬조직 또는 복합구조라고도 한다. 행정부문에 전형적으로 존재하는 매트릭스 조직으로는 지방 행정기관과 재외공관조직을 들 수 있다. 가령, 전라남도청의 상공국은 산업자원부의 기능 중 전라남도에 해당하는 것만 실시한다. 그리고 재외공관, 즉 대사관에는 대사를 중심으로 영사·상무관·재무관·농무관·노무관·국방무관 등으로 구성되어 있어 외국에서의 자국민에 대한 상업·재정·농업·노동·국방업무를 함께 다루도록 되어 있다.

매트릭스 조직(Matrix Organization)은 가로와 세로라는 두 개의 계통을 가지고 있는데, 기존 조직 틀에서는 명령일원화 원칙이 준수되고 있으나 매트릭스 조직에서는 명령을 가로와 세로로 이원화한다.

이러한 매트릭스 조직은 프로젝트 경영 접근방식으로 불리며, 기능별 조직과 사업별 조직을 바둑판처럼 엮어서 매트릭스 형태로 결합한 것으로 매트릭스 조직구조는 기능별 부서화와 사업별 부서화 방식을 결합하여 각각의 장점을 살리고 단점을 극복하기 위해 사업부에 따라 종업원을 집단화시킨 다음, 특정 프로젝트별로 기능에 따라 다시 집단화시킨다.

매트릭스 조직의 장점은 다음과 같다.

- 조직 내의 다양한 전문가들의 능력을 팀으로 결성하여 이용하므로 인적 자원을 효과적으로 활용할 수 있다.

- 프로젝트 팀을 유연하게 구성하여, 환경변화에 신속하게 대응할 수 있다.
- 마케팅부서, 연구개발부서, 생산부서 등의 결합을 통하여 고객욕구를 충족시키고 우수한 품질의 제품생산이 가능하여 경쟁우위를 통한 이익을 증대시킬 수 있다.
- 기술적이고 인간적인 교류를 통하여 참여자들의 업무능력을 개발시킬 수 있는 기회를 갖는다.

3) 팀 조직

오늘날 치열한 경쟁상황에서 효율적으로 대응할 수 있는 조직으로 설명되고 있는 것이 바로 팀 조직이다. 팀이란 상호보완적인 기술 혹은 지식을 가진 둘 이상의 조직원이 서로 신뢰하고, 협조하며, 헌신함으로써 공동의 목적을 달성하기 위해 노력하고 자율권을 갖는 조직을 의미한다. 즉, 팀 조직은 다음과 같은 특성을 갖는다.

- 팀은 두 사람 이상으로 구성된 집단이다.
- 팀원들은 팀 지속 기간 동안 함께 일한다.
- 팀원들은 공동의 목표를 가진다.

이러한 팀의 종류로는 기능 팀, 교차기능 팀 그리고 자주관리 팀으로 구분할 수 있다.

① 기능 팀(functional team)

기능 팀은 전통적 조직의 일부로 공식적인 명령사슬에서 상사와 부하들로 구성되기 때문에, 수직적 팀 혹은 명령 팀이라 불리며, 전형적으로 한 부서 단위가 하나의 기능 팀이 된다.

② 교차기능 팀(cross-functional team)

교차기능 팀은 조직 내에서 여러 기능부서들의 요원들로 구성되어 있으며, 주로 신상품개발위원회와 같이 프로젝트를 수행하기 위해 조직된다. 교차기능 팀은 부서 간 경계를 넘어서서 정보를 공유하며, 부서 간의 의견을 조정하며, 기존의 조직문제에 대해 해결책을 개발하고, 새로운 정책개발을 보조한다.

③ **자주관리 팀**(self-managed team)

팀 역할이 성숙되면, 팀은 경영자, 상사 또는 팀장의 지시 없이 스스로 함께 일하게 되는데 이를 자주관리 팀이라고 부르며, 이것은 리더 중심이 아니라 팀원 중심의 조직체로서 작업자들로 하여금 도전의식을 주고 작업이 의미 있게 보이며, 조직과 강한 소속감을 갖도록 한다.

4) 복지경영의 새로운 패러다임[2)]

중소기업이 성장을 희망한다면 시장의 수요 파악은 물론 신제품을 시장에 출하하는 시기에 이르기까지 구체적인 계획을 수립하여 차질 없이 집행해야 한다. 물론 경영자는 제일선에서 인적·물적 자원을 활용하면서 신제품을 개발하지 않으면 안 된다. 중소기업의 경영에 있어서 생산기술의 중요성은 인정되지만 중소기업이 모든 기술을 보유한다는 것은 사실상 어려운 일이다. 중소기업은 자기 기업이 필요하다고 생각되는 기술을 보유하고 그 수준을 향상시켜 나가되 부족한 기술은 외부기술을 활용해야 한다.

또한 중소기업경영에서 우위의 위치를 확보하기 위해서는 충실한 정보를 많이 가지고 있어야 한다. 중소기업의 정보는 경영자가 중심이 되어 수집해야 하며 현장종업원들의 의견청취와 함께 현장정보를 최대한 수집·활용하는 것도 바람직한 일이다. 중소기업이 필요한 자본을 적기에 조달하기란 용이한 일이 아니다. 이는 중소기업의 담보력이 약하고 신용에 약해서 자본조달에 애로가 있기 때문이다.

중소기업의 재무관리의 핵심은 자본조달, 자본운용 이외에 기업의 경영활동의 실상을 계수로 표현하는 것이다. 중소기업이 재무기반을 강화하기 위해서는 경영자가 재무원칙에 입각한 자본조달, 자본운용을 비롯하여 재무관리능력을 강화

---

2) 패러다임은 패턴, 예시, 표본 등을 의미하는 그리스어 παράδειγμα 파라데이그마를 영어화하여 만들어 낸 신조어이다. 토머스 쿤이 『과학혁명의 구조』에서 처음으로 제안한 패러다임은 한 시대의 사회 전체가 공유하는 이론이나 방법, 문제의식 등의 체계를 뜻한다.

해야 한다.

경영자의 경영센스에 대한 선악이 그 기업의 장래를 결정하게 되므로 경영센스 요소는 서로 얽히고 작용하여 전체적으로 경영현장에서 발휘되기에 이른다.

첫째, 사업에 관계된 업계의 움직임, 상품의 동향, 유통의 변화 등에 관한 선견지명이 있어야 한다. 이는 경영센스 중에서도 가장 중요한 부문이라고 본다. 고도의 정보화 시대에서 수많은 정보를 입수하고 남의 의견에 따르는 창업자보다 자기 나름대로의 뜻과 계획을 정리하고 미래를 개척할 수 있는 경영자가 되어야 한다.

둘째, 기업의 경영에 전력을 집중할 수 있는 자세가 필요하며 해내고야 말겠다는 의욕이 있어야 한다. 경영자가 전심전력을 다해 경영에 모두 한다면 다른 사람들이 모른 척하고 지나치거나 방조하지 아니할 것이다.

셋째, 아무리 훌륭한 생각이나 의견이 있더라도 그것을 구체화시키는 실행능력이 없으면 무용지물이 될 것이다. 따라서 경영자는 자신이 결정하고 실행할 수 있는 입장에 있으므로 주저함이 없이 옳은 판단은 실행으로 옮길 수 있는 실행력이 풍부한 사람이어야 한다.

가장 중요한 리더십의 덕은 상황에 대처하는 '유연성'이다. 경영환경이 불확실하고 조직에 위기의식이 커질수록 리더는 보다 유연한 리더십 센스가 있어야 한다. 조직의 리더는 변화에 민감하고 열린 눈으로 위기를 관리하며 또한 새로운 기회를 반전의 시간으로 삼을 수 있어야 한다. 변화를 두려워하거나 이에 대한 센스가 없는 리더는 절대로 리더로서 성공할 수 없다.

경영환경이 어렵고 복잡해질수록 리더의 센스가 중요한 이유는 변화에 대한 유연성이 기업의 '전략적 선택'에 중요한 요인이기 때문이다. 미래를 바라보고 미래 성장 산업으로의 투자를 할 수 있는 결단력을 갖춘 리더만이 냉혹한 현실위에 '전략적 선택'을 할 수 있다고 본다. 이 선택만이 경영환경이 좋아졌을 때 경쟁 기업보다 차별적이고 우월적 위치를 점할 수 있다. 이를 위하여 혼돈과 불확실성에 대응하기 위한 새로운 리더십 경영 센스와 시스템이 필요하다. 세계가 더 이상 평평한 탄탄대로가 아닌 상시 변화의 시대를 살아가고 있기 때문이다.

불확실성 환경은 '소통'의 중요성을 강조한다. 현재 회사가 처한 상황을 모든 직원들과 가감 없이 진솔하게 공유하고, 함께 해결책을 고민하는 리더의 감성 센스가 있어야 한다.

현실의 긴박감 속에서도 리더는 긍정적인 마음 자세로 조직구성원들과 적극적으로 소통하며 공유하여야 한다. 경영의 주체는 사람이기 때문이다. 미래는 감당하기 힘들 정도로 엄청나게 빠른 속도로 변하고 있기에 변화에 대한 민첩성과 유연성을 겸비한 소통의 리더십 경영 센스로 복지경영의 주체도 인간이라는 명제를 잊지 말고 끊임없이 통찰력을 가지고 미래의 꿈을 이루어 나가야 할 것이다.

경영계획의 종류는 첫째, 계획의 대상에 따른 분류로 대외전략계획 · 구조계획 · 활동계획이 이에 해당된다.

둘째, 기업의 행동변화 정도에 따른 혁신계획 · 개량계획 · 유지계획 등이다. 이들 중 환경변화가 심한 때일수록 혁신계획이 중요하다.

셋째, 계획의 구체성에 따른 일반적 목표 · 방침과 구체적 계획이다. 일반적 목표 · 방침은 행동의 대체적 방향과 달성해야 하는 수준을 제시한다. 구체적 계획은 실행계획이라 할 수 있으며 단계적 의사결정 방법에 따라 세워진다.

넷째, 계획의 사용횟수에 따른 분류로, 1회용 계획과 반복 사용하는 계획이 있다. 1회용 계획이란 신제품개발계획이나 대규모 설비투자계획을 가리킨다. 그 외에 기업의 창립기념축전계획 등도 이에 포함된다.

다섯째, 특정한 목적에 따른 프로젝트 계획과 기능별 계획이다. 프로젝트 계획은 대규모 1회용 계획인 경우가 많고 연구개발 · 판매 · 생산 · 일반관리 등 여러 가지 기능을 포함하고 있다. 기능별 계획은 생산 · 판매 · 인사 · 재무 등의 각 부문별로 세워지는 것이다.

여섯째, 일부분에 관한 부분계획과 부분계획을 한데 모은 종합계획이다. 프로젝트 계획과 기능별 계획은 부분계획에 속하며 종합계획은 어떤 기간의 종합이므로 기간종합계획이라고도 한다.

일곱째, 기간에 따른 장기계획과 단기계획이다. 장기계획은 3~5년 때로는 10년간에 걸친 것이며 대외전략과 구조계획을 주로 한다. 또한 변화 정도로는 혁신계획, 구체성에서는 방침계획, 횟수에서는 1회용 계획이며 기능별 계획보다 오히려 프로젝트 계획을 주로 한다. 이에 비해 단기계획은 6개월 또는 1년간의 계획으로, 장기계획을 전제로 세워진다.

계획과정의 핵심은 의사결정과정이라고 할 수 있다. 합리적 의사결정은 목적의 설정, 정보의 수집, 아이디어 및 대체안의 설정・평가・종합조정, 심의와 결정의 차례로 이루어진다. 계획의 실행에는 실행담당자의 결정과 실행명령이 필요하며 그 뒤에는 실적검토와 계획의 개정이 이루어진다.

복지경영은 사회의 급격한 변화로 인한 경영환경 변화에 적응하고 변화에 도전하는 혁신을 실현시킬 수 있다는 점에서 그 의의를 찾을 수 있다고 본다.

SECTION 03 조직문화와 조직 변화관리

1) 조직문화의 개념

조직마다 제각기 독특하게 가지고 있는 보편화된 생활양식, 다시 말해서 조직문화란 한 조직 내의 구성원들 대다수가 공통적으로 가지고 있는 신념 · 가치관 · 인지(認知) · 행위규범 · 행동양식 등을 통틀어 말한다.

조직문화는 그 조직이 대외적 환경에 적응하고 내부적으로 통합화하는 과정에서 생기는 여러 가지 문제점들을 극복하기 위하여 모색되고 개발되어 형성된 것이다. 이와 같이 조직문화는 조직구성원들의 공통된 경험을 바탕으로 하여 이루어진 것이므로 조직이라는 하나의 공동체를 결속시켜 주고 구성원들로 하여금 일체의식(一體意識)과 조직에 대한 충성심을 갖게 한다.

조직문화(organizational culture)란 조직구성원이 공유하는 신념, 가치, 규범 등의 집합체로서 구성원의 의사결정과 행동에 영향을 미치는 것을 말한다. 따라서 조직문화는 첫째, 조직구성원들에게 정체성을 제공하며, 둘째, 조직구성원들의 조직몰입을 촉진하고, 셋째, 조직체계의 안정성을 증진시키며, 넷째, 조직구성원들의 행위를 안내하고 형성시키는 학습도구의 역할을 수행한다.

이러한 조직문화는 기업이라는 관점에서 볼 때, 그 기업에 잠재적으로 공유된 기본 전제, 가치관, 규범의 독특한 양식으로서 이것을 통해 기업구성원들은 언어, 상징물, 사교모임, 관행 등에서 가시적으로 행동방식을 나타내는 총체적인 생활양식이다. 즉, 조직문화는 그 구성원들의 가치관뿐만 아니라 의식, 일화, 전설, 신화, 설화 등을 통해 형성되며, 영향요인으로는 창업자나 최고경영자의 경영이념, 조직의 역사, 기업이 속한 산업의 문화 등이 조직문화에 영향을 미친다.

① **기본 전제**(basic assumption) : 기본 전제는 기업과 구성원 전체의 행동에 영향을 미치는 핵심적 요소로서 구성원들이 인식하지 못하는 잠재의식적인 기본 가정으로 구성원들이 묵시적으로 옳다고 믿는 생각이나 느낌이다.

② **가치관**(values) : 사람들에게 중요하고, 의미 있다고 생각하는 그 무엇에 대한

기본 믿음이며, 시간이 지나도 변하지 않는 믿음의 체계이다.

③ **규범**(norms) : 구성원들의 행동에 대한 규칙으로 규칙을 준수하고자 하는 믿음이 모두에게 공유될 때, 하나의 조직문화를 만들어 낼 수 있다.

④ **사교모임** : 새로운 멤버가 어떻게 소개되는가를 나타내는 프로세스로서 기업에서는 신입사원 채용 후 이루어지는 오리엔테이션 교육에서부터 나타난다.

⑤ **상징물** : 특별한 의미를 가지면서 추상적인 고유 가치를 나타내는 가시적 징표로서 문화적 표현으로서 단순하면서도 기본적인 것이다.

⑥ **언어** : 음성, 서식, 몸짓 등으로 공유된 시스템으로서 문화를 나타낸다.

⑦ **관행** : 가장 복잡하지만, 가장 눈에 띄는 문화적 요소로서 문화의 내용이 완전히 밖으로 표출되는 구체적 제도나 관리방식이다.

2) 조직문화의 종류

일반적으로 기업은 자신이 지향하는 방향이 내부인가 외부인가, 그리고 공식적인 통제 행동이 안정적으로 일정한가 또는 유연하게 변화하는가에 따라 같은 관료적 문화, 씨족문화, 시장지향적 문화, 기업가 문화의 유형으로 나눌 수 있다.

① 관료적 문화(bureaucratic culture)

내부지향적이며 종업원들의 행동이 공식적인 규칙이나 표준절차에 의하여 움직이는 문화로서, 수직적인 보고체계를 통하여 조정활동이 이루어진다.

② 씨족문화(clan culture)

종업원의 행동에서 공식적인 규칙이나 절차가 거의 없으며, 통제가 유연하고, 이 경우 전통, 충성심, 개인적인 헌신, 사교모임, 자체관리 등이 조직문화 속에 존재한다.

③ 시장지향적 문화(market-oriented culture)

시장지향적 문화는 목표지향적인 행동을 중요시하는 가치와 규범을 갖고 있으며, 이러한 문화를 갖는 기업은 경쟁력 확보와 이윤 중심적 사고 속에서, 종업원들이 성과에 대하여 책임을 지는 조직이다.

④ 기업가 문화(entrepreneur culture)

기업가 문화는 위험 부담이나 역동성, 창의성을 중시하여 조직은 외부 지향적이며, 느슨한 통제를 행사하고, 선도적인 조직이 되기 위해서 실험정신과 혁신의지를 강하게 보인다.

이상과 같이 네 가지의 기업문화는 조직의 성과와 연결되며, 적절한 조직문화는 제품이나 서비스의 특성에 알맞아야 한다. 또한 기본적으로 고객의 기대감에 부응하는 문화를 만들어야 한다. 특히 그 기업만의 독특한 문화가 없는 조직은 어떠한 형태로든 장기적으로 지속할 수 없는 가장 중요한 요소이기도 하다.

3) 조직변화의 개념과 저항

① 조직변화의 개념

조직변화란 조직의 유효성, 능률, 만족 등을 높이기 위해 조직의 환경이 변화함에 따라 조직구조, 관리체계, 조직 행위 면에서 조직의 특성을 변화시키는 것을 말한다. 조직의 변화를 유발시키는 외부적 요인으로는 기업 간 경쟁의 심화, 소비자의 욕구변화, 정부의 규제, 기술혁신, 물가변동이나 환율 변동 등 기업외적 환경 변화를 들 수 있으며, 조직 내부적 요인으로는 목표의 변화, 전략의 변화, 기술변화, 구성원의 태도 등의 변화 등과 같이 기업 내에서 통제 또는 예측이 가능한 요인들이다.

이러한 조직변화에 대해 레빈(Lewin)의 연구에 의하면, 조직변화는 해빙(Un-freezing), 변화(Changing), 재동결(Refreezing)의 단계를 거쳐 이뤄진다고 한다(오석홍, 1998).

② 조직변화의 과정 : 레빈의 연구

레빈(Lewin)은 조직변화가 해빙 → 변화 → 재동결이라는 과정을 통해 변화한다고 주장하였다.

- 해빙은 개인이나 집단으로 하여금 변화에 대해 준비하도록 하는 단계로서 과거의 방식을 깨뜨림으로써 새로운 방식을 받아들일 태세를 갖도록 하는 단계이다.

- 변화는 한 개인이 다른 사람이나 집단의 호의적인 반응을 얻기 위하여 또는 나쁜 반응을 회피하기 위하여 그들의 영향력을 수용할 때 발생하는 순종, 그리고 한 개인이 다른 사람 또는 집단과의 관계가 만족스럽고 자기의 자아 일부를 형성한다고 느껴 그들이 태도를 받아들일 때 발생하는 동일화, 마지막으로 유발된 태도나 행위가 내재적으로 보상되며, 한 사람의 가치체계에 부합될 때 발생하는 내면화 단계로 변화하는 것이다.
- 재동결은 이러한 변화과정을 통해 새로 획득한 태도·지식·행위가 개인의 성격이나 계속적인 중요한 정서적 관계로 고착화되는 단계이다.

③ 변화에 대한 저항

조직변화에 대한 저항요인은 크게 개인적 저항요인과 체계적 저항요인으로 구분해 볼 수 있다.

- 개인적 저항요인은 변화로 인하여 기존의 경제적·사회적 이익이 위협받고, 변화에 수반되는 불안이나 불확실성 등으로 인하여 발생한다.
- 체계적 저항요인은 변화를 실시할 능력이나 수단이 부족, 기득권, 공식적 규제, 비공식적 조직의 관계 등으로 인하여 발생한다.

④ 저항관리

변화가 있기 전에 충분한 사전 교육과 조직 내 커뮤니케이션을 수행하고, 조직 구성원들이 참여를 통해 변화에 몰입할 수 있도록 지원하며, 변화로 인한 문제와 불평 등을 경청하여 이를 해결함으로써 변화를 촉진한다.

오늘날의 모든 조직은 개방시스템으로서 환경과 상호작용하면서 존재할 수밖에 없다. 그러므로 환경의 변화에 따라 조직의 변화를 요구하게 되며, 환경의 강력한 요구가 없더라도 조직의 자생력과 성과를 높이기 위해 스스로 개선하려는 변화가 필요하다.

즉, 조직변화(organizational changing)란 조직을 구성하는 사람, 구조, 기술 등을 변화시키는 것으로 변화 과정에서 비공식적 과정, 직무특성, 인적 요소, 공식적 조직 구조 등 어디에 초점을 두느냐에 따라 변화 프로그램이 달라진다.

05
CHAPTER

경영 철학적 마케팅과 복지경영

05 경영 철학적 마케팅과 복지경영
CHAPTER

SECTION 01 마케팅 관리철학과 마케팅믹스

1) 마케팅의 개념과 정의

(1) 마케팅의 정의[1)]

미국마케팅협회는 마케팅의 개념을 새롭게 정의하면서 마케팅의 상품으로 재화와 서비스로 한정하던 것에 새로운 아이디어를 더하였다. 즉, 비영리기관에서 마케팅이 기금모금뿐만 아니라, 대학교, 병원, 박물관, 도서관과 자원봉사 모집에서부터 정치운동에 이르기까지 다양한 분야에서 적용되어 왔다.

(2) 마케팅의 범위와 AMA의 정의[2)]

1960년대 말까지는 마케팅은 단지 기업의 행위로 인식되었다.

- AMA의 정의(1960) : Marketing is the performance of business activities that direct the flow of goods and services from producer to consumer or user.
- AMA의 정의(1985) : Marketing is the process of planning and exeuting the conception, pricing, promotion, and distribution of ideas, goods and services to create exchanges that satisfy individual and organizational objectives.

---

1) 마케팅(marketing) – Appeal + Accept.
마켓(market)에서 파생.* 첫 마케팅 과목 : The Marketing of Products, 1905.
* 첫 마케팅 서적 : Marketing Methods and Salesmanship, 1914.
* 마케팅은 여러 나라에서 번역되지 않고 그대로 사용됨.

2) Kotler와 Levy(1969) – 확장론 주장과 논쟁.
마케팅의 핵심 – 교환(exchange)
오늘날 – 비영리마케팅(non-profit marketing)

(3) 한국마케팅학회(KMA)의 정의(2002)

마케팅은 조직이나 개인이 자신의 목적을 달성시키는 교환을 창출하고 유지할 수 있도록 시장을 정의하고 관리하는 과정이다(Marketing is the process of defining and managing markets to create and retain exchanges by which organizations or individuals achieve their goals).

(4) 미국마케팅학회(AMA)의 최근 정의(2004, 2007)

AMA의 2004년 정의는 마케팅의 핵심을 교환에서 가치(value)로 변경되었다. 가치는 고객에게 보다 높은 편익(benefits)을 제공하고 비용(costs)을 줄여주는 것이다.

마케팅은 고객을 위해 가치를 창조하고, 커뮤니케이션하고, 전달하며, 다른 한편으로는 조직과 이해관계자에게 이익이 되도록 고객관계를 관리하는 조직의 기능과 일련의 과정이다(Marketing is an organizational function and a set of processes for creating, communicating, and delivering value to customers and for managing customer relationships in ways that benefit the organization and its stakeholders).

AMA의 2007년 정의는 마케팅은 고객, 클라이언트, 파트너, 그리고 사회 전반에 걸쳐 가치를 갖는 제공물을 창조하고, 커뮤니케이션하고, 전달하고, 교환하는 행위, 제도, 그리고 프로세스이다(Marketing is the activity, set of institutions, and processes for creating, communicating, delivering, and exchanging offerings that have value for customers, clients, partners, and society at large).

마케팅의 핵심은 가치이다.

2004년 정의와의 차이는 마케팅 실행에 고객뿐만 아니라 기업의 파트너와 아울러 사회 전체를 염두에 두어야 함을 명시적으로 기술한다.

2) 마케팅 관련 기본 개념

(1) 욕구(needs/wants)

근본적 욕구는 음식, 의복, 가옥, 존경, 안전, 편안함 등에 대한 욕구이며, 구체적 욕구는 근본적 욕구를 실현시킬 수 있는 수단에 대한 욕구이다. 수요는 욕구가 구매력과 구매의지에 의하여 뒷받침된 것이고, 소비자의 욕구를 자사제품에 대한 수요로 구체화시키는 마케팅 노력으로 판매가 가능하다.

(2) 가치(value)

편익(benefits)과 비용(costs)의 상쇄관계이다. 소비자는 가급적 적은 비용으로 많은 편익을 얻음으로써 가치를 실현할 수 있다.

3) 제품(Product) 혹은 제공물(Offering)

유형의 제품과 무형의 서비스인데 제공물은 사람, 조직, 아이디어, 운동경기, 국가, 장소 등 많은 것들이 포함된다.

4) 교환(Exchange)

교환은 각 참여자가 무엇인가를 다른 참여자에게 제공하고 자신이 원하는 것을 획득하는 행위이다.

교환 이후 각 당사자의 효용이 증대(혹은 감소되지 않음)되었다. 교환도 가치창조 과정이다.

5) 시장(Market)

시장은 자사제품에 의하여 그 욕구가 충족될 수 있으며 구매력을 갖춘 개별 잠재고객 혹은 잠재고객들의 집합이다.

마케팅은 수요창출행위 혹은 시장창출행위라고 할 수 있는데, 시장의 유형은 소비자 시장(consumer markets), 산업구매자 시장(industrial markets), 재판매자 시장(reseller markets), 정부시장(government markets), 국제시장(international markets)이 있다.

6) 마케팅의 영역

(1) 영리조직

영리조직은 이익을 창출하기 위해 존재하는 조직을 말한다. 가장 대표적인 영리조직은 기업이라 할 수 있다. 즉, 이윤과 고용창출을 위한 것이 기업의 대표적인 목적이 된다. 헐과 리오(Hull & Lio)에 의하면, 영리조직의 비전은 이해관계자들의 재무적인 가치를 최대화하여 수익을 증가시키는 것이며, 소유권과 책임감 · 시장을 전략의 대상으로 한다고 주장하였다(Hull & Lio, 2006). 그리고 영리조직의 재무적 가치로는 인센티브와 수입이라고 강조하였다.

(2) 비영리조직

비영리조직은 이윤추구보다 공공의 이익을 목표로 설립되고 운영되는 조직을 말한다. 즉, 사회복지시설, 시민단체, 환경단체, 교육기관 등이 대표적인 조직의 형태이다. 헐과 리오는 비영리조직의 비전으로서 이상(ideals), 목표(goals), 상징(symbols) 등을 강조하였다. 그리고 비영리조직의 중요한 목표수행을 위해서는 특권과 공적 사명이 필요하고 비전에는 영향력의 범위와 성과범위가 고려되어야 한다.

이상에서 영리조직과 비영리조직의 차이점은 이상적이고 실천적이며, 일반적이고 상대적이지만 절대적인 것은 아니라고 주장하였다. 즉, 예외가 있다는 것이다. 그러나 대부분 비영리조직은 영리조직에 비해 큰 책임성이 필요하고, 종업원의 동기부여와 보상이 요구된다. 그리고 조직의 주주가치를 최대화시키는 것이 조직목표가 아니라 고객에게 보다 질 높은 서비스를 제공하는 것이 차이점이라고 강조하였다(안광호 외, 2007).

7) 마케팅믹스의 정의

마케팅목적을 달성하기 위하여 사용하는 통제 가능한 마케팅수단들의 집합이다.

통제 가능한 제품(product), 가격(pricing), 유통(distribution), 촉진(promotion)이다. 맥카티(McCarthy)는 유통 대신 장소(place)의 개념을 사용한다(4P's).

KMA[3] 정의는 여론형성(public opinion formation), 정부관계노력(politics)을 포함한다.

8) 마케팅관리 철학

마케팅행위 결과는 기업, 고객, 사회에 영향을 미친다.

(1) 기업중심 관리철학

기업이 자사의 목적 달성에만 관심을 기울인다.

① 생산개념(the production concept)

20세기 미국에서 나타난 가장 초기의 마케팅철학으로 제품 및 서비스의 생산과 유통을 강조하여, 그 효율성을 개선시키는 데 중점을 둔 것으로 소비자들이 주어진 제품들 중 폭넓게 이용할 수 있고 가격이 싼 제품을 선호한다고 보는 개념이다. 따라서 제품의 효율성을 높이고 이들 제품에 대한 유통망을 확장시키는 데 노력을 집중시킨다. 이런 생산개념은 수요가 공급을 초과하는 상황에서 많이 시행되었다. 이때 소비자들은 제품의 장점이 무엇인가보다는 그 제품을 우선 획득하는데 더 큰 관심을 가진다. 따라서 기업은 생산증가에 주력하게 된다.

② 제품개념(the product concept)

소비자들이 가장 우수한 품질이나 효용을 제공하는 제품을 선호한다는 개념이다. 이때 기업은 보다 나은 양질의 제품을 생산하고 개선하는 데 노력을 기울인다. 그러므로 마케팅활동은 기업의 연구개발부서에서 제품을 개발하고 제조부서

3) Korea Marketing Association

에서 생산하면 제품을 시장에 판매만 하는 것이다. 이 개념은 잘못하면 소비자의 본원적인 욕구가 무엇인가보다는 구체화된 욕구와 관련된 제품 그 자체에 집착하는 마케팅근시를 초래하기 쉽다.

③ 판매개념(the selling concept)

광고나 판매원의 노력에 의하여 판매를 증대시키고자 한다. 기업이 소비자들로 하여금 경쟁회사의 제품보다 자사제품을, 그리고 더 많은 양을 구매하도록 설득해야 하며, 이를 위해 이용 가능한 모든 효과적인 판매활동과 촉진도구를 활용해야 한다고 보는 개념이다. 이 개념의 근거는 소비자란 그대로 두면 제품의 존재를 일지 못할 뿐더러 알더라도 많이 구입하지 않는다는 것이다. 이 개념의 문제점은 기업이 판매할 수 있는 제품을 만드는 것이 아니라 만든 제품을 판매한다는 데 있다. 이러한 구매자 중심이 아닌 판매자 중심의 시장개념에 따라 기업은 판매 자체가 목적일 뿐 소비자의 구매 후 만족 여부에는 관심을 소홀히 하기 쉽다.

(2) 고객지향 관리철학-마케팅 컨셉(the marketing concept)

마케팅 컨셉의 요체는 고객지향, 전사적 노력, 고객만족을 통한 이익실현이다.

① 고객지향(customer orientation)

고객의 욕구를 기업의 관점에서가 아닌 고객의 관점에서 정의하는 것이다. 고객창조란 고객이 원하는 제품만을 생산, 판매해서 그 제품을 고객이 사용할 때까지 책임을 져야 한다는 것을 의미한다. 오늘날과 같은 고도산업화에 있어서 컨슈머리즘이라는 이름의 소비자주권의 부각으로 항상 고객지향적 사고방식을 가져야 한다.

참고

- General Electric : "We're not satisfied until you are."
- Sears : "Satisfaction guaranteed, or your money back"
- LG그룹 : "고객과 함께, LG와 함께."
- SK그룹 : "고객이 OK할 때 까지 – OK! SK."

② **전사적 노력**(total company efforts)

기업의 모든 부문과 모든 사원들이 고객지향적 사고를 가지는 것이다.

HP의 Packard : marketing is too important to be left only to the marketing department.

- 내부마케팅(internal marketing)은 고객에게 봉사할 수 있는 사원을 선발, 교육, 모티베이션을 부여하는 것이다.
- 외부마케팅(external marketing)의 실현을 위해서 선행되어야 한다.

③ **고객만족을 통한 이익실현**(profit through customer satisfaction)

마케팅컨셉은 기업목적 지향적이어야 하며, 적정한 이익실현은 목적달성을 위한 필수불가결한 조건이다. 이익은 고객만족 노력의 결과이며 이익 자체만을 추구할 때 실현될 수 없다 .

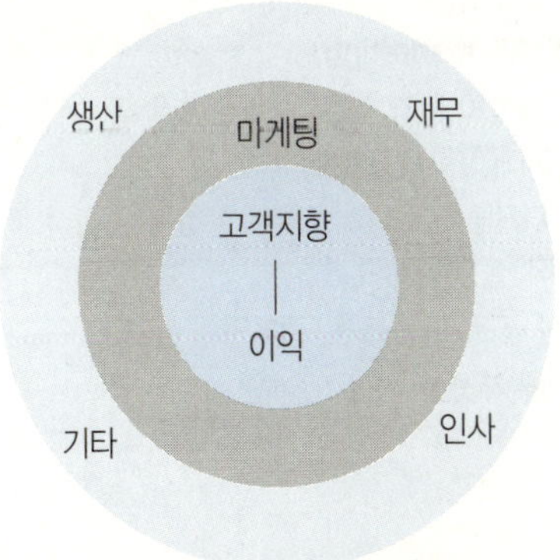

| 그림 5-1 | 마케팅 컨셉

> **참고**
>
> 체험마케팅 : 소비자의 체험을 통해 자사의 제품을 마케팅하는 것이다.

(3) 사회지향 관리철학 – 사회지향적 마케팅(the societal marketing concept)

단기적으로 혹은 개인소비자에게 매우 좋은 제품도 장기적으로 혹은 사회 전체적으로 폐해를 가져올 수 있다.

- 자동차 : 수송편익 vs. 대기오염
- 합성세제 : 깨끗한 의복 vs. 수질 오염

- 청량음료 : 시원함과 청량감 vs. 자원 낭비, 쓰레기 증가
- 마케팅이 장기적으로 사회 전체적으로 부정적 결과를 야기하지 않도록 해야 한다.
- 사회지향적 관리철학은 고객만족, 기업목적, 사회복지를 모두 고려하는 것이다.

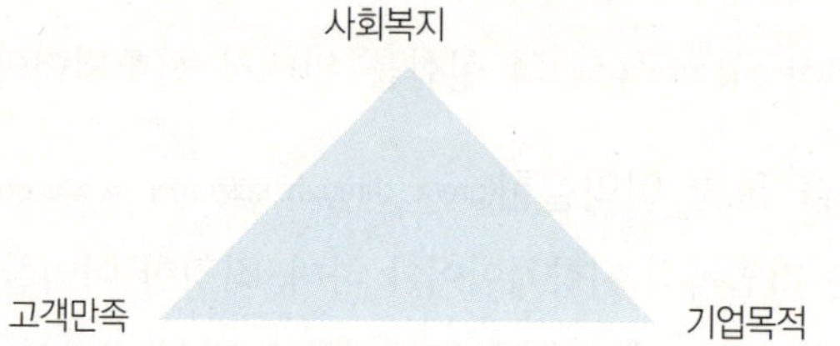

┃그림 5-2┃ 사회지향적 마케팅

참고 로하스 마케팅(LOHAS marketing)

- LOHAS - 자신과 가족의 건강뿐 아니라 환경, 사회정의 및 지속가능한 소비에 가치를 두고 생활하는 사람들의 라이프스타일이다(이학식, 2010).
- LOHAS 마케팅은 로하스의 개념하에 마케팅을 수행하는 것이다.
- 사회지향적 마케팅의 구체적 실천방안.

예 유한킴벌리의 '우리강산 푸르게 푸르게' 캠페인
롯데칠성음료의 '맑은 물 깨끗한 세상' 캠페인

참고 시장지향성(market orientation)

시장지향성
- 시장정보의 창출
- 정보를 조직 전체에 교류
- 정보에 전사적으로 반응

- 정보의 범위 : 고객(유통업자 포함)의 표현된 욕구 + 미래의 욕구 + 외부적 영향요인(경쟁자, 정부규제, 기술 등)에 대한 정보
- 마케팅컨셉보다 적극적인 전략적 개념이며, 구체적 실천방안에 관한 것

SECTION 02 마케팅조사와 복지마케팅

1) 마케팅조사의 정의와 필요성

- 마케팅조사 : 마케팅 의사결정에 필요한 정보를 제공하기 위하여 자료를 수집하고 분석하는 것이다.
- 의사결정의 범위 : 시장의 선택, 제품개발, 가격결정, 유통, 촉진 등이다.
- 마케팅조사자와 조사 의뢰자(마케팅관리자) 간에 협력이 필요하다.

2) 자료와 정보

(1) 자료의 종류 – 출처 중심

기업내부자료와 기업외부자료가 있다.

(2) 자료와 정보

- 자료(data) : 단순히 사실(facts)을 모은 것(수집된 설문지, 코딩 자료)이다.
- 정보(information) : 수집된 자료의 분석결과로부터 의사결정에 도움이 될 수 있도록 추출한 것이다.

3) 마케팅조사의 절차

조사 문제의 정의

⬇

조사 계획의 수립

⬇

자료의 수집

⬇

자료의 분석 및 해석

⬇

조사결과의 보고

(1) 조사문제의 정의와 조사의 종류

① 조사문제의 정의

- 의사결정문제로부터 조사문제가 결정된다.
- 문제를 명확히 설정하기 위하여 탐험조사가 실시될 수 있다.

② 조사의 종류

- 탐험조사(exploratory research)
  - 조사문제가 불명확할 때 혹은 조사자가 주어진 문제 영역에 대해 잘 모를 때 실시한다.
  - 주로 비계량적 방법과 비정형적 절차를 사용하여 자료를 수집하고 분석한다.
    - 표적집단면접(FGI : Focus-Group Interview)
    - 심층면접법
    - 전문가의견조사
  - 탐험조사 결과에 따라 기술조사나 인과관계조사가 수행될 수 있다.
- 기술조사(記述調査; descriptive research)
  - 조사 대상의 특성에 관한 자료를 수집·분석하고 결과를 기술하는 것이다.
  - 현상이 어떠한지에 관해 다루지만 왜 그러한 현상이 나타났는지에 관해서는 다루지 않는다.
  - 서베이, 실험, 혹은 관찰에 의하여 자료를 수집하고 통계적 방법으로 분석한다.
- 인과관계조사(causal research)
  - 두 개 이상의 변수들 간의 인과관계를 밝히는 조사한다.
  - 실험, 서베이 혹은 관찰에 의하여 자료를 수집하고 통계적 방법으로 분석한다.

(2) 조사계획의 수립

- 수집할 자료의 종류, 수집방법 및 분석방법에 관한 계획 수립단계이다.
- 1차 자료(primary data) vs. 2차 자료(secondary data)이다.

  2차 자료원(data sources) : 기업내부자료, 발행물, 인터넷, Syndicate조사 자료이다.
- 1차 자료 수집방법 : 서베이법, 실험법, 관찰법이다.

- 비계량적 자료 : 주관적으로 분석(FGI로 수집한 자료)이다.

  계량적인 자료 : 흔히 SPSS 등의 통계 패키지에 의한 통계적 분석(설문지를 이용하여 수집한 자료)이다.

(3) 1차 자료의 수집 : 서베이법(survey method)

① 설문조사를 하여 자료를 수집하는 방법이다.

② 가장 널리 이용되는 자료수집 방법이다.

③ 설문지 작성

첫째, 필요한 정보를 명확히 한다.

둘째, 질문내용과 질문형태를 결정한다.

– 자료 분석방법을 고려하여 질문의 형태를 결정한다.

– 질문의 유형 : 선택형(closed-end questions)과 개방형(open-end questions)이다.

셋째, 질문의 순서를 결정한다.

넷째, 事前조사(pretest)를 실시한다.

– 본조사에 앞서 조사대상자와 유사한 사람들을 대상으로 한다(이학식, 2017).

SECTION 03 복지경영마케팅과 마케팅전략

1) 복지경영마케팅과 마케팅전략

사회복지경영 마케팅에서 시장(market)은 어떤 제품이나 서비스의 실제 또는 잠재적 구매자들의 집합을 의미하는 뜻으로 쓰이고 있다. 이러한 구매자들은 교환과 관계를 통해 충족될 수 있는 어떤 특별한 욕구와 수요를 소유하고 있다.

원래 시장이라는 용어는 구매자와 판매자가 그들의 재화를 교환하기 위해 모인 장소, 즉 마을 광장과 같은 공간성을 갖는 장소를 의미하는 것이었다. 그러나 마케팅 관리자들은 판매자들을 어떤 산업을 구성하는 것과 관련되어 있는 반면에 구매자들을 어떤 시장을 구성하는 것과 관련되어 있는 것으로 인식한다.

현대경제는 노동의 분업원리에 따라 운영되는데, 노동의 분업이 이루어지는 곳에서 각 사람들이 어떤 것을 생산하는데 전문화하고, 대금을 받고, 이러한 돈으로 필요한 것을 구입한다. 따라서 현대경제에서는 시장들이 다양하게 존재한다. 마케팅 기업들은 이들 시장에 대해 진지하게 관심을 기울인다.

기업은 마케팅을 통해 특별한 시장의 욕구와 수요를 파악하고, 최상으로 서비스를 제공할 수 있는 시장을 선정한다. 이러한 과정을 통해 기업들은 시장의 고객들에게 가치와 만족을 창출하는 제품과 서비스를 개발할 수 있으며, 그 결과로 기업은 판매와 이익을 얻게 된다.

한 사례로 전화는 고객의 표정이나 동작 등을 볼 수 없고 상대방에 의해 거절당하거나 중단당하기 쉽고, 시간적 제약, 고객의 주변상황이나, 통화상의 불가피한 여건 등으로 양질의 서비스를 제공하기 쉽지만은 않다. 그러므로 텔레마케터는 고객이 상품과 서비스를 직접 보고 있는 것처럼 느낄 수 있도록 언어표현에 있어서 각별히 신경을 써야 한다.

던킨도너츠는 자신의 목표 고객들을 확실하게 알고 대량 마케팅이 아닌 표적시장 마케팅으로 자신의 고객들이 원하는 것을 들어줌으로써 던킨도너츠만의 확실한 고객을 확보했다.

마케팅 관리 철학 중 현대의 시장 상황에 근본적인 토대가 되고 있으며, 시대적인 요구에 가장 부합하는 것이 고객지향적 관리 철학이라고 할 수 있다. 고객지향적 관리 철학은 고객 중심주의를 직접적으로 실천에 옮기는 사고 방식이다. 고객 중심주의는 기업의 모든 핵심적 의사결정이 고객에게 더 좋고 더 값싸며 더 빠르고 더 편리한 제품과 서비스를 제공하려는 최우선 목표를 바탕으로 이루어져야 한다는 의미이다. 즉, 그것은 고객 중심적 사고를 출발점으로 하여 전사적 마케팅 체제로 조직을 혁신하고 과정으로서의 고객 만족 목표와 최종 목표로서의 기업 가치 창출 목표를 달성하고자 하는 경영 패러다임이다. 무엇보다도 기업경영의 모든 부문을 고객의 입장에서 생각하고 진정한 의미에서 고객을 만족시켜 기업의 생존과 발전을 도모하고자 하는 현대 마케팅의 기본 철학이라고 볼 수 있다.

고객지향적 관리 철학이란, 고객의 가치를 창출할 수 있는 제품이나 서비스를 시장에 지속적으로 제공할 수 있어야 기업은 존속, 성장, 발전할 수 있다는 사고 방식이다.

그리고 가치란 마케팅적인 의미로 고객 자신이 재화나 서비스를 사용함으로써 얻는 부분(what you get, 욕구 충족)과 고객 자신이 그 제품이나 서비스의 취득 대가로 지불하는 부분의 차이(what you give up)를 말한다. 즉, 가치란 비용을 고려한 혜택이다. 따라서 소비자가 인식하는 가치란 어떤 상품에 대해 소비자가 인식하는 혜택에서 소비자가 인식하는 비용을 제외한 것을 의미한다.

사회복지경영 마케팅은 판매자 위주의 생산이나 제품판매의 개념이 아니라 소비자 중심으로 나아가야 하는데 이를 위해서 첫째, 고객지향성은 마케팅 개념의 출발이 고객의 필요와 욕구를 파악해서 그 욕구를 만족시킬 수 있는 제품을 판매하는 데서부터 시작한다고 보는 것이다. 고객인 대상자의 욕구에 맞는 서비스를 제공하는 것이 사회복지마케팅의 기본이다.

둘째, 관계지향성은 구매자와 판매자 사이의 관계를 중시한다. 마케팅의 또 하나의 특징이 구매자와 판매자 사이에서 일어나는 가치의 교환과정이기 때문에 관계지향성일 필요가 있다는 것이다. 기업의 성장은 교환관계를 지속적으로 성사시키는 데 있으며 따라서 마케팅은 관계지향적이어야 한다는 것이다.

따라서 마케팅에 성공적인 기업들은 급격한 시장의 변화로부터 기업을 지켜줄 방파제의 역할을 고객과 기업 모두에게 이익이 되는 상생관계(win-win relationship)의 발전에서 찾고 있다. 따라서 사회복지조직에서 서비스를 제공받는 대상자의 만족도에 대한 관심을 가져야 한다.

셋째, 사회지향성의 도입이다. 지금까지의 마케팅 개념이 고객지향성, 즉 고객의 욕구를 충족시키고 만족을 준다는 점에 강조점을 두었는데, 이것이 사회 전체의 장기적 이익에 위배되는 경우도 많았다.

따라서 기업의 사회적 책임을 강조하고, 기업이 생존하기 위해서는 기업 외부, 곧 사회와의 커뮤니케이션을 확대하여 공동의 관심사를 키워야 한다는 마케팅 개념, 즉 사회적 마케팅이 등장하게 된 것이다. 사회복지조직은 기본적으로 사회지향적 성격을 가지고 있으나 마케팅의 도입과 함께 지역사회와의 관계에 대해 더욱 충실한 조직으로 거듭나야 한다.

넷째, Y이론 패러다임의 도입이 중요하다. 마케팅 개념 이전의 판매 개념에서는 소비자를 소극적이고 수동적인 X이론의 관점에서 바라보았는데, 정보화시대를 살아가는 소비자는 스스로 정보처리를 하고 정보차조도 하는 능동적 · 주체적 존재라고 보는 관점이다.

Y이론은 대부분의 고객이 지성적이고 능동적이며 자아실현과 배움에 대한 욕구가 강한 동시에 다양한 욕구를 가지고 있다고 가정하고 있다. 따라서 소비자들은 합리적인 구매활동을 하며 삶의 질을 향상시켜 줄 수 있는 신제품과 새로운 서비스에 대해서 관심이 높아 적극적으로 배우고 이용하려 한다고 본다.

이러한 원리는 사회복지의 기본가치 중의 하나인 자기결정권의 존중과 관련이 깊다. 대상자가 자신의 복지를 스스로 결정할 수 있도록 해주는 배려가 필요하다(이학식, 2017).

2) 마케팅전략을 통한 복지경영

많은 기관과 기업을 보면서 공통적으로 느끼는 것은 '마케팅전략이 부족하다'는 것이다. 특히 앞으로는 마케팅전략의 중요성이 더 크게 느껴진다. 전쟁에 비유될 만큼 치열한 경쟁의 세계에서 싸워서 살아남으려면 반드시 기관과 기업만의 마케팅전략이 있어야 한다. 이러한 마케팅 전략의 핵심은 경쟁상황을 최대한 유리한 상황, 즉 이길 수 있는 상황을 만들어 내는 것이다

대부분 기관은 기관만의 마케팅전략 없이 경쟁에 뛰어든다. 그러다 보니 경쟁업체들과 유사한 마케팅, 혹은 동일한 마케팅을 하고 있다. 남들과 똑같은 명함, 전단지, 홈페이지, 블로그 등을 가지고 이미 자리 잡고 있는 경쟁업체를 어떻게 이길 수 있는가? 과연 고객의 반응을 일으키고 매출과 사업의 성공을 올릴 수 있을 것인가?

자금, 고객, 인력, 노하우 등 여러 분야에서 부족한 기업, 기관이 경쟁업체와 똑같은 마케팅을 한다는 것은 결과가 나와 있는 싸움을 하는 것이다. 약자는 동일한 조건과 동일한 마케팅으로는 절대 강자를 이길 수 없다. 경쟁업체와 같은 마케팅, 경쟁업체를 따라하는 마케팅은 강자만이 할 수 있는 마케팅전략이다. 동일한 조건일 때에는 강자가 유리하기 때문이다.

사회복지경영에서 사회복지마케팅이 사회복지기관에 도입·활용되어야 하는 이유는 실제적으로 사회복지서비스는 이용자의 참여도 여하에 따라 성공 여부가 결정된다고 해도 지나치지 않기 때문이다.

상업적 마케팅의 분석도구 및 전략을 사회복지기관의 계획과 행정에 도입하여 클라이언트에게 미친 영향을 이익이라고 규정할 경우 사회복지분야에서도 신뢰성을 확보할 수 있는 창조적인 접근방법이 되며, 서비스이용자의 욕구에 대응하고 변화하는 환경조건에 적응할 수 있게 하는 중요한 역할을 할 수 있다.

사회복지마케팅은 사회복지조직 내·외의 정보수집, 소비자에게 접근하는 방법 계획, 소비자의 욕구를 바탕으로 한 새로운 서비스 개발, 서비스에 대한 광고, 주민과의 관계형성 전략, 기금획득, 클라이언트를 모집하고 등록하는 활동 등을 점검할 수 있는 도구라고 할 수 있다.

사회복지마케팅은 현대사회의 사회복지실천영역에서 필수적인 도구이며, 이를 모르거나 제대로 활용하지 않을 경우에는 사회복지실천 자체가 불가능하다고 하겠다. 사회복지조직의 프로그램마케팅 전략으로서 조직 환경 분석 마케팅의 출발점은 조직 자체 분석과 조직이 속한 환경에 대한 분석부터 시작된다.

이 과정은 조직이 마케팅을 위한 준비상태를 확인하는 과정이기 때문에, 그 시점에서부터 조직이 보유하고 있는 능력을 파악해야 하고, 환경에 대한 분석을 해야 함을 의미한다. 조직의 능력과 시대의 변화를 이해하지 못한 마케팅은 실패할 확률이 많기 때문이다.

사회복지조직의 존재이유와 관련된 것으로 조직 활동의 초점이 되는 주요 사회문제 및 욕구에 대처하기 위해서 분석하고 연구해야 하며 복지조직들의 현황과 주요 프로그램 및 활동을 파악하고 시장욕구도 분석해야 한다.

이러한 분석 자료는 시장욕구분석을 반영하는 욕구문서(need statement)로 작성하여 이해관계자(재원공급자, 자원봉사자, 구성원)들에게 배포・제공함으로써 복지조직의 존재를 정당화시킬 수 있고 또한 이해관계자들이 좀 더 관심을 보인다면 마케팅 성공 가능성도 높일 수 있기 때문에 중요하다.

분석은 현재 우리의 강점(좋은 이미지, 자원)과 약점(결정과정, 내부의 지원 부족, 유통망)이 무엇인지, 우리 앞에 놓인 기회(상품, 새로운 시장, 새로운 기술과 방법, 경쟁자의 약화 등)와 위협(정치, 종교, 경쟁, 과정의 어려움) 등이 무엇인지 하나씩 점검해 보는 과정이다.

이를 'SWOT(Strength, Weakness, Opportunities, Threats)'라고 하는데 사회복지 경영에 매우 필요하다고 본다. 사회문제에 대한 지역사회의 욕구는 특정한 프로그램 활동을 필요로 하는 시장의 욕구로 변화하게 된다.

목표시장 분석에서는 기부금을 제공할 수 있는 기부자를 개인・복지재단・기업・정부기관으로 세분화하여 그 현황을 파악・기록하고, 그중에서 과거에 기부한 경험이 있는 경우와 장래에 기부 예상자를 파악하여 잠재적인 기부대상자를 선별함은 물론 조직이 바라는 기부 가능 금액도 추정해야 한다.

마케팅 도구란 마케팅 활동을 위한 일종의 수단이다. 기업마케팅에서는 마케팅 도구를 마케팅 믹스(Marketing Mix), 즉 4P라고 부르며, 여기에는 상품(Product), 가격(Price), 유통(Place), 촉진(Promotion)으로 구성되어 있다.

사회복지조직 마케팅에서는 첫째로 이와 대응하여 마케팅 도구를 상품차별화 전략, 후원금 전략, 유통전략, 촉진전략으로 연계시킬 수 있으며, 둘째로는 마케팅 도구를 행사나 시행방법으로 구분하여 연중모금, 자본모금, 전화 및 자동응답시스템(ARS), 특별행사, 재단기부금, 대중매체광고, 직접우편(DM)으로 볼 수도 있다.

마케팅 계획 작성은 잠재적 기부자들이나 고객과의 의사소통 진행방법을 세부적으로 작성 하는 것으로서 기부를 통한 보상전달 방안이나 프로그램 참여에 대한 효과성을 정확히 알리는 것이 필요하다. 복지조직의 인원, 자금은 한정되어 있기 때문에 복지조직에 우호적인 자원봉사자를 이용하여 마케팅을 전개하는 것이 유리하다.

자원봉사자는 조직원이 아닌 제3자이므로, 잠재적 기부자나 고객과의 의사소통이 보다 원활할 수 있어 마케팅에 도움을 준다. 따라서 마케팅 관련 사항을 자원봉사자에게 전달하거나 교육시키는 것이 필요하다. 잠재적 기부자에게 기부를 요청하거나, 고객에 대해 프로그램 참여를 촉구하는 활동을 하게 된다.

기부행위와 프로그램 관련 전반적인 평가를 하는 단계로서, 시행상의 문제점을 파악하여 다음 마케팅 활동에 도움이 되도록 해야 한다. 따라서 외부환경의 변화되는 욕구와 조직의 마케팅 능력한계를 알 수 있어 사회복지조직 목적과 목표에도 영향을 미치게 된다.

이제 사회복지경영은 반드시 마케팅전략이라는 틀 안에서 이루어질 때 보다 효과적이고, 효율적인 결과를 가져올 것이다.

06

CHAPTER

서비스 관리와 복지경영

제1절 서비스의 정의와 유형

제2절 서비스의 특징

제3절 서비스기업의 복지경영전략

06 서비스 관리와 복지경영

CHAPTER

SECTION 01 서비스의 정의와 유형

1) 서비스 정의

(1) 서비스

고객의 욕구충족을 목적으로 사람과 시설/설비에 의해 제공되는 행위 및 노력으로, 첫째, 제품처럼 고객의 욕구충족을 목적으로 제공하고, 둘째, 사람중심형 서비스와 시설/설비중심형 서비스로 구분하며, 셋째, 유형제품에 부수적으로 제공되는 지원서비스도 있다.

(2) 서비스에 대한 과학적 논의

스미스에 의하여 처음으로 전개되었다. 스미스는 사법 및 군무의 관리, 목사, 법률가, 의사, 문인, 배우, 음악가, 오페라 가수 등의 서비스노동은 비생산적이라고 생각했다. 즉, 스미스는 자본과 교환된 노동과 상품으로 실현된 노동만을 생산적이라 생각했는데, 서비스는 후일 그것과 교환하여 등량의 가치를 획득할 수 있는 아무것도 생산하지 않기 때문이다.

(3) 클라크(Clark, C. G.)

클라크(Clark, C. G.)[1]는 전산업을 3부문으로 분류하여 서비스 산업을 제3차 산업

---

1) 영국의 경제학자 클라크(C. G. Clark)가 제시한 산업분류이다. 1차 산업은 농업 · 어업 · 임업 · 목축업 · 수산업 등과 같이 자연으로부터 직접 채취하거나 길러내는 산업을 말하고, 2차 산업은 광업 · 제조업 · 건설업 등과 같이 자연으로부터 얻은 물자를 2차적으로 가공하여 중간재나 완제품과 같이 가치 있는 물건을 만드는 산업을 말한다. 3차 산업은 유통업 · 운수통신업 · 금융업 등과 같이 1차 및 2차 산업에서 채취하고 가공된 물자를 필요한 장소나 사람에게 운송, 공급하고 도와주는 산업을 의미한다.
클라크는 경제발전 정도가 높아질수록 1차 산업 → 2차 산업 → 3차 산업의 순으로 산업의 비중이 커진다고 보았다.

으로 규정하여 도매업, 소매업, 운수·통신업·공무·가사노동 기타의 비물질적 생산을 담당하는 모든 업무를 포함시켰다(Clark, C. G., 1940).

2) 서비스의 유형

① 사람중심형 서비스 vs. 시설/설비중심형 서비스 유형으로 나눈다.
② **서비스제공 시간** : 서비스제공시점과 현장에 있어야 하는 경우(예 수술) 혹은 그럴 필요가 없는 경우(예 자동차수리)이다.
③ **서비스제공 대상자** : 개인 혹은 기업체이다.
④ **서비스제공자의 목적** : 영리 혹은 비영리 유형이다.
소유형태 : 민간 혹은 공공 형태이다.
⑤ **시간단계별** : 사전서비스(before services), 서비스제공(in services), 애프터서비스(After services)이다.
⑥ **서비스실행 대상** : 사람 혹은 사물이다.

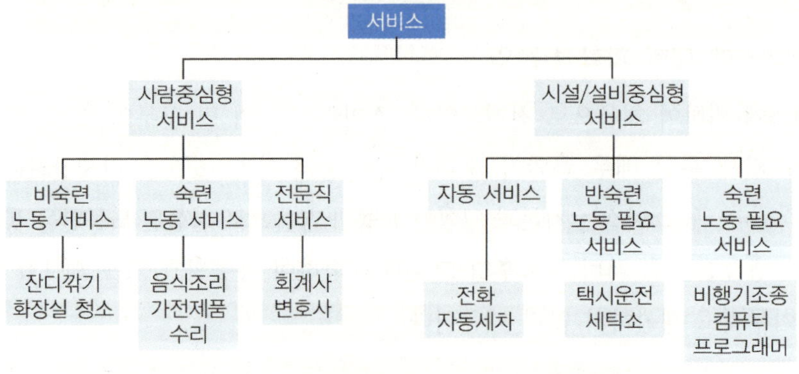

그림 6-1 사람중심형과 시설/설비중심형 서비스

3) 서비스의 분류

① **정부부문** : 사법부, 행정부, 군대, 공립학교 등이다.
② **민간 비영리부문** : 사립학교, 사설 박물관, 교회, 자선단체 등이다.
③ **영리부문** : 금융업, 호텔업, 관광업, 의료업, 정비수리업, 부동산 소개업 등

이다.

④ 제조업체의 지원서비스 : 컴퓨터처리, 회계업무, 마케팅조사, 법률자문 등 이다.

4) 산업이란?

인간이 생계를 유지하기 위하여 일상적으로 종사하는 생산적(生產的) 활동이다. 일반적으로 물적 재화의 생산과 더불어 서비스의 생산을 포함한다. 즉, 농림어업 · 광업 · 제조업 · 건설업 · 공익사업 · 운수통신업 · 유통업 · 금융업 · 보험업 · 부동산업 기타 모든 서비스업을 포함한다. 1차, 2차, 3차 산업이라는 클라크식 산업분류를 살펴보면 다음과 같다.

(1) 제1차 산업

토지와 바다 등의 자연환경을 이용하여 필요한 물품을 얻거나 생산하는 산업이다.

① **종류** : 농업, 임업, 축산업, 수산업, 광업 등이다.

- 농업 : 땅을 이용하여 농산물을 생산하는 산업이다.
- 임업 : 산나물, 약초 재배 또는 나무를 가꾸는 산업이다.
- 수산업 : 물에 사는 생물을 기르거나 잡는 산업이다.
- 축산업 : 가축(소, 돼지, 양들)을 기르는 산업이다.

② **특징** : 자연환경의 영향을 많이 받는다.

(2) 제2차 산업

제1차 산업에서 얻은 생산물이나 천연자원을 가공하여 인간 생활에 필요한 물건이나 에너지 등을 생산하는 산업이다.

① **종류** : 공업(제조업, 건설업)이다.

- 광업 : 일상 생활에 필요한 원료나 연료를 캐내는 산업이다.

- 재래 공업 : 주로 집 안에서 단순한 원료나 연료를 캐내는 산업이다.
- 경공업 : 일상 생활에서 소비하는 작은 물건들을 만드는 산업이다.
- 중화학 공업 : 철강, 선박 등 무거운 원재료와 생산물을 다루는 산업이다.
- 첨단 산업 : 첨단 기술을 이용하여 반도체, 컴퓨터, 로봇 등을 만들어 내는 산업이다.

② **특징** : 자연환경의 영향을 적게 받으며 분업이나 일관 작업 등이 발달한다.

(3) 제3차 산업

제1, 2차 산업에서 생산된 물품을 소비자에게 판매하거나 각종 서비스를 제공하는 산업이다.

① **종류** : 매매업, 운수업, 통신업, 서비스업(무역, 금융, 보험, 교육 등), 개인 서비스업(이용업, 미용업, 숙박업 등) 등이다.

- 상업 : 여러 가지 상품을 판매하는 산업이다.
- 관광업 : 볼거리를 제공하여 사람들에게 즐거움을 주는 활동과 관련된 산업이다.
- 운송업 : 사람이나 물건을 실어 나르는 산업이다.
- 기타 : 금융업, 광고업, 이・미용업, 영화・방송 산업, 통신업 등이다.

SECTION 02 서비스의 특징

1) 서비스의 특징

(1) 무형성(intangibility)

① 품질을 불확실하게 느낀다.

→ 광고보다 口傳(word-of-mouth)에 의한 정보를 더욱 신뢰한다.

→ 서비스제공자의 상징물, 시설, 가격, 종업원 의복 등으로부터 품질 추론한다.

② 말 그대로 형태가 없다는 의미이다.

③ 형태가 없어서 보이지 않고, 만질 수 없으며 서비스를 제공받기 전에는 인식하기 어렵다.

* Marketing Highlight : 유형 제품과 무형 서비스

(2) 생산과 소비의 동시성(inseparability)

서비스수혜자는 서비스생산에 참여하고 협조해야 한다.

(3) 서비스 품질의 이질성(heterogeneity)

서비스 품질은 제공자와 제공상황에 따라 매우 다르다. 동일한 서비스제공자도 상황에 따라 다른 품질의 서비스를 제공한다. 이질성의 특징으로 인해 서비스를 한다는 것이 굉장히 어렵게 보이는데, 이질성이란 서비스를 제공하는 사람에 따라, 서비스를 제공받는 사람에 따라 서비스의 질이 달라질 수 있다는 것이다. 서비스를 제공하는 사람의 성격, 그날의 컨디션, 성향에 따라 서비스의 질이 달라지며 서비스를 받는 고객의 성격, 그날 컨디션, 환경 및 상황에 따라서도 서비스의 내용 및 질이 달라진다.

그러다 보니 서비스는 표준화된 매뉴얼이 없다. 실상, 회사마다 매뉴얼을 작성하긴 하나 이는 모든 고객에게 그것을 보고 외워서 똑같이 하라는 의미는 아니다.

매뉴얼은 가이드라인을 제시하는 것에 불과하므로 참고용으로 사용하여야 한다. 요즘은 흔히 백인백색에서 나아가 일인백색이라고 한다. 그만큼 고객의 니즈가 다양해졌기에 우리는 그때그때 다른 서비스를 제공해야 한다.

(4) 서비스잠재력의 소멸성(perishability)

서비스생산량은 서비스 수요량에 의해 결정된다. 서비스는 재고형태로 남지 않고 소멸하는데, 이는 서비스를 제공하기 어려운 상황에 저장된 서비스를 사용할 수 없음을 의미한다. 그렇기에 서비스는 지속적으로 발달해야 하고, 고객감동을 이끌기 위해 서비스를 재생산해야 한다(필립코틀러 & 케빈켈러, 2006).

(5) 고객과의 관계

서비스기업의 경우 고객과의 관계가 특히 중요하다(관계마케팅, relationship marketing). 관계마케팅(relationship marketing)은 종전의 생산자 또는 소비자 중심의 한쪽 편중에서 벗어나 생산자(판매자)와 소비자(구매자)의 지속적인 관계를 통해 서로 윈윈(Win－Win)할 수 있도록 하는 관점의 마케팅 전략으로 기업과 고객 간 인간적인 관계에 중점을 두고 있다. 고객과 끊임없이 대화하면서 관계를 강화하고 원하는 제품을 정확히 파악해 고객 만족도를 높이는 대응전략이 관계마케팅의 핵심이다(필립 코틀러 & 케빈 켈러, 2006).

(6) 품질평가의 어려움

품질의 종류에는 세 가지가 있다.

- 탐색품질 : 구매 이전 정보탐색과정에서 평가할 수 있는 품질이다.
- 경험품질 : 소비 · 사용함으로써 즉시 평가할 수 있는 품질이다.
- 신뢰품질 : 소비 · 사용 후 어느 정도 시간이 지나서 평가할 수 있는 품질이다.

대부분의 서비스는 경험품질과 신뢰품질로서 평가가 가능하다. 따라서 유형제품 구매 시보다 서비스 구매 시 위험을 더욱 느끼며, 이에 따라, 첫째, 서비스 구매 시 광고나 판매원보다 구전 정보에 더욱 의존하고, 둘째, 가격이나 제공기관의 겉모습으로 품질을 추론하며, 셋째, 일단 만족하면 애호도(loyalty)가 높다.

> * 동시화 마케팅 - 수요와 공급을 동시에 일어나도록 하는 마케팅 기법

2) 서비스 품질의 관리

(1) 기대서비스와 지각된 서비스

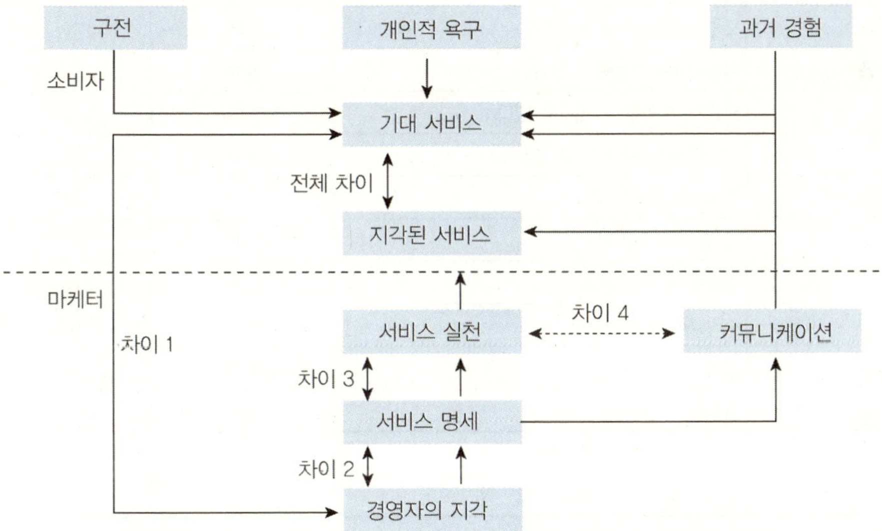

그림 6-2 기대서비스와 지각된 서비스의 차이를 유발하는 요인

(2) 서비스 품질을 결정하는 다섯 가지 요인

요 인	정 의
유형성(Tangibles)	시설, 설비, 사원, 혹은 광고물의 외형
신뢰성(Reliability)	약속된 서비스를 신뢰성 있게, 그리고 정확히 수행
반응성(Responsiveness)	고객들을 도와주고 신속한 서비스를 하려는 의지
확신성(Assurance)	사원들의 업무지식과 공손함, 그리고 믿음을 주는 능력
공감성(Empathy)	고객에게 개인적이며 자상한 주의를 제공하는 정도

(3) 결과품질과 과정품질

- 결과품질 : 어떤 품질의 서비스를 결과적으로 획득하였는가(what).
- 과정품질 : 서비스를 제공받는 과정이 어떠하였는가(how).

(4) 속성 중요도-성과 분석

지각된 서비스품질의 향상을 위해서는 고객이 중요시여기는 속성을 파악하여 이를 중점적으로 관리할 필요가 있다.

속성 번호	속 성	중요도	평 가
1	수리를 제대로 한다.	3.83	2.63
2	불평처리를 신속하게 한다.	3.63	2.73
3	보증수리를 즉시 실행한다.	3.60	3.15
4	필요한 수리 능력이 있다.	3.56	3.00
5	필요시 수리를 곧 할 수 있다.	3.41	3.05
6	직원이 공손하고 친절하다.	3.41	3.29
7	약속시간을 지킨다.	3.38	3.03
8	꼭 필요한 수리만 한다.	3.37	3.11
9	수리비가 저렴하다.	3.29	2.00
10	수리 후 세차를 한다.	3.27	3.02
11	집에서 가깝다.	2.52	2.25
12	직장에서 가깝다.	2.43	2.49
13	집이나 직장에 차로 데려다 준다.	2.37	2.35
14	엔진오일교체 등 필요시기를 알려준다.	2.05	3.33

중요도는 "1 : 중요도가 낮다 - 4 : 매우 중요하다", 그리고 평가는 "1 : 동의하지 않는다 - 4 : 동의한다"로 측정한 것임

(5) 우수한 서비스기업의 공통점(Kotler)

- 전략적 개념 : 표적시장 소비자의 욕구를 명확히 이해하고 충족
- 품질에 대한 최고경영층의 관심
- 높은 수준의 기준점
- 셀프 서비스 기술
- 서비스 성과에 대한 감시시스템
- 고객불평 처리시스템
- 고객만족을 위한 사원만족(필립 코틀러 & 케빈 켈러, 2006)

SECTION 03 서비스기업의 복지경영전략

1) 서비스기업의 마케팅전략

(1) 고객만족을 위한 사원만족

- 외부마케팅(external marketing) : 고객에 대한 기업의 마케팅노력이다.
- 내부마케팅(internal marketing) : 기업이 사원(특히 고객을 접하는 사원)을 교육·훈련시키고 동기부여를 하는 노력이다.
- 상호작용적 마케팅(interactive marketing) : 사원이 고객을 어떻게 응대하는가이다.

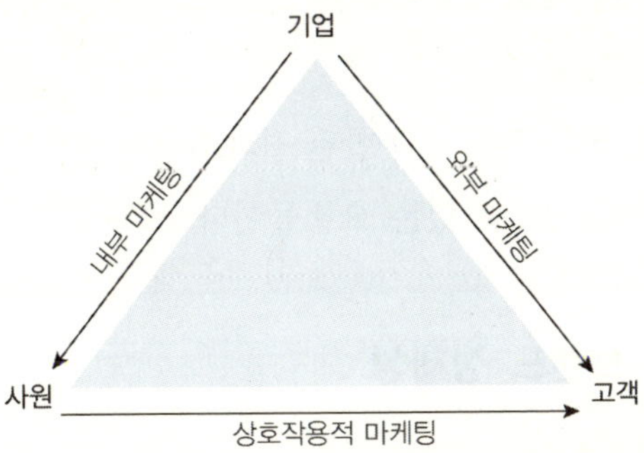

| 그림 6-3 | 외부마케팅, 내부마케팅, 상호작용적 마케팅

(2) 표적마케팅

- 은행의 시장세분화와 표적마케팅(예 신부를 겨냥한 잡지는 많으나 신랑은 매체를 통한 접근이 어렵다.)
- 시장세분화 변수 : 속성, 편익, 가치이다.

참고 세분화 결과

- 경제성 추구형
- 사회적 지위 추구형
- 행복추구형
- 이용편리 추구형
- 종속형

2) 4P

4P는 상품 판매에 주력하는 마케팅 믹스(Marketing Mix)로 브랜드 가치 형성이나 성장과는 거리가 있다. 고객과 브랜드 가치를 중요히 여기는 현대 마케팅에서 4P는 점점 더 전략적 마케팅 도구로서의 의미를 잃어가고 있다.

브랜드 가치는 몇 가지 중요한 요소들에 의해 형성되고 성장되었다.

- 브랜드의 차별성과 브랜드가 실제로 고객과 교환하는 가치이다.
- 브랜드의 정체성과 그 정체성을 공유하는 고객의 충성도이다.
- 고객이나 브랜드관련자(공급자망－Supply Chain, 유통망, 관련 단체나 정부조직안의 내외부 관계자들)들과의 관계이다.
- 브랜드를 통해 마케팅의 성과를 저장하고 활용할 수 있는 시스템(조직체계나 인적자원 혹은 업무흐름 등)이다.
- 마지막으로 위의 모든 것들이 통합된 결과로서의 경쟁우위 등이 브랜드가치에 가장 큰 영향을 줄 수 있는 요소들이다.

3) 구체화된 브랜드 정체성

- 의사소통함으로써 고객과 관련자들과 공유하고 발전시키는 단계이다.
- 특히 고객과 관련된 부분은 의사소통이 가장 중요한 요소인데 그 이유는 교환가치나 충성도 등은 고객들의 주관적이고 경험적인 판단이며 고객의 인식을 기반으로 하기 때문이다.
- 즉, 고객의 인식을 브랜드가 함께 공유하고 유도하는 도구로서 의사소통이 중요한 의미이다.
- 우리가 흔히 마케팅이라고 불리는 기업활동은 주로 이런 목적이다.
- 주된 의사소통 대상은 표적시장의 소비자도 아니고 특정 나이대나 지역의 세분화된 타깃도 아니다.
- 현재의 고객이 브랜드 가치형성과 성장을 위한 가장 중요한 의사소통 대상이다.
- 의사소통은 가장 기초적인 목적이 고객만족이다.

4) 대중적인 브랜드 이미지

마케팅전략의 작업 대중매체를 이용한 광고나 홍보를 통해서 가능하지만 이런 이미지가 브랜드 정체성으로 각인된다거나 브랜드 가치를 직접적으로 올려주기에는 부족, 따라서 다양한 매체들, 판매점, 소매점에서의 작은 이벤트, DM이나 전자우편 등을 이용하는 직접마케팅, 데이터베이스 마케팅, 소비자 동호회나 인터넷상의 카페나 블로그, 또는 이곳 지식인 같은 지식/정보 공유 사이트 등등 가능한 한 모든 접점에서 통일된 정체성으로 의사소통함으로써 고객을 끌어 모으는(표적시장을 임의로 나누는 것이 아니라) 전략과 동시에 현재 고객들과의 관계 강화를 함께 이루는 관리전략이 사용된다.

5) 포지셔닝

브랜드 피라미드를 이용한 브랜드 포지셔닝 전략도 함께 사용됨으로서 브랜드 파워가 실제 구매와 시장 장악력으로 나타날 수 있도록 유도한다.

보통 포지셔닝은 상품의 포지셔닝을 의미하며 이는 어떤 나이대의 표적시장에서 얼마의 가격대로 어떤 마케팅 포인트를 가지고 시장을 공략한다는 형태로 나타난다. 브랜드 포지셔닝은 말 그대로 소비자의 머릿속에서의 브랜드 위치를 의미한다.

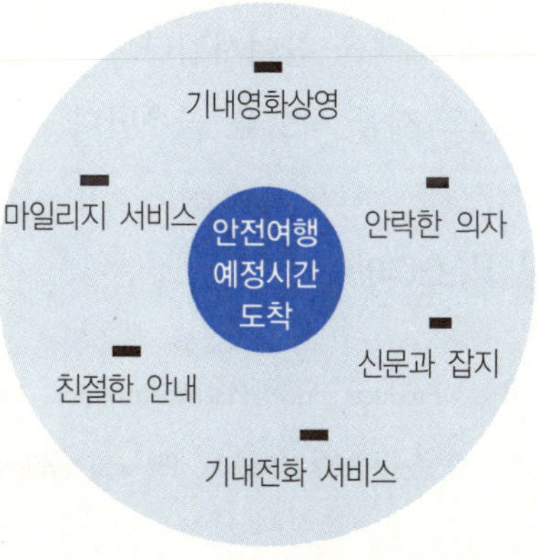

| 그림 6-4 | 항공사의 핵심서비스와 부가서비스

예를 들면, 특정 상품 카테고리를 생각할 때 가장 먼저 떠오르는 브랜드와 두 번째 그리고 세 번째 떠오르는 브랜드들의 수직적인 모형이 나타나는데, 이는 개별 소비자의 경험과 인식에 따라서 그 위치가 결정된다.

6) 생산성 관리

(1) 서비스기업의 생산성 향상을 위한 전통적 방법

첫째, 서비스능력과 모티베이션을 갖춘 지원자를 선발한다.
둘째, 노동력, 설비 및 자재의 낭비요소를 제거한다.
셋째, 사원이 보다 효율적으로 일을 할 수 있도록 훈련시킨다.
넷째, 최신설비를 도입하고 생산과정을 표준화한다.

(2) 서비스기업의 생산성향상을 위한 방법(마케팅 관점)

① 수요의 증대
첫째, 수요가 적은 시기에 가격 할인 혹은 촉진활동을 활용한다.
둘째, 예약제도를 이용한다.
셋째, 수요가 적은 시기에 맞는 새로운 서비스를 개발한다.

② 공급 능력의 증대
첫째, 피크타임에 파트타임 종업원을 이용한다.
둘째, 서비스 생산과정에 고객을 참여시킨다.
셋째, 다른 기업과 서비스 제공 시설을 공유한다.

7) 서비스마케팅 믹스(7P's)

- 전통적 마케팅믹스(4P's : Product, Price, Place/distribution, Promotion)
  \+ 세 가지 통제가능 요소들(3P's : People, Physical evidence, Process)

8) 차별화

서비스패키지란 서비스기업이 제공하는 서비스의 총체를 말한다.

- 핵심서비스 : 고객이 기본적으로 기대하는 서비스이다.
- 부가서비스 : 핵심서비스를 지원하는 성격이다.

9) 위기를 지혜롭게 극복하는 복지경영

켈러 교수는 강력한 브랜드(strong brand)와 신뢰(trust)를 위기 탈출의 처방전으로 제시했다. 그는 디즈니 · 포드 · 인텔 · 나이키 · P&G · 코닥 등 세계적 기업들의 브랜드 전략을 진두지휘하였다.

거친 파도가 몰아치는 수면과 달리, 깊은 곳에서는 문을 열고 기회를 포착하려는 글로벌 기업들의 움직임이 시작되고 있다. 중산층의 경제 패턴에 맞춰진 내 집 마련, 노후 준비 등의 인생 계획은 다가오는 하류화 시대에서는 결코 실현될 수 없다. 정부 역시, 성장 시대에나 적합한 경제 부양 정책 등으로 막대한 정부 부채를 양산했다.

그러나 이것이 고령 인구에 대한 사회 보장 부담과 결합되는 경우, 위축된 고용 시장에서 어려움을 겪고 있는 우리나라의 젊은 세대에게는 메가톤급 세금 폭탄이 될 것이다. 과거의 환상에서 벗어나야 할 것이다. 안정적 성장 시대에나 걸맞은 편견들이 아직도 개인과 정부의 사고를 지배하고 있다.

내 집 · 내 차에 대한 집착, 사교육과 학벌에 의존한 성공 모델, 경기 부양에 대한 환상 등이 현실 직시를 가로막는 대표적인 장벽들이다. 이러한 편견을 떨치고 하류화 시대에 걸맞는 생활 모델을 확립해야 한다. 개인이 변화해야 할 시점이다.

미국 월스트리트에서 발생한 금융위기가 실물경제를 덮치기 시작했다. 위기를 알리는 경고 사이렌만 요란할 뿐, 탈출구를 찾기 쉽지 않다. 이럴 때 세계적 기업들의 경영 플랜을 짜는 비즈니스 전략가들은 어떤 지침서를 준비하고 있을까?

마이클 트램
출처 : http://news.mt.co.kr

케빈 켈러
출처 : https://blog.naver.com

122년 역사의 세계 최장수 컨설팅기업인 아서디리틀(ADL)의 마이클 트램(Traem) 회장과 브랜드 전략의 구루(guru)로 불리는 케빈 켈러(Keller) 다트머스대학교 석좌교수는 준비된 기업에게 위기는 기회라는 것이다.

트램 회장은 "위기가 없으면, 승자(勝者)도 없는 법"이라며 "현재 상황을 긍정적으로 생각하고 역이용하라"고 말했다. 그는 인수 · 합병(M & A)과 기업 성장전략 분야에서 세계적 권위자. "지금까지 비용(cost) 통제나 조직 관리에 어느 정도 성공했다는 판단이 들면, 인수 · 합병이나 전략적 파트너십 등을 통해 기업의 성장을 도모할 시점"이라는 게 그의 조언이다.

경영과 관련된 책은 대부분 경영의 본질보다는 기법과 도구에 치중해 있기 때문에 그런 책을 읽을 시간이 있으면 차라리 철학과 자연과학 · 사회과학 분야의 책을 읽는 것이 좋다. 오늘날의 경영학은 심각한 위기상태다. 새로운 이론은 공급되지 않고 있고, 케이스 스터디만 양산되고 있다.

한때 선풍적인 인기를 누렸던 블루오션[2] 역시 개념은 전혀 새로울 게 없다. 단지 블루오션이라는 용어로 포장한 데 불과하다. 위기상태의 원인은 경영학자들이 경영학이라는 학문적 경계 안에서만 머물러 있기 때문이라고 지적한다.

경영학은 원래부터 잡동사니 학문이다. 경제학과 심리학, 사회학, 행정학 등 다른 학문으로부터 이론과 방법론을 차용한 학문이다. 기업경영 역시 마찬가지다. 조직과 사람의 심리 등을 제대로 파악해야 경영을 잘 할 수 있다. 그러나 지금의 경영학은 이런 미묘한 메커니즘과 흐름을 간과한다. 그러니 위기에 처할 수밖에 없다. 경영만 위기가 아니라 복지 안에서의 위기의식을 가지고 변화에

2) 현재 존재하지 않거나 알려져 있지 않아 경쟁자가 없는 유망한 시장을 가리킨다. 블루오션에서는 시장 수요가 경쟁이 아니라 창조에 의해 얻어지며, 여기에는 높은 수익과 빠른 성장을 가능케 하는 엄청난 기회가 존재한다. 그리고 경기 법칙이 아직 정해지지 않았기 때문에 경쟁은 무의미하다. 따라서 블루오션은 아직 시도된 적이 없는 광범위하고 깊은 잠재력을 지닌 시장을 비유하는 표현이다. 이 용어는 프랑스 인시아드 경영대학원 국제경영 담당 석좌교수이며 유럽연합(EU) 자문위원인 김위찬 교수가 학교 동료인 르네 모보르뉴 교수(인시아드 전략 및 경영학 교수, 세계경제포럼 특별회원)와 함께 제창한 기업 경영 전략론 '블루오션 전략'에서 유래했다.

대처해 나가야 할 것이다.

린 업쇼는 위기에 빠진 마케팅을 구할 최고의 전략은 정직이라고 제시한다. 브랜드 마케팅의 세계적 거장 린 업쇼는 불확실한 시장 환경에서도 여전히 중요한 가치는 '정직'이라고 주장한다. 수많은 마케팅 전략이 횡행하지만 사람들이 신뢰하는 가치는 변하지 않았다. 물론 이는 윤리학에서 말하는 추상적인 정직과는 다르다. 정직은 마케팅 분야 전체에 걸쳐 정직성을 체계화한 '실현 가능한 정직'으로 마케팅의 전문가인 린 업쇼는 이를 실현한 기업의 사례를 제시하기도 했다.

2007년 금융위기 이후 최근 또 다시 금융 관련 사건 사고들이 경제지의 일면을 장식하고 있다. 오늘날의 정치, 경제, 특히 금융계의 부산저축은행, 현대캐피탈의 고객정보 유출사건, 농협의 전산망 마비 사태로 인한 고객의 불편함과 관련 직원의 무성의한 태도, 간혹 금융 관련 종사자의 횡령과 기업 내부직원의 내부정보 유출은 기업의 브랜드 가치와 고객의 신뢰를 떨어뜨려 엄청난 손실과 이를 회복하기 위해 많은 시간을 필요로 한다. "TRUTH(정직)"가 전략임을 더욱더 실감나게 하고 있는 현실이다. 더욱 똑똑하고 냉철해진 소비자의 시선은 이제 제품과 브랜드에 가려져 있었던 기업의 도덕성으로 향하고 있다. 따라서 소비자의 마음을 돌려 치열한 시장에서 살아남을 수 있는 방법은 단 하나, 바로 "정직"이라고 본다.

정직을 마케팅에 활용하는 방법으로 린 업쇼가 제시하는 것은 "다이아몬드 전략"으로, 고객, 제품, 경쟁, 가치, 커뮤니케이션 등 다섯 가지 부문으로 세분화시켜 다이아몬드 전략을 설명한다. 린 업쇼는 세계적인 다국적 기업들의 사례(GM, 리바이스, 인포시스 등)를 통해 정직성을 기반으로 소비자 신뢰를 얻을 수 있어야 함을 강조하는 것은 매우 의미 있게 받아들여야 할 것이다. 특히 "기업 자신부터 정직하라"고 강조하는데, 린 업쇼는 "실현 가능한 정직"을 마케팅 분야에 새롭게 도입할 것을 요구하면서 소비자와 마케터, 기업, 브랜드 모두의 요구를 충족시킬 만한 "다이아몬드 전략"을 다섯 가지로 제시한다. 첫째, 정직해야 고객을 떠나지 않는다. 둘째, 정직을 구현한 제품을 판매하라. 셋째, 정직이야말로 경쟁에서 이길 유일한 무기이다. 넷째, 정직과 신뢰로 가치를 창조하라. 다섯째, 정직은 스스로 홍보한다. 다이아몬드 전략은 소비자와 마케터, 기업이 수평을 이루어 파트너십을 실현할 수 있도록 돕고, 특히 우리가 살고 있는 환경을 함께 살아가는 방법이 중요하다고 본다.

우리가 아는 큰 인물들은 모두 다 정직이 우선이었다. 위대한 영웅은 거저 만들어지는 게 아니다. 서양 격언에도 '정직이 최상의 전략(Honesty is the best policy)'이라고 했다. 솔직함이 최상의 전략이다. 양심 마케팅, 정직이 최상의 전략임을 잊지 말아야 한다. 단점을 숨기지 않는 것도 하나의 전략이다. 고객은 정직한 사람을 좋아한다. 있는 그대로 보여주는 것이 중요하다. 오래된 광고지만 모 기업이 "4백 35만 고객 여러분! 죄송합니다. 그동안 불편했던 통화 품질, 이제는 책임지겠습니다"라는, 자신들의 잘못을 시인하는 광고 문구를 내세웠다. 이것은 자신의 기업에서 자신들의 고객들의 불만을 솔직하게 인정하고 기지국이 경쟁사에 비해 적어서 생겼던 잘못 아닌 잘못을 솔직하게 인정하고 새로운 혁신을 통하여 다시 신뢰를 얻겠다는 것이다. 고객들의 불만을 솔직하게 인정하고 뼈를 깎는 자기 혁신을 통해 통화 품질을 끌어 올리겠다는 것이 이 광고가 주는 메시지이다.

깨끗한 인정은 소비자와 나에게 득이 될 수 있다. 백화점 과일 코너에 푯말이 하나 붙어 있다. "흠집 난 과일입니다." 이러한 푯말과 함께 과일을 다른 코너와는 다르게 싸게 판다. 하지만 사람들로 북새통이다. 솔직하게 과일에 흠집이 있음을 인정하게 가격을 낮추어 팔았던 것이 오히려 사람들의 발길을 잡은 것이다. 결점을 솔직하게 인정하라. 결국 그걸 수용하느냐 그렇지 않느냐의 최종적인 판단은 고객의 몫이다. 이제 위기의 복지경영에서의 최고의 전략은 정직임을 다시 한 번 생각하며 정직을 통한 희망의 복지를 볼 수 있기를 바란다.

07

CHAPTER

고객관계관리

제1절 고객관계관리의 배경과 성공요인

제2절 CRM의 의의와 편익

제3절 CRM의 성공전략과 발전 방향

CHAPTER 07 고객관계관리

SECTION 01 고객관계관리의 배경과 성공요인

고객관계관리는 각 분야마다 내리는 정의는 조금씩 다르지만, 기본적으로 고객과 관련된 기업의 내 · 외부 자료를 분석/통합하여 고객 특성에 기초한 마케팅 활동을 계획하고, 지원하며, 평가하는 과정을 의미한다.

주로 고객의 니즈에 초점을 두어 1 : 1로 실시하는 차별화된 마케팅 전략이다.

1) 고객관계관리의 도입 배경

(1) 시장의 변화

시장의 규제 완화로 인해 새로운 시장으로의 진입 기회가 늘어남에 따라 동일 업종에서의 경쟁사가 많아지기 시작했고, 경쟁이 심화된 상황에서 기업들은 욕구 충족을 위해 제품과 서비스의 차별화가 필요해졌다.

(2) 기술의 변화

컴퓨터와 관련된 정보기술의 발달은 고객 니즈 분석의 발전과 고객 데이터 축적 기술의 발전을 가져오면서 본격적으로 CRM[1)]이 확산될 수 있는 환경이 형성되었다.

(3) 고객의 변화

고객의 필요와 욕구가 다양화되는 현실에서 끊임없이 고객의 기대와 요구에

---

1) Customer Relationship Management의 약자로 '고객관계관리'라고 한다. 기업이 고객과 관련된 내외부 자료를 분석·통합해 고객 중심 자원을 극대화하고 이를 토대로 고객 특성에 맞게 마케팅 활동을 계획·지원·평가하는 과정이다.

부응하여 고객과의 관계를 유지하고 적절한 제품과 서비스의 차별화를 통해 장기적으로 기업의 경쟁 우위를 고수하는 것이 절실해졌다.

2) 고객관계관리의 특징

* 목적 : 고객 관계 구축 강화 ➡ 고객의 수익성 극대화 ➡ 기업의 수익성 극대화

① 기업의 초점이 고객관계관리에 맞춰져 있다.
② 고객의 생애 전체에 걸쳐 관계를 구축하거나 거래를 유지하여, 장기적 이윤을 추구한다.
③ 데이터를 효율적으로 사용 할 수 있는 정보기술에 기초한 과학적인 제반 환경의 효율적 활용을 요구한다.
④ 고객 욕구의 파악을 위해 직접적인 접촉을 통하여 쌍방향 커뮤니케이션을 지속한다.
⑤ 마케팅에만 역점을 두는 것이 아닌 기업의 모든 내부 프로세스의 통합과 매뉴얼화를 요구한다.

3) 고객관계관리의 효과

(1) 기존 사업의 성과 향상 측면

① 신규 고객과 기존 고객을 유지시켜 매출의 증가와 이익이 창출된다.
② 신규 고객 확보 VS 기존 고객 유지의 비용 측면에서 기존 고객 유지로 비용에 대한 절감 효과를 볼 수 있다.
③ 서비스를 체험한 경험을 다른 고객에게 전달하여 구전효과를 통한 무료 광고 효과를 얻을 수 있다.
④ 기업의 최우량 고객인 애호고객(Loyal Customer)을 세분화하고 확보하여 유지/관리가 가능하다.
⑤ CRM 전략의 성공에 의한 종업원의 유지 효과가 가능하다.

(2) 신규 사업 진출의 플랫폼 역할 측면

고객에 대한 지식(행동 양식, 욕구 등)과 고객과의 관계를 통한 사업의 다각화가 가능하다(예 Yahoo의 포털에서 쇼핑몰 등으로 다각화).

4) 고객관계관리의 성공 요인

(1) 비용 대비 성과를 극대화

기업 이익에 기여할 수 있는지를 판단하여 파급되는 효과에 걸맞게 예산을 책정하고 성과를 극대화해야 한다.

(2) 타겟 고객군의 정확한 설정

(3) 전사적 차원의 CRM

영업, 서비스, 마케팅 등 모든 부분의 인력들이 정보를 공유하고 이를 종합적으로 활용해야 한다.

(4) 기업별로 자신의 업종과 능력에 맞는 CRM 도입

기업이나 분야에 따라 CRM의 구축 방법이나 활용법이 다르므로 업종과 능력에 맞추어 CRM을 도입해야 한다.

(5) 데이터 활용 능력 강화

분석된 데이터를 어떻게 해석하고 활용할 것인지에 관심을 기울여야 한다.

(6) CRM추진 주체를 적절하게 조정

CRM은 IT부서가 기반이 되지만 이끌어 가는 주체는 마케팅부서여야 한다.

5) 고객관계관리의 현 주소

기업 간의 경쟁이 치열해지고 심화되면서 CRM은 경쟁우위 요소로서의 효과가 미비해져, 기업들이 CRM을 바탕으로 새로운 경쟁우위 요소를 찾는 추세이다.

국내 CRM시장의 규모는 점차 축소되고 있는 실정인데, 최근에는 CRM 같은 기계적 분석보다는 고객들의 경험과 이미지, 친절도 같은 감성적 경험 분석에 관심이 몰려 CRM에 이어 CEM(Customer Experience Management)가 대두되고 있다.

SECTION 02 CRM의 의의와 편익

1) CRM의 개념화

CRM은 Customer Relationship Management의 약자로, 우리말로는 '고객관계관리'라고 한다.

기업이 고객과 관련된 내·외부 자료를 분석·통합해 고객 중심 자원을 극대화하고 이를 토대로 고객 특성에 맞게 마케팅 활동을 계획·지원·평가하는 과정이다.

CRM은 최근에 등장한 데이터베이스 마케팅(DB marketing)의 일대일 마케팅(One-to-One marketing), 관계마케팅(Relationship marketing)에서 진화한 요소들을 기반으로 등장하게 되었다.

고객데이터의 세분화를 실시하여 신규고객 획득, 우수고객 유지, 고객가치 증진, 잠재고객 활성화, 평생고객화와 같은 사이클을 통하여 고객을 적극적으로 관리하고 유도한다.

기존 마케팅이 단발적인 마케팅 전술이라면 CRM은 고객과의 지속적인 관계를 유지하면서 '한 번 고객은 평생고객'이 될 수 있는 기회를 만들며, 평생고객화를 통해 고객의 가치를 극대화하는 것이다.

CRM은 고객의 정보, 즉 데이터베이스를 기초로 고객을 세부적으로 분류하여 효과적이고 효율적인 마케팅 전략을 개발하는 경영전반에 걸친 관리체계며, 이를 정보기술이 밑받침돼 구성된다.

CRM을 구현하기 위해서는 고객 통합 데이터베이스(DB)가 구축되어야 하고, 구축된 DB로 고객 특성(구매패턴·취향 등)을 분석하고 고객 개개인의 행동을 예측해 다양한 마케팅 채널과 연계되어야 한다.

과거 은행·증권 등 금융 오프라인 기업들이 컴퓨터응용기술로 가입자 신상명세, 거래내역 등을 데이터화해 콜센터를 구축하는 등에 많이 적용했으나, 최근 회원관리가 생명인 닷컴기업들이 가입자 확보를 위해 서둘러 CRM을 도입하고 있다.

(1) CRM을 경영프로세스로 보는 관점

① 고객지향을 핵심으로 하는 마케팅컨셉을 근간으로 한다.

② 두 거래당사자의 장기적인 거래에 있어서 핵심변수는 감정적 유대이며, 감정적 유대의 수준이 높아질수록 높은 고객애호도와 시장점유율을 가져올 수 있다.

(2) CRM을 경영소프트웨어 프로그램으로 보는 관점

① 데이터 마이닝을 통해 자사의 제품이나 서비스를 가장 잘 구매할 것 같은 유형의 고객들을 결정하고 이들에게 보다 많이 판매하는 것을 강조한다.

② 고객과의 관계는 감정적인 유대 없이 전적으로 보다 높은 매출을 위해 이루어진다.

〈표 7-1〉 CRM에 대한 두 가지 견해

	경영프로세스 관점	경영소프트웨어 프로그램 관점
마케팅관리 철학	고객지향	판매지향
관리의 초점	감정적 유대	고객의 과거구매행동

2) 마케팅에서 CRM의 위치

(1) CRM과 관계마케팅

CRM은 '고객관리에 필수적인 요소들을 고객중심으로 정리, 통합하여 고객과의 장기적인 관계를 구축하고 기업의 경영성과를 개선하기 위한 경영방식'이라고 정의할 수 있다. 이에 따르면 CRM은 고객지향성과 관계지향성을 근간으로 기업활동이 이루어져야 한다는 것을 의미한다.

CRM 이전에도 관계마케팅과 같이 고객과의 관계를 중요시하는 개념이 존재하였다. CRM과 관계마케팅은 모두 고객지향성과 관계지향성을 근간으로 한다는 점에서 공통점이 있다.

(2) 마케팅에서 차지하는 CRM의 비중

① CRM을 광의의 개념으로 보는 견해

고객과의 관계관리가 곧 마케팅 자체이며, 마케팅은 고객과의 관계를 구축하고 유지·발전시키는 데 공헌해야만 한다.

② 협의의 개념으로 보는 견해

CRM은 제품이나 서비스의 판매 이후 고객유지를 위해 사용되는 여러 전술들 중 하나이다.

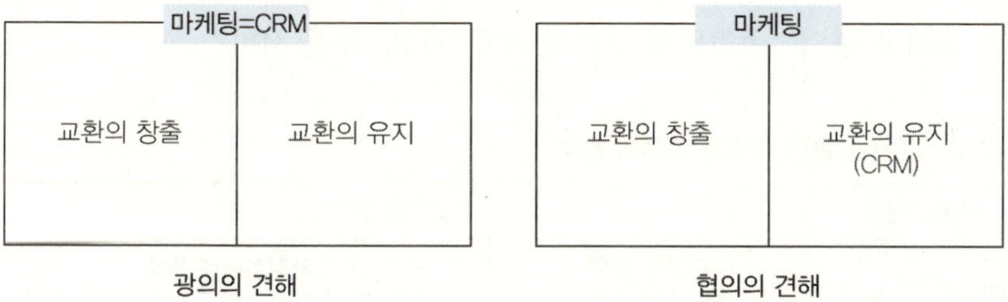

| 그림 7-1 | CRM이 마케팅에서 차지하는 위치에 대한 견해

3) 기업이 얻는 편익

① 궁극적으로 재무성과(financial performance)의 향상이다.

② 24개 서비스산업을 대상으로 한 연구에서 고객이탈률을 5% 감소시킬 경우 이익이 25%~85% 증가하는 것으로 나타났다.

③ 신규고객 유치비용이 기존고객 유지비용의 5배 이상이다.

④ CRM을 통해 기업은 매출 증가, 고객유지비용의 감소, 긍정적 구전효과, 종업원 유지 등의 편익을 얻을 수 있으며 이는 고객생애가치(customer lifetime value) 증대를 가져온다.

4) 고객이 얻는 편익

(1) 경제적 편익

① 금전적 측면의 편익으로 할인, 추가제공, 무상제공 등을 의미한다.

② 비금전적 편익은 구매의사결정의 효율성 향상, 시간절약 등을 의미한다.

(2) 사회심리적 편익

① 사회적 편익 : 특정 직원과의 정

② 심리적 편익 : 구매 위험의 감소, 기업에 대한 신뢰감, 편안함

③ 고객화 편익 : 종업원의 고객에 대한 관심, 특별 서비스

〈표 7-2〉 CRM을 통한 기업과 고객의 편익

기업의 편익	고객의 편익				
재무성과의 향상	경제적 편익		사회심리적 편익		
	금전적 편익	비금전적 편익	사회적 편익	심리적 편익	고객화 편익
• 이익증가 • 비용감소 • 매출액 증대 • 고객생애가치 증대	• 할인 • 추가제공 • 무상제공	• 의사결정 효율성 증대 • 시간절약	• 서로 간의 정 • 개인적 인지	• 구매위험 감소 • 신뢰 • 편안함	• 맞춤 서비스 • 특별 관심 • 특별 서비스

SECTION 03 CRM의 성공전략과 발전 방향

먼저 CRM의 실행 여부에 대한 의사결정을 하며, 실행하기로 결정하면 '고객유치 → 고객유지 → 평생고객화'의 단계로 관리해야 한다.

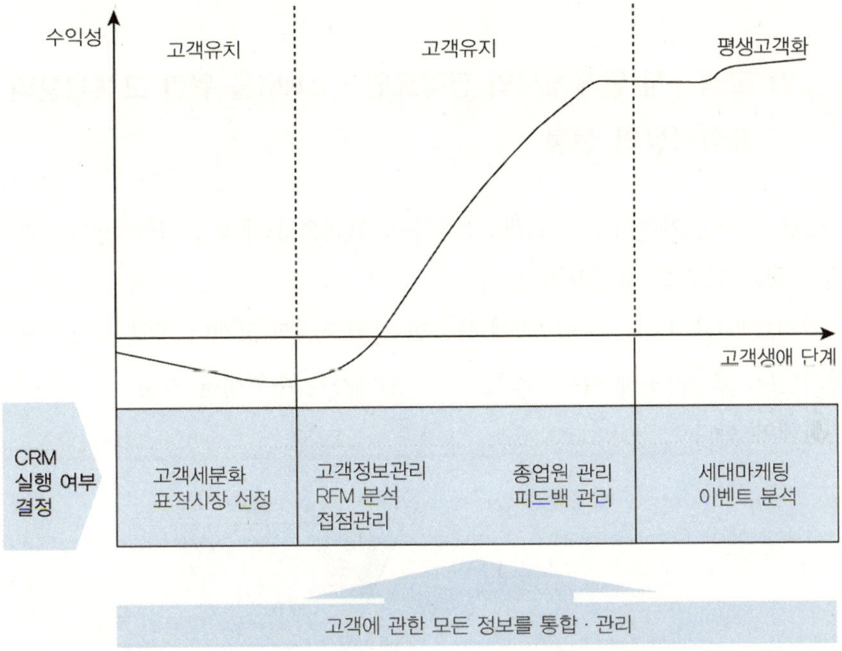

| 그림 7-2 | CRM의 단계에 따른 기대수익과 주요 전략적 요인

1) CRM의 실행 여부 결정

CRM은 단기적으로는 손실을 가져올 수 있으므로, CRM이 자사에 적합한 것인가를 먼저 판단해야 한다.

참고 **CRM의 실행 여부를 판단하는 세 가지 기준**

1. 고객생애가치의 크기
   - 고객 1인당 생애가치가 큰 산업에 속한 기업일수록 CRM의 실행이 적절하다.
   - 고객생애가치의 계산에는 고객자신이 일생 동안 구매하는 것뿐만 아니라 추천(referral)을 통한 타인의 매출 또한 포함된다.

- 고객생애가치가 큰 산업으로 대표적인 것은 패션의류, 자동차, 금융 등이 있다.

2. 고객과의 접촉방법
   고객과의 직접적인 접촉이 이루어지는 산업에 속한 기업일수록 CRM 실행이 적절하다(예 금융업, 패션의류 산업).
3. 고객과의 접촉빈도
   - 고객과의 접촉빈도가 높은 산업에 속한 기업은 CRM을 실행하기에 적합하다(예 금융업).

2) 고객유치 단계에서의 전략요인 - CRM을 위한 고객세분화 및 표적시장의 선정

높은 수익을 가져다주는 고객집단일수록 고객으로 계속 유지하기 위한 적극적인 노력과 자원을 투입해야 한다.

파레토(Pareto)의 20 : 80 법칙[2)]에 따르면 상위 20%의 고객이 기업 수익의 80%를 차지한다. 고객가치에 따른 CRM을 하기 위해서는 수익성을 기준으로 고객을 세분화해야 한다.

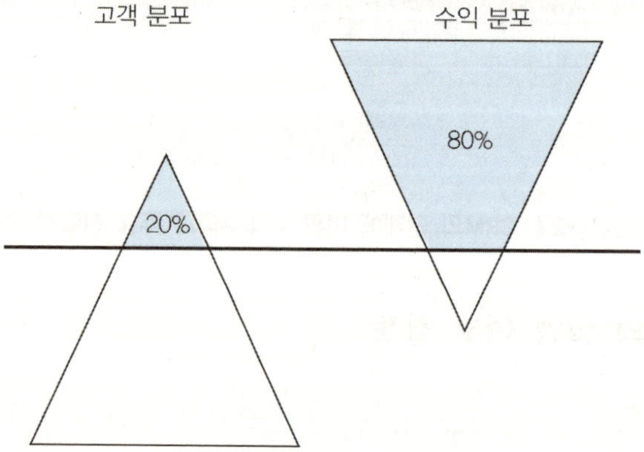

|그림 7-3| Pareto의 20 : 80 법칙

2) 파레토는 또 당시 이탈리아 토지의 80%를 이탈리아 인구의 20%가 소유하고 있다는 사실을 알아내고는 이 80%와 20% 사이의 상관관계를 다른 여러 분야에도 적용한다. 예를 들어, 일정 토지에서 생산된 콩의 80%는 전체 콩깍지의 20%에서 만들어졌다는 것 등인데 세상을 지배하는 대부분의 이치라는 것이다. 이것이 유명한 파레토의 '20 : 80의 법칙'이다. 회사의 조직이나 동호회 활동도 보면 비슷하다. 다소 차이는 있겠지만 대략 20%가 일을 하고 80%는 그냥 동참하거나 소극적이다.

3) 고객유지 단계에서의 전략요인

(1) 고객정보관리

고객과 장기적인 관계를 유지하기 위해서는 기본적으로 고객정보관리를 위한 데이터베이스나 데이터 웨어하우스를 갖추어야 한다.

고객정보 관리시스템에 양질의 최신 고객정보가 등록되지 못하는 이유는 다음과 같다.

① 고객정보를 수집하는 접점직원들이 고객정보를 입력, 수정하려는 동기부여가 안 될 수 있다.

② 자사상황에 맞지 않는 고객정보 관리시스템의 도입이 원인이 된다.

③ 접점직원이 사용하기에 고객정보 관리시스템이 지나치게 어렵다.

(2) CRM 실행의 효과성 제고를 위한 RFM 분석

① 고객의 최근 구매시기(Recency), 구매빈도(Frequency), 구매금액(Monetary amount)을 분석하는 것이다.

② **최근 구매시기(R)** : 세 가지 중 가장 강력한 측정도구이다.

③ **구매빈도(F)** : 두 번째 강력한 측정도구인데 자사로부터 구매한 전체 횟수를 의미한다.

④ **구매금액(M)** : 데이터베이스가 구축된 이후 각 고객이 구매한 전체 금액이다.

(3) 고객접점의 관리

① **고객접점** : 기업의 마케팅 활동이 고객에게 전달되는 최일선으로, 마케팅활동에 대한 평가는 대부분 고객접점에서 이루어진다.

② **스칸디나비아 항공의 Jan Calzon 사장** : 고객이 항공사 직원을 접촉하는 약 15초 동안의 경험이 그 항공사에 대한 이미지를 결정한다 → 현장 종업원의 중요성을 강조한다.

③ 곱셈의 법칙이다.

(4) 종업원 관리

① 고객을 유지하기 위한 한 가지 중요한 수단은 종업원을 유지하는 것이다.

② 특히 종업원의 노력이 많이 요구되는 서비스 산업의 경우 종업원의 로열티는 매우 중요하다.

③ 종업원은 내부고객(internal customer)이다.

④ 내부마케팅(internal marketing)의 실천이다.

(5) 피드백 관리

① CRM이 성공적으로 수행되기 위해서는 고객의 소리를 청취할 수 있는 피드백 시스템이 마련되어야 한다.

② 고객불만을 신속하게 처리하면 고객유지율을 크게 향상시킬 수 있다.

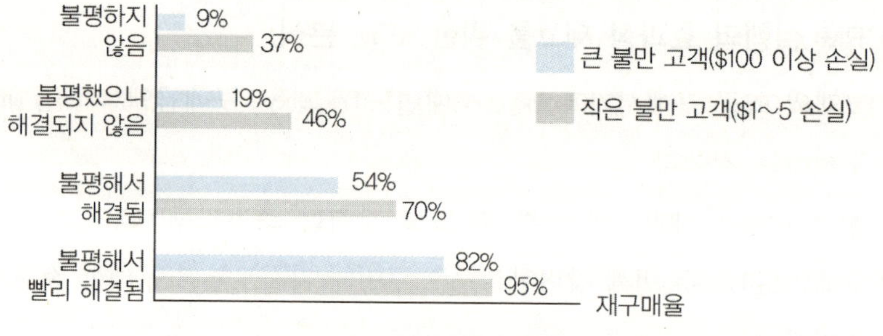

| 그림 7-4 | 불만고객에 대한 피드백과 고객 재구매율

③ 기업은 고객이 메시지를 전달할 수 있는 채널(예를 들어, Clover 시스템, 홈페이지 고객의 소리 등)을 마련하고 고객의 메시지에 신속히 대응해야 한다.

4) 평생고객화 단계에서의 전략요인

(1) 이벤트 관리를 통한 교차판매 및 상향판매

① 교차판매 : 어떤 품목을 구입한 고객이 구입할 가능성이 있는 다른 품목을 구입하도록 하는 것이다.

② 상향판매 : 보다 고급 품목을 권유하여 구입하도록 하는 것이다.

(2) 세대마케팅

① 고객이 평생 동안 자사의 고객으로 남을 뿐만 아니라 세대를 이어 고객이 되도록 하는 것이다.

② 삼성생명 : 부모가 고객인 경우, 자식들에게 "부모님도 저희 상품을 사용하고 만족하셨습니다. 이제 당신도 계약 하십시오"의 메시지 전달이다.

③ LG패션 : Daks, Maestro 등 아버지 세대의 브랜드부터 Towngent, TNGT 등 아들세대의 브랜드까지 다양한 브랜드를 보유하는 것이다.

5) 고객관계관리의 성공 사례(1) : SK TELECOM

SKMS(SK Management System)는 SK 고유의 기업문화 및 경영이념, 경영기법을 체계적으로 정리한 것으로서, 1979년 구성원의 합의를 통해 제정된 SK만의 경영 철학이자 경영시스템이다.

SK는 SKMS의 정립을 통해 기업문화를 발전시키고 경영관리 수준을 향상시킬 수 있는 초석을 마련하게 되었고, 현재에도 SK의 모든 구성원들은 SKMS를 기준으로 판단하여 경영활동에 임하고 있다.

SKT의 CRM은 Mass Marketing → Segment Marketing → One to One Marketing의 변화를 보이고 있다.

① 1997년 후반, 이동통신 시장에서 3사의 본격적 경쟁이 시작되면서 고객 관련 데이터를 기반으로 DBM(Data Base Marketing)을 구축한다.

② 1999년 Segment Marketing을 통한 TTL 출시 : 20대의 자유로운 라이프 스타일을 반영하여 고안됨. 20대를 타깃으로 출시했다.

- 감각적인 디자인과 기능의 단말기이다.
- 고객의 편익을 위한 멤버십 카드이다.
- 문화 공간 TTL ZONE 개설 ⇨ TTL출시 6개월만에 20대 시장 점유율 23% 상승(26%에서 49%로 급증)이다.

③ 2000년 초, SKT 전체고객을 대상으로 멤버십 서비스 확대(리더스클럽)했다.

④ 현재, 멤버십의 유지와 VIP를 위한 우량 고객 서비스 운영 중이다.

6) 고객관계관리의 성공사례(2) : LOUIS VUITTON Korea

루이비통(Louis Vuitton)은 가방, 의류, 주얼리, 신발, 선글라스, 시계 등을 제작・판매하는 프랑스의 명품 패션 브랜드이다. 창업자 루이 비통의 이름에서 유래한 루이비통은 1854년 프랑스 파리에서 '여행가방 전문매장'으로 시작하였으며, 이는 19세기 산업혁명과 더불어 철도 및 수로 교통의 확산으로 인해 여행 인구가 증가했던 사회적 배경과 연관이 깊다. 여행을 근간으로 탄생하고 성장해 온 루이비통은 현재까지 150여 년간 5대에 걸쳐 사업을 이어오고 있다.

(1) 브랜드 마케팅

① 가격이 비싸더라도 상품에 매력이 있으면 얼마든지 구매하는 소비자들의 심리를 이용한 고가 포지셔닝이다.

② 최고급 가죽과 장인들의 100% 수작업을 통하여 제품 생산 후 8번의 품질검사를 한다.

③ 한 번에 한 개 이상의 제품 구매 불가능, 6개월 이내 재구매 불가능하다.

④ 고객 맞춤 주문 서비스

- 다양한 아이템들을 고객이 원하는 취향에 맞게 100% 주문 제작하거나, 기존 제품을 수정, 보완해 준다.
- 이 서비스를 통하여 고객의 요구에 효과적으로 부응하고 있다.

⑤ VVIP 고객을 위한 소규모 패션쇼

- 일 년에 총 8회 최상위 고객 8명을 위한 소규모 패션쇼를 개최한다.
- 고객의 편의를 위해 고객 1명만이 초대되며, 쇼가 진행되는 동안에는 매장이 폐쇄된다. 허나 매출 면에서는 오히려 종일 개방할 때보다 훨씬 높다.
- 이 소규모 패션쇼는 VVIP 고객들에게 특별함과 만족감을 높여주고 있으며, 다른 브랜드에서도 비슷한 유형으로 도입하고 있는 실정이다.

7) 고객관계관리의 발전 방향

① 기업은 고객의 지식에 초점을 맞추고 고객의 가치 상승에 따라 기업이 획득하고 활용할 지식의 원천으로서의 고객의 의미를 새롭게 인식해야 한다.

② 자사의 발전에 영향을 미칠 수 있는 상품, 기술, 고객 관계에서의 지식을 획득하여 활용하는 지식중심의 CRM을 지향해야 한다.

③ 불평, 불만을 해결하던 고객지원센터를 고객의 지식을 획득하고 활용할 수 있는 고객 주도형으로 업무를 개편해야 한다.

④ 고객과의 대화를 통해 고객의 변화를 예측하고 기업도 변화해야 한다.

⑤ CRM은 고객과의 협력관계가 강화될 때 우월한 성과가 나타나기 때문에 고객과의 협력의 단계로 확장되어야 하며 고객을 Consumer → Customer → Partner로 인식하여 발전해 나가야 한다.

08

CHAPTER

촉진관리와 복지경영

제1절 촉진의 의의와 커뮤니케이션과정 모형

제2절 촉진수단의 관리

제3절 광고관리와 복지경영의 변화

08 CHAPTER 촉진관리와 복지경영

SECTION 01 촉진의 의의와 커뮤니케이션과정 모형

1) 촉진의 의의

(1) 촉진(promotion)

기업이 표적고객으로부터 원하는 반응을 얻기 위해 의도된 설득적 메시지를 인적 혹은 비인적 매체를 통해 소비자에게 커뮤니케이션하는 행위이다.

(2) 촉진의 3단계 효과

① 인지 : 소비자에게 제품에 관한 정보를 제공하여, 제품에 대해 알게 한다.

② 감정 : 제품에 대해 호의적인 태도를 가지도록 한다.

③ 행동 : 최종적으로 제품의 구매를 이끌어 낸다.

2) 커뮤니케이션과정 모형

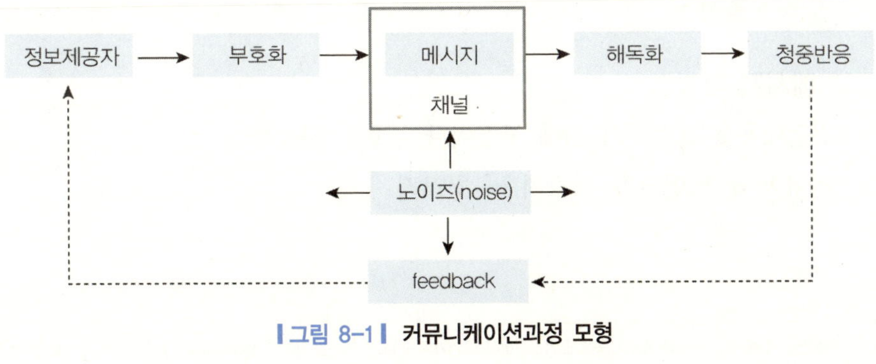

| 그림 8-1 | 커뮤니케이션과정 모형

정보제공자의 의도대로 표적청중이 메시지를 수용하지 않을 수 있다.

- 선택적 주의 : 관심 있는 일부 메시지에만 주의한다.
- 지각적 왜곡 : 유입되는 메시지를 자신의 신념체계에 맞추어 변형하여 이해한다.
- 선택적 보존 : 단기기억에서 처리한 정보를 장기기억으로 이전시켜 저장한다.

(1) 정보제공자

정보제공자는 커뮤니케이션 목표의 결정, 표적청중의 결정, 메시지전달자(광고모델, 판매원 등)의 특징(전문성, 진실성, 호감도) 등을 고려해야 한다.

(2) 부호화(encoding)

전달할 내용을 부호나 상징으로 표현(메시지 제작)하는 것이다 .

① 소구[1)]방식

- 이성적 소구 : 속성 혹은 편익을 구체적으로 제시하여 합리적으로 소구하는 방법이다.
- 감성적 소구 : 따뜻함, 유머, 두려움, 자부심 등의 감정을 유발한다.

② 메시지 구조

- 메시지 주장 측면 : 일면적 메시지 vs. 양면적 메시지
- 내용제시 순서
- 결론 도출성

③ 메시지 양식

- 전달내용을 표현하기 위해 상징이나 부호를 사용한다.
- 언어적 vs. 비언어적, 시각적 vs. 청각적

---

1) 訴(하소연할 소)求(구할 구), 즉 소비자들에게 하소연하여 무언가를 구하는 것으로 영어의 Appeal과 같은 의미이다. 광고를 한다는 것은 우리 제품/서비스의 특징을 소비자들에게 하소연해서(訴) 소비자들의 마음속에 그 제품/서비스가 각인되는 것을 얻고자(求) 하는 행동이다.

3) 커뮤니케이션 채널 : 광고, PR, 판매원, 판매촉진, 패키지

채널 선택에 영향을 미치는 요인은, 표적청중의 특성, 제품의 특성이나 메시지 내용, 구조, 양식 등이 있다.

4) 해독화(decoding)

청중은 메시지를 자신의 경험이나 지식을 토대로 이해한다. 그리고 메시지는 청중이 이해하기 쉽게 그리고 흥미롭게 구성되어야 한다.

5) 청중의 반응

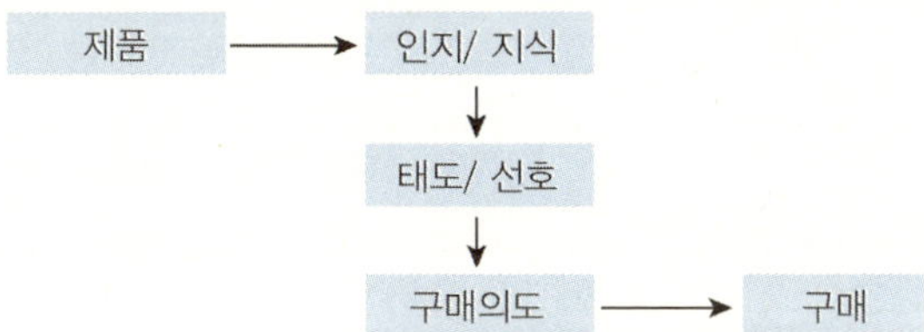

| 그림 8-2 | 계층적 커뮤니케이션효과 모형

① 인지/지식 → 태도/선호 → 구매의도/구매의 관계 : 주로 고관여 상태이다.

② 저관여 상태의 경우에는 위와 다른 과정을 거치는 경우가 많다 : 제품지식 없이 호감과 선호 형성(예 광고태도 → 제품태도), 호감/선호 없이 제품인지로부터 구매행동 유발

6) 피드백(feedback)

- 다음은 청중의 반응이 정보제공자에게 전달되는 것이다.
  → 커뮤니케이션 목표달성 평가
  → 차기 커뮤니케이션 활동에 반영

7) 노이즈(noise)

① 채널상의 노이즈 : 같은 시간대에 방영되는 다른 제품의 광고이다.

② 해독화상의 노이즈 : 부정적 선입관이 있는 소비자는 광고를 잘 믿지 않는다.

* PPL(product placement) : 영화나 드라마에 제품을 소품으로 등장시켜 관객들이 제품에 호감을 갖게 하는 촉진 방법이다.

SECTION 02 촉진수단의 관리

1) 촉진수단의 관리

촉진수단은 광고, PR, 인적판매, 판매촉진, 패키지 등이 있다.

- push전략 : 유통경로상의 구성원들이 다음 단계의 구성원들에게 촉진활동이다.
- pull전략 : 제조업자가 소비자의 수요를 직접 자극하여 소비자가 자사브랜드를 구매하도록 하는 방법이다.

(1) 광고(advertising)

특정 광고주가 대가를 지불하고 제품, 서비스, 아이디어 등을 비인적 매체를 통해 알리고 구매를 자극하는 촉진활동이다.

(2) PR(Public Relations)

소비자가 속해 있는 지역사회나 단체 등과 긍정적인 관계를 개발하여 자사나 자사제품에 대한 긍정적 이미지 형성을 통하여 장기적으로 제품 판매를 증대시키고자 하는 노력으로, 홍보가 가장 전형적이다.

① **홍보**(publicity) : 언론을 이용하여 자사의 활동을 알리는 것이다.

② 광고에 비한 홍보의 두 가지 특징

첫째, 비용을 지불하지 않는다.

둘째, 객관적인 정보를 제공하기 때문에 신뢰성이 높다.

(3) 인적판매(personal selling)

준비 → 설득 → 판매 후 서비스

(4) 판매촉진(sales promotion)

인적판매, 광고, PR, 그리고 패키지 이외의 모든 촉진활동이다.

① 판매촉진의 목적

첫째, 짧은 기간 내에 판매를 대폭 증대(예 바겐세일)

둘째, 제품을 시험 삼아 사용해 보게 함(예 무료 sample)

셋째, 재구매 유도(예 재구매시 가격할인을 받을 수 있는 coupon)

넷째, 가격에 민감한 소비자의 구매유도(예 쿠폰 포함 광고)

다섯째, 계절에 따른 판매의 변동을 줄임(예 계절성 제품을 비수기에 할인판매, 판매가 저조한 시기에 판촉행사)

② 판매촉진수단의 유형

〈표 8-1〉 판매촉진수단의 유형

소비자 판촉		유통업자 판촉	
• 견본품 • 가격할인쿠폰 • 프리미엄 • 경품 • 제품시용	• 가격할인 • 리베이트 • 사은품 • 마일리지 서비스	• 수량할인 • 촉진공제 • 경품	• 현금할인 • 트레이드 쇼

③ 판매촉진의 관리

(5) 패키지

패키지를 통해 설득적이면서도 정보제공적인 메시지를 전달할 수 있다.

패키지의 역할(촉진 측면)은 다음과 같다.

① 진열효과(shelf impact)

② 상징적 가치

③ 새로운 포장개발에 의한 매출증대

SECTION 03 광고관리와 복지경영의 변화

1) 광고의 의의

(1) 광고의 개념과 경제성장과의 관계

광고는 기업이 비용을 들여 비인적 매체에 의해 제품관련 정보를 제공하고 구매를 설득하는 대량전달 활동이다. 경제성장률이 높은 경우 광고비 증가율은 경제성장률보다 높고, 경제성장률이 낮은 경우에는 광고비 증가율은 경제성장률보다 낮다. 이는 광고비지출이 경기에 매우 민감함을 나타낸다.

(2) 광고의 역할과 유형

① 광고의 역할

- 정보제공, 설득, 강화
- 인적판매기능의 대체
- 인적판매의 보

② 광고의 유형

〈표 8-2〉 광고의 유형

광고유형		특 징
제품과 기업	제품 광고	제품 혹은 서비스에 대한 정보제공 및 설득
	기업 광고	기업이미지 제고
일차적 수요와 선택적 수요	개척 광고	제품에 대한 일차적 수요 자극
	경쟁 광고	선택적 수요 자극을 위한 브랜드지향적 메시지
소비자와 유통업자	소비자 광고	최종 소비자의 수요를 자극
	유통업자 광고	유통업자 수요를 자극
공동과 제휴	수평적 공동광고	소매업자들이 한 제품에 대하여 공동광고
	수직적 공동광고	제조업자와 소매업자가 소매광고 비용을 분담
	제휴 광고	다른 업종끼리 공동의 이익을 위해 함께 광고

2) 메시지의 결정

AIDA(Attention, Interest, Desire, Action)의 원칙이다.

(1) 메시지의 유형

〈표 8-3〉 광고메시지의 일곱 가지 유형

1) 정보제공적(informative)	5) 상표친숙적(brand familiarizing)
2) 의견주장적(argument-based)	6) 상징적(symbolic)
3) 감성적(emotional)	7) 모방유도적(imitation driving)
4) 행위지시적(behavior commanding)	

(2) 메시지유형의 결정에 영향을 미치는 요인

① 소비재 대 산업재

- 산업재 : 제품의 품질과 서비스에 기초해 구매를 결정한다.
  → 정보적 메시지나 의견주장적 메시지이다.
- 소비재 : 감성적이거나 상징적인 것들이 더 효과적일 때가 많다.

② 제품 특성

- 유행성 제품 : 모방유도적 혹은 상징적 메시지이다.
- 기계적으로 복잡한 제품 : 정보적 메시지나 의견주장적 메시지이다.
- 감각적 제품 : 상징적 혹은 모방유도적 메시지(감각의 언어적 표현 어렵기 때문)이다.
- 서비스 : 의견주장적 혹은 정보적 메시지(언어적으로 구체적 묘사 필요)이다.

③ 필수품 대 사치품

- 필수품(특히 편의품) : 상표친숙적 혹은 행위지시적 메시지이다.
- 사치품 : 감성에 호소하는 메시지(모방유도적 혹은 상징적 메시지)이다.

④ 표적소비자의 특징

- 지적수준이 높은 소비자 : 행위지시적 메시지에는 잘 수용하지 않는다.
  → 정보적 혹은 의견주장적 메시지이다.

⑤ 제품수명주기

- 혁신제품으로 제품시장을 창조한 경우 : 정보제공적 메시지에 의해서 일차적 수요를 유발한다.
- 경쟁브랜드 출현(성장기, 성숙기) : 의견주장적 메시지에 의하여 선택적 수요를 유발한다.

⑥ 제품가격

- 고가격 : 정보적 혹은 의견주장적 메시지이다.
- 저가격 : 기억에 강하게 남을 수 있는 메시지를 사용한다.

⑦ 제품차별화 정도

- 경쟁브랜드 간 물리적 차이가 존재할 때 : 의견주장적 메시지이다.
- 표준화된 제품 : 상징적, 모방유도적 혹은 감성적 메시지를 통해 차별화한다.

3) 매체선정과 믹스

(1) 매체(media)의 유형

① 인쇄매체 : 신문, 잡지, 각종 출판물 등이다.

② 전파매체 : 텔레비전, 라디오 등이다.

③ 기타매체 : 컴퓨터(인터넷 광고), 케이블TV, 옥외광고, 차량광고, 우편

④ 우편광고 : 표적청중에게 도달하는데 있어서 가장 큰 유연성 발휘

⑤ 전단지(leaflets)

- 장점 : 필요한 경우 신속히 표적청중에게 메시지를 전할 수 있다.
- 단점 : 다른 전단지 속에 묻혀 청중의 주의를 끌지 못할 가능성이 크다.

⑥ 전화, cable TV 등 : 직접마케팅의 일환이다.

- 장점 : 청중의 반응을 정확하고 신속히 얻고 이에 맞추어 효과적인 마케팅활동을 수행할 수 있다.
- 단점 : 비용이 많이 들고 신속히 많은 청중과 접할 수 없다.

⑦ 옥외광고와 차량광고

- 장점 : 광고비가 저렴하고, 소비자들이 같은 광고를 여러 번 보게 된다.

⑧ **인터넷광고** : 이메일 광고, 배너광고 등이다.

- 장점 : 표적청중에게 전달과 트래킹이 용이하고, 상호작용이 가능하다.
- 단점 : 소비자들이 주의를 기울이지 않을 가능성이 높다.

(2) 매체선정기준

① 접촉범위, 접촉빈도, 그리고 총 접촉량

- 접촉범위(reach) : 일정 기간 동안(보통 한 달) 적어도 한 번 이상 자사의 광고에 접촉되는 사람들의 수이다.
- 접촉빈도(frequency) : 일정 기간 동안 한 광고가 한 사람에게 평균 접촉되는 빈도이다.

예 신문광고가 50,000명 독자중의 10,000명에게 한 번 접촉되고 20,000명에게 두 번, 15,000에게 세 번, 5,000명에게 네 번 접촉된 경우 :

$$\text{접촉 빈도} = \frac{(10,000\times1)+(20,000\times2)+(15,000\times3)+(5,000\times4)}{50,000}$$

$$= \frac{115,000}{50,000} = 2.3$$

- 총 접촉량(impression) : 특정 매체를 통하여 전달되는 접촉의 총량

  총 접촉량 = 접촉범위 × 접촉빈도

  50,000(접촉범위) × 2.3(접촉빈도) = 115,000

- 총 접촉비율(Gross Rating Points; GRPs) : 접촉비율 × 접촉빈도

예 위의 신문이 75,000가구에 배포되고 있고, 이 신문에 실린 광고를 본 사람이 50,000명이라면, 광고의 접촉비율은 67%가 된다(50,000/75,000).

총 접촉비율 = 접촉비율 × 접촉빈도 = 67 × 2.3 = 154.1

- TV : 일정 기간 내에 반복을 통해 높은 접촉빈도를 얻을 수 있다.
- 잡지 : 특정 이슈에 대한 자발적 접촉빈도를 높이는 데 효과적이다.

② 표적고객

- 잡지 : 세분화된 표적고객과 접촉하는 데 있어 가장 효과적인 매체이다.
- TV광고, 옥외광고 : 세분화된 표적고객에게 메시지를 전달하여 주는 데는 한계가 있다.

③ 메시지의 특징과 전달방법

- 인쇄매체 : 수용자 통제매체, 정보제공적 메시지를 통한 합리적 소구에 적절하다.
- 전파매체 : 매체 통제적, 감성적 메시지를 통한 감성적 소구에 적절하다.

④ 비용

- CPM(cost per thousand persons reached) : 1,000명의 사람에게 메시지가 도달하는 데 드는 비용은 매체비용 ÷ 접촉범위(reach; 단위는 1000명)이다.

예 잡지 광고비가 200만원이 들고 잡지가 100,000명의 표적고객에게 읽혀진다면?

CPM = 200만 원/100 = 20,000원

⑤ 매체믹스

- 매체믹스(media mix) : 매체와 전달체를 광고효과가 극대화되도록 배합하는 것이다.

4) 광고효과 측정

① 무엇을 측정하는가 그리고 언제 측정하는가?

〈표 8-4〉 광고효과 측정

측정시기 / 측정대상	사전측정	사후측정
커뮤니케이션효과	감정, 신념, 태도, 의도 측정 회상, 재인 측정	감정, 신념, 태도, 의도 측정 회상, 재인 측정
판매효과	시장실험	통계적 추정

② 회상(recall)

- 소비자들이 광고된 제품의 광고주나 브랜드를 어느 정도나 회상해 내는가이다.
- 점포방문 전에 구매브랜드의 결정이 이루어지는 경우 회상이 매우 중요하다.

③ 재인(recognition)

- 광고를 접촉한 소비자들이 질문에 얼마나 정확한 응답을 하는가이다.
- 점포 내에서 구매브랜드를 결정하는 경우 재인만으로 충분할 수 있다.

5) 복지경영의 변화

(1) 스티브 잡스(Steve Jobs) : Think different

스티브 잡스
출처 : https://www.google.co.k

얼마 전 이 시대의 혁신가(innovator)이자 개척자(pioneer)였던 스티브 잡스(Steve Jobs)[2]가 세상을 떠났다. 스티브 잡스가 생전에 했던 말들 중, 우리 마음에 깊이 전해질 영어표현을 짚어보고자 한다. 1997년 9월 28일 애플의 광고 “Think different”, “세상을 다른 방식으로 바라보는 가슴 뜨거운 사람들이 세상을 바꿔 나갑니다. 바로 이들이 새로운 것을 발견하고 상상하고 시도하고 창조하고 제시합니다. 인류는 이런 혁신가들 덕분에 앞으로 나아가는 것입니다.” 1997년 임시 최고경영자(CEO)로 다시 애플에 복귀한 스티브 잡스는 가장 먼저 이 말을 강조했다.

너무나 간단한 표현이지만, 스티브 잡스의 신화는 모두 여기에서 출발한다고 해도 과언이 아닐 것이다. iMac, iPod, iPod Touch, iPhone, iPad가 모두 이러한 혁신 정신에서 나왔다. 애플의 스티브 잡스는 남들과 다른 방법으로 승부하지 않으면 승리할 수 없는 시대라고 말한다.

2) 미국의 기업가이며 애플 사(社)의 창업자이다. 매킨토시 컴퓨터를 선보이고 성공을 거두었지만, 회사 내부 사정으로 애플을 떠나고 넥스트 사(社)를 세웠다. 그러나 애플이 넥스트스텝을 인수하면서 경영 컨설턴트로 복귀했다. 애플 CEO로 활동하며 아이폰, 아이패드를 출시, IT 업계에 새로운 바람을 불러일으켰다.

(2) 김연아 : 피겨여왕

김연아
출처 : https://ko.wikipedia.org

김연아가 피겨여왕이 될 수 있었던 핵심기술은 여자 피겨선수들이 힘들어하는 점프였다. 김연아는 피겨스케이팅을 배울 때, "연기는 나중에 배워도 되지만 점프는 어려서부터 연습해야 한다"는 코치의 말을 듣고 점프연습에 몰두했다고 한다. 김연아는 난이도가 높은 '3회전 +3회전' 연속 점프를 완벽하게 실행, 쇼트 프로그램 세계 최고 기록을 갈아치웠다.

비즈니스 세계의 승부도 '남들과 얼마나 다른가'로 결정된다.

(3) 닌텐도 : 게임

닌텐도는 '게임은 시간 낭비'라는 세간의 비판에 맞서 '머리가 좋아지는 게임'을 출시했다. "당신의 두뇌는 몇 살입니까?"라는 도발적인 질문을 던지며 출시한 '두뇌 트레이닝' 게임은 게임에 대한 부정적인 인식을 바꾸면서 지난 4년간 1억 개 이상 팔렸다. 닌텐도는 또 가족과 함께 하는 게임인 '위(Wii)'를 개발, '게임은 가족 간의 단절을 가져온다'는 고정관념도 깼다.

(4) 필립스 : 전기면도기

필립스는 '전기면도기는 남자가 산다'는 업계의 고정관념에서 탈피, 여성이 좋아하는 컬러와 디자인을 반영한 신제품을 개발했다.

여성이 선물용으로 면도기를 구입하는 점에 착안한 전략이었다. 그 결과 여성들이 애인이나 남편, 아버지에게 선물하기 위해 구매하는 양이 전체 판매의 절반을 차지할 정도로 늘어났다.

(5) 아오모리현 : 사과 생산지

일본 최대 사과생산지인 아오모리현은 1991년 가을 태풍으로 수확을 앞둔 사과의 90%가 땅에 떨어지는 피해가 발생했다. 농부들이 낙담하고 있을 때, 마을 이장이 나서 “남아 있는 10%의 사과를 활용하자”고 제안, 떨어지지 않은 합격 사과’라는 브랜드를 만들어 냈다. 보통 사과 값의 10배 값을 매겼는데도, 대입 수험생을 둔 학부모에게 선풍적인 인기를 끌며 판매됐고, 농부들은 태풍 피해를 만회했다. 결국 승자는 남들과 다르게 생각하는 것에서부터 출발한다.

(6) 다윗과 골리앗

다윗은 전쟁터에서 남들이 다 사용하는 창이나 방패 검으로 승부를 하지 않았다. 바로 돌팔매로 골리앗의 약점을 공략해서 일타에 그를 격퇴시킨 것이다. 위대한 아이디어는 더 이상 소수의 선택된 사람들만 가질 수 있는 능력이 아니고, 누구나 머릿속에 잠재된 능력으로 가지고 있다. 창의력 개발을 위한 출발점이자 가장 중요한 핵심은 자신이 기존에 알고 있던 지식, 과거의 사고에서 과감히 탈피하는 것이다.

(7) 복지경영학의 철학

스티브 잡스가 만약 10년 더 생존했더라면 또 다른 ‘기적’을 낳았을 것이다. 그는 분명 천재적 기업가였다.

미혼모의 아들로 태어나 입양되고, 대학중퇴 등 열악한 환경은 그에게 장애물이 아니었다. 세계 최초로 개인용 컴퓨터를 개발하고, 세상의 패러다임을 바꾸었다. 그는 여기서 멈추지 않고 그가 만든 컴퓨터를 파괴하고, 아이폰과 아이패드를 만들어 또 다시 디지털 시대 뉴라이프 스타일을 창조했다. 그는 창조적인 파괴자이자 파괴적인 혁신가였다. 그래서 잡스에게는 천재, 혁명가, 혁신의 아이콘, 잡스교의 주교, 비즈니스계의 악동, 일등 기업인 등 수많은 수식어가 있다.

그의 혁신과 창조의 핵심동력은 “다르게 생각하라(Think Different)”이며 이것이 곧 애플과 잡스의 비즈니스 철학이다. 그는 갔지만 그의 사상은 아직 우리 가운데 지금도 꿈틀거리고 있다. 이제 복지도 경영도 다르게 생각해야 한다. 다르게 생각하고 미래를 예견하며 변화하는 것이야 말로 복지경영의 나아갈 길이며 비전이라고 본다.

비교적 젊은 학문이라고 말할 수 있는 복지경영학이 빠른 속도로 학문적 체계를 갖춰 나간 이유는 타 학문을 전략적으로 폭넓게 수용하여 경계를 지속적으로 확장해 나갔기 때문이다. 심리학을 받아들여 조직행동이론을 수립하고, 수학과 통계학을 바탕으로 회계학과 재무학의 토대를 쌓았다.

경제학과 게임이론 등을 수용하여 복지경영전략 이론으로 발전시키고, 정보기술을 경영에 접목하여 복지경영정보시스템을 준비하고 있다. 복지경영학은 기업의 경영을 다루는 응용학문으로서 이처럼 다양한 학문들이 융합되거나 파생되면서 체계를 갖추어 나갔기 때문에 결코 타 학문과 분리하여 생각할 수 없다.

따라서 이제부터는 시선을 거꾸로 돌려 볼 것을 제안한다. 복지와 경영학 중심의 시각을 버리고 타 학문의 입장에서 복지경영학을 바라보는 시각을 채택해 보는 것이다. 예술, 자연과학, 인류학, 사회학 등 우리가 흔히 복지경영학과 전혀 상관 없다고 치부해 버리는 학문의 체계와 관점 속에서 복지경영의 의미를 탐구하는 것이 필요하다.

위대한 아이디어는 레스토랑의 회전문에서 탄생한다는 말은 의미 있다고 볼 수 있다. 이제는 순수 타 학문의 시선으로 복지경영학을 바라보는 시선이 필요하다. 새로운 이슈가 없어진 복지경영학은 이제 새로운 시각의 접근이 필요하다는 것이다.

'복지경영학'이라는 분야는 학문의 한 분야가 아닌 생태계의 현상들로 규정하고 그에 따른 전 생태계적인 시선이 필요하다고 말한다.

(8) 벤치마킹

벤치마킹을 올바르게 하려면 첫째, 타사의 결과만을 보지 말고 내면의 과정과 이슈를 중점적으로 파헤쳐야 한다. 우리가 배우는 역사는 비록 사실에 기초하고 있다고 해도, 엄격히 말하면 결코 사실 그것이 아니라 널리 승인된 일련의 판단들이다.

둘째, 소위 일류기업이라 불리는 몇몇 기업의 성공 스토리를 비판적으로 수용해야 한다. 역사학은 본질적으로 '변화'의 학문이다. 역사학은 어제는 오늘과 어떻게 그리고 왜 다른가를 연구함으로써 내일은 어떤 점에서 오늘과 다를 것인가를 예견하는 방법을 찾기 위한 학문이다.

셋째, 확신을 얻기 위한 벤치마킹은 반드시 피해야 한다. 마지막으로, 무엇보다도 어떠한 결과가 나오든 벤치마킹을 100% 신뢰하지 않는 자세가 중요하다. 성숙한 기업은 낡은 구조와 오래된 정책을 지속적으로, 그리고 의식적으로 깨뜨린다.

그들의 성공비결은 어떠한 규칙을 따르는 것이 아니라 오히려 그것을 타파하는 데에 있었고 앞으로도 그러할 것이다. 사업의 시작단계에서 행하는 작업들은 특히 인적자원에서 기인한다. 핵심인재의 추가나 이탈은 사업의 성공에 중대한 영향을 미칠 수 있다.

하지만 시간이 경과하면서 조직의 역량은 프로세스와 가치로 이동한다. 놀라운 성공을 거둔 많은 기업이 상장 후에 사라지는 한 가지 이유는 프로세스나 가치를 구성하는 데 실패했기 때문이다. 조직은 기계이면서 동시에 생명체이다.

기계론적 인식과 생명체적 인식 사이에서 우리는 그동안 전자 쪽에 너무나 경도되어 있다. 이것이 수많은 기업에서 시도한 변화관리가 실패로 끝난 이유이다.

무엇보다도, 복지경영학에 관련된 모든 사람들과 기업의 리더들은 반드시 생태학에 관한 기본 소양을 갖추어야 한다.

(9) 복지경영학의 관계망

복지경영학은 정치, 경제, 사회, 환경, 기술 등과 긴밀한 관계망을 가지고 접근하는 것이 필요하며, 생태계의 자기 균형, 자기 조정, 자기 정화 등의 메커니즘을 깨뜨리지 않고 지속 가능한 기업 활동을 영위할 수 있는 방안을 마련하려면 기본적으로 생명과 생태계, 지구와 우주에 대한 깊은 이해와 성찰이 필수적이기 때문에 복지경영학이 이제는 인접한 학문의 세계와 커뮤니케이션을 통하여 생태학의 입장에서 본 학문적 교류와 시각을 새롭게 하며 복지와 경영학의 새로운 장을 열어가는 것이 매우 중요하다고 본다.

이제 복지도 복지의 시각만이 아니라 경영과 그리고 타 학문의 시각으로서 볼 때 복지경영의 미래가 밝을 것이라고 본다.

CHAPTER 09

유통관리와 민관 파트너십

제1절 유통의 관리와 경로

제2절 비영리로서의 복지경영

제3절 민관 파트너십과 복지경영

CHAPTER

09 유통관리와 민관 파트너십

SECTION 01 유통의 관리와 경로

1) 유통의 의의와 기능

(1) 유통의 의의

유통(流通, distribution)은 마케팅 활동의 일환으로 자사의 제품이나 서비스를 어떤 유통경로를 통해 표적 시장이나 고객에게 제공할 것인가를 결정하고 새로운 시장기회와 고객 가치를 창출하는 일련의 활동이다. 또한 유통은 생산과 소비를 잇는 경제활동으로 공급업체로부터 최종 소비자로 이어지는 하나의 유통시스템(혹은 유통경로시스템)은 제조업체가 생산한 제품이나 서비스가 흘러가는 단순한 경로가 아니라 새로운 가치와 소비를 창출하는 토대가 된다.

기업의 유통 활동은 상품이나 서비스가 생산자나 서비스 제공자로부터 최종 고객에게 이르는 과정에 개입되는 다양한 조직들 사이의 거래 관계를 설계하고 운영하며, 그것을 통해 협상, 주문, 촉진, 물적 흐름(수송, 보관), 금융, 대금 결제 등과 같은 유통(혹은 마케팅) 기능의 흐름을 촉진시키는 활동을 의미한다.

전통적 관점에서 유통경로란 '제조업자 → 도매상 → 소매상 → 소비자'로 이어지는 수직적 연계를 설계하고 관리하는 과정을 일컫는다. 또한 기업의 유통 활동 및 역할을 수행하는 조직들의 총체를 의미한다(이학식, 2010).

기업 경영에 있어 장기적인 유통 관리의 성공 여부는 상품이 생산자 혹은 공급자로부터 최종 고객에게로 원활히 흐르도록 하는 경로 구성원들, 즉 제조, 도매, 소매, 물류 기관 및 거래 조성 기관들이 유통(혹은 마케팅) 기능을 어떻게 효과적이며 효율적으로 수행하느냐에 달려 있다. 따라서 유통 관리의 핵심은 최종 이용자(고객)의 구매 서비스 가치를 극대화하는 유통경로 구조(시스템)를 구축하고, 나아가 경로 구조 내 구성원들의 동참과 협력을 유도하고, 그들과의 지속적인 협력 관계를 유지하도록 노력하여야 한다.

- 시간, 장소, 소유 효용의 창조.
- 유통기관의 활동

① 거래의 집중화

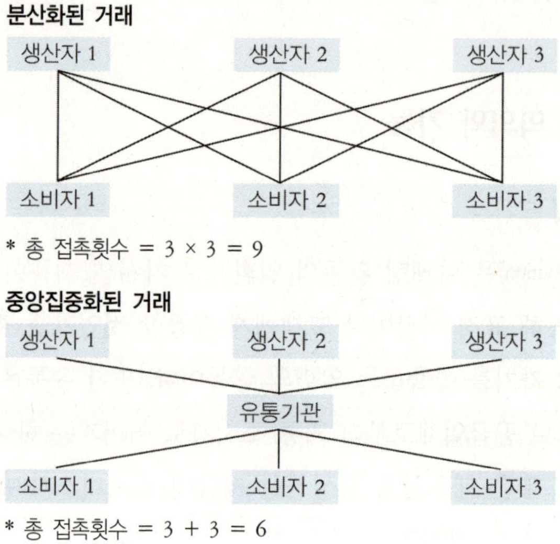

그림 9-1 거래의 집중화와 접촉 효율성의 제고

② 거래의 정형화

- 거래에 관한 규칙과 틀을 정해 그에 따라 거래를 한다.
- 당사자 간의 흥정, 협상이 줄어든다.

③ 구색 갖추기

- 다양한 구색으로 소비자의 다양한 수요를 충족한다.
- 생산자 : 제한된 종류의 제품생산에 특화 → 공급의 이질성이다.
- 소비자 : 선택의 자유 → 수요의 이질성이다.
- 두 가지 이질성에 의한 괴리 : 유통기관이 괴리를 없게 했다.

④ 불확실성의 감소

(2) 유통의 기능

유통경로의 기능은 다음과 같다.

① **교환 과정의 촉진** : 중간상의 개입으로 교환 과정을 보다 단순화시킬 수 있으므로 보다 많은 거래를 효율적으로 이루어낼 수 있는 기능이다.

② **제품 구색 불일치 완화** : 제조업자가 소수의 제품라인을 대량생산하고 소비자는 소수의 다양한 제품을 구매할 시 양자의 욕구 차이에서 발생하는 제품 구색과 생산/구매량 간의 불일치를 유통경로가 완화시켜 주는 기능이다.

③ **소비자와 제조업자의 연결** : 제조업자는 중간상 이용을 통해 적은 비용으로 더 많은 잠재 고객에 도달할 수 있고, 소비자들의 탐색비용도 절약시켜 주는 기능이다.

④ **고객서비스 제공** : 유통경로가 제조업자를 대신하여 소비자에게 애프터서비스의 제공과 제품의 배달, 설치, 사용방법 교육 등의 서비스를 제공하는 기능 등이 있다(이학식, 2010).

2) 유통업자의 선택과 관리

(1) 유통업자의 선택

후보 유통업자들의 사업 경험, 매출 실적, 재무적 안정성, 자사와의 협력성, 위치, 평판 등을 고려한다.

(2) 유통업자의 교육

제품지식, 판매요령, 사후 서비스 방법 등이 있다.

(3) 유통업자의 동기부여

① 유통업자의 자사 제품 판매 성과는 자사의 성과와 직결된다.

② 따라서, 유통업자의 동기부여가 필요하다.

③ 생산자는 유통업자에게 힘(power)을 행사할 수 있다.

- 강압적 힘
- 보상적 힘
- 합법적 힘
- 전문적 힘
- 준거적 힘

(4) 유통업자의 평가

① 유통업자 성과의 주기적 평가이다.

② 평가 결과에 대한 대응이다.

(5) 유통경로의 변화

유통경로가 부적절하거나 환경이 변하면 새로운 유통경로를 모색해야 한다.

3) 유통기관의 종류와 유통경로의 유형

(1) 소매상(retailer)

소매상의 기능은 첫째 생산자의 제품을 소비자에게 판매, 제품의 보관 및 운송, 둘째 다양한 제품구색으로 소비자의 선택을 가능하게 한다. 셋째 생산자와 소비자에게 필요한 정보를 제공한다.

① **백화점**(department Store)

- 의류, 가정용품, 잡화를 중심으로 다양한 제품계열을 취급한다.
- 장점 : 원스톱 쇼핑이다.
- 1990년 이후 할인점, 홈쇼핑 등 신업태의 등장으로 성장이 둔화된다.

② **할인점**(discount store)

- 빠르게 성장하고 있는 유통업태이다.
- 제조업자 브랜드를 일상적으로 낮은 가격에 대량 판매한다.

- 지가 및 임대료 저렴
- 광고비와 건물 인테리어 비용을 줄임
- 셀프서비스로 인건비 절감
- 대량 직매입으로 매입단가를 낮춤

③ 슈퍼마켓(supermarket)

- 식료품, 생활용품, 세탁용품 등을 중점적으로 취급하는 소매점이다.
- 낮은 마진으로 대량 판매 → 셀프서비스 유도한다.

④ 편의점(convenience store)

- 슈퍼마켓보다 상대적으로 소규모이다.
- 상품회전율이 높은 편의품을 주로 취급한다.
- 셀프서비스 방식과 연중무휴 24시간 영업(시간의 편의성)한다.
- 소비자들이 신뢰할 수 있는 소수의 브랜드만을 취급(선택의 편의성)한다.
- 입지(장소의 편의성)를 고려한다.
- franchise system으로 운영되는 경우가 많다.

⑤ 전문점(specialty store)

- 몇 종류의 한정된 제품계열만을 취급한다.
- 각 계열별로는 매우 다양한 제품구색을 갖춘다.

⑥ 통신판매

- TV, 인터넷, 우편 등에 의한 광고로 제품을 소개하고 판매한다.
- 중간 유통단계 생략, 매장운영비 절감은 저렴한 가격으로 이어진다.
- 직접 배달됨으로써 구매의 편리성을 기할 수 있다.
- 단점
  - 배달된 제품에 대한 불만이 생기기 쉽다.
  - 고객의 신뢰성을 확보하기 어려울 수 있다.
- 반품과 환불을 고객 위주로 → 고객의 신뢰성 확보가 필요하다.

⑦ 방문판매(door-to-door selling)

- 판매원이 직접 소비자를 찾아가 제품을 판매하는 방식이다.

⑧ 자동판매기(vending machine)

- 고객이 접근하기 편리한 장소에 위치되어 저가의 편의품을 판매한다.

⑨ 기타 소매상

- 대리점, 재래시장, 동네 상점, outlet 등이다.

(2) 도매상(wholesaler)

① 상인 도매상 : 제품에 대한 소유권을 가지며, 제조업자와 소매상과는 독립된 사업체이다.

- 완전기능 도매상
- 한정기능 도매상

② 대리 도매상 : 제품의 소유권을 가지지 않고 제조업자와 소비자 간의 거래를 용이하게 하는 도매상이다.

- 브로커, 대리인

③ 생산자 영업점

- 생산자가 직접 소유하고 운영하는 도매상
- 생산자가 재고관리와 판촉활동을 직접 통제하고자 할 때 이용

(3) 소비재 유통경로의 유형

① 쉽게 상하는 제품, 판매에 판매자의 노력이 많이 필요한 제품, 그리고 주문에 의해 생산·판매되는 제품 등의 유통이다.

② 소매상이 도매기능을 흡수한 경우이다.

예 백화점, 할인점, 직영 유통센터, 대리점, 연금매장 등

③ 넓은 범위의 유통이 필요한 경우에 나타나는 유형이다.

④ 생산자의 제품계열이 좁지만 시장은 넓게 퍼져 있는 경우이다.

4) 소비자에게 제공할 유통서비스 수준

(1) 유통기관이 제공하는 서비스

① 구매단위의 적정화

② 대기시간의 단축

③ 공간적 편의성 제공

④ 제품구색의 다양성

⑤ 서비스 부가

(2) 직접유통과 간접유통

① **직접유통** : 생산자가 모든 유통서비스를 직접 수행한다.

② **간접유통** : 유통서비스의 일부를 유통기관에 맡긴다.

- 소비자에게 제공할 유통서비스의 수준이 높을수록 간접유통 필요하다.
- 분업의 원리(division of labor)이다.

(3) 가공처리 서비스의 대기와 지연

① **서비스대기** : 수요를 예측하여 미리 가공처리하여 대기한다.

- 소비자의 대기시간 단축으로 서비스 수준이 높다.
- 규모의 경제성이 높다.
- 판매하지 못할 위험이 있다.

② **서비스지연** : 구매시점까지 가공처리 서비스를 지연한다.

- 서비스 수준이 낮다.
- 비용 상승한다.

5) 유통기관에 대한 통제수준

(1) 유통기관의 통제와 거래비용

① **통제** : 유통기관이 거래를 성실히 수행하는지 감시하고 교정하는 활동이다.

② **거래비용**(transaction cost) : 통제를 수행하는 데 드는 비용이다.

(2) 거래의 유형

① 시장기제의 거래

- 거래 당사자는 서로 독립적이다.
- 수요공급 법칙에 의거한 일회성 거래이다.

② 위계기제의 거래

- 한 당사자가 다른 당사자에게 지배되는 관계에 기초한다.
- 미래에도 거래를 계속 할 것이라는 전제하에 거래한다.

(3) 위계기제에 의한 거래와 수직적 통합

① 생산자가 시장기제와 위계기제 중 선택은 거래비용 수준에 달려 있다.

- 거래비용이 높을 경우 : 생산자는 거래비용을 줄이고자(즉, 통제를 쉽게 하기 위하여) 위계기제를 선택 → 수직적 통합한다.

(4) 수직적 통합의 유형

① 수직적 마케팅 시스템(VMS)[1] vs. 전통적 마케팅 시스템

② 전방통합 vs. 후방통합

③ 기업형 VMS : 한 업체가 다른업체(들)를 법적으로 완전히 소유, in-house화하는 것이다.

④ 계약형 VMS : 각 업체가 독립성을 지니나, 계약을 통해 한 업체가 다른 업체를 지배하는 것이다.

- 예 : 프랜차이즈 제도(franchise system)란 프랜차이즈 본사가 다른 업체와 계약을 맺고 일정 기간 동안 자사의 상호, 기업운영방식 등을 사용하여 사업을 할 수 있도록 권한(franchise)을 부여하는 제도이다.
- 프랜차이즈 제도의 유형

첫째, 생산자-소매상 간 프랜차이즈 : 주유소

둘째, 생산자-도매상 간 프랜차이즈 : 코카콜라와 펩시콜라

셋째, 도매상-소매상 간의 프랜차이즈 : 벤더(vendor)

---

1) 수직적 마케팅 시스템(Vertical Marketing System, VMS)

넷째, 서비스 노하우 제공자와 가맹자－소매점 : 패스트푸드점(McDonald, KFC), 자동차 렌트(Hertz, Avis), 호텔(Hyatt, Sheraton) 등

⑤ **관리형 VMS** : 한 업체가 시장지위나 우월한 자원보유를 이용해 다른 업체들을 선도하고 영향을 미치는 형태이다(이학식, 2010).

6) 이용할 유통기관의 수

① **집중적 유통** : 유통업자를 최대한 많이 사용하는 것이다.

- 장점 : 제품을 쉽게 인지시키며 소비자의 구매를 편리하게 하고, 매출을 높인다.
- 단점 : 개별 유통업자의 협조를 얻기가 힘들며, 통제가 어렵다.
  거래단위가 작아지므로 거래상의 효율성이 낮아진다.

② **전속적 유통** : 한 상권 내에서는 하나의 유통업자만이 자사제품을 유통하도록 하는 것이다.

- 장단점은 집중적 유통과 반대이다.

③ **선택적 유통** : 집중적 유통과 전속적 유통의 절충이다.

- 한 시장에서 소수의 도/소매상이 이용되는 경우이다.
- 장단점은 전속적 유통과 유사하다.

7) 경제적 측면

각 유통경로를 선택하는 경우에 지출할 유통비용과 기대되는 매출을 고려한다.
(예 본사의 판매원 vs. 독립유통기관)

8) 유통경로관리 과제

(1) 경로갈등의 발생과 해소

① 경로 갈등의 종류

- 수직적 경로 갈등

- 수평적 경로 갈등
- 복수경로 갈등

② 경로 갈등의 원인

- 목표의 불일치
- 불명확한 역할분담과 권한
- 견해의 차이

③ 경로갈등의 관리

- 상위목표를 서로 상기시켜 화해
- 설득 혹은 협상
- 화해조성, 조정, 중재

(2) 물적유통관리(물류관리)

* 물적유통 : 제품의 이동과 관련된 활동 * 공급사슬관리 : 생산된 제품의 이동 + 필요한 투입 요소의 이동과 관련

물적유통관리의 목적은 이동시키고자 하는 제품을 가급적 적은 비용으로 적확한 장소와 적확한 시기에 이동시키는 데 있다. 유통서비스와 유통비용은 서로 상충된다. 따라서 물류 관련 활동들은 전체적으로 관리해야 한다.

물적유통관리의 의사결정은 다음과 같다.

- 주문처리
- 보관
- 재고
- 수송

(3) 유통정보화

① **EDI**(Electronic Data Interchange : 전자정보교환)

기업간 거래내용이나 관련 정보를 표준화된 형식과 코드 체계를 이용하여 전송하고 처리하는 시스템이다.

② 바코드(bar code)

- 소스마킹 : 제조업체가 생산되는 시점에 부착
- 인스토어 마킹 : 소매기관이 필요에 따라 점포에서 부착

③ **POS**(Point-Of-Sale) 시스템

판매시점에서 자료를 수집, 처리하여 그 결과를 경영의사결정에 활용하는 시스템이다.

④ 소비자들에게 ID카드를 제공한다.

9) 유통 관리의 접근방법

유통은 사회를 변화시키고 선도하는 경제활동으로 인식되고 있다. 최근 국내의 유통 환경이 큰 변화를 보이고 있는 가운데, 경로 구성원들은 치열한 경쟁 상황에서 지속적인 우위를 창출하기 위해 능동적인 유통 관리 및 유통 전략을 필요로 하고 있다. 이런 가운데 유통경로 구성원에 대한 관리와 유통 관리의 접근 시각이 기업의 마케팅 경쟁력을 제고하는 데 중요한 부분 중에 하나로 인식되고 있다.

유통 관리의 접근 시각은 포괄적 접근체계로, 정치적 · 경제적 틀에 의한 접근, 교환 과정 모형에 의한 접근, 관계 발전 모형에 의한 접근 방식 등 다양하다. 그 중에서 고객 지향적 접근, 원점 접근, 시스템적 접근, 시너지 중시 접근, 그리고 동태적 접근 등과 같은 시장 지향적 유통 관리 사고의 접근 방법이 있다. 이 접근 방법들을 서로 유기적인 관계로 이해하고 활용함으로써 유통 관리의 효과를 극대화시켜야 한다.

SECTION 02 비영리로서의 복지경영

1) 비영리단체[2)]

비영리는 영리를 목적으로 하지 않고 사회 공중을 위한 사업을 하는 법인이다. 학술 · 종교 · 자선 · 기예(技藝) · 사교 기타 영리 아닌 사업을 목적으로 하는 사단 또는 재단이 주무관청의 허가를 얻어 만든다. 비영리단체와 영리기업 간의 가장 상이한 점으로 비영리단체는 영리기업보다 훨씬 더 많은 대내외의 관계를 맺고 있다는 사실이다. 비영리단체는 단체의 독자적인 특수한 목적과 사명을 가지고 있으며, 영리단체인 기업이나 정부가 수행하는 것과는 판이하게 다른 일들을 수행하고 있다.

2) 비영리기관의 사명감

그리고 무엇보다 그들은 '변화된 한 인간'을 추구하는 사람을 변화시키는 전문직업 단체이다. 사명감이 없는 비영리기관의 존재 가치는 실로 무가치하다. 우선은 실행 가능하면서 구체적이며, 또 누가 보기에도 이해하기 쉽도록 간략하게 설명된 사명 선언문이 합의되어야 할 것이다. 합의된 사명 선언문으로 인해 구체적인 실천목표들을 수립하게 될 것이고, 실천으로 옮기며 평가하는 과정을 거친다. 그러한 과정의 마지막에는 성과와 시장의 변화에 따른 끊임없는 재검토 및 수정을 거쳐 갱신하고, 주기적으로 말소시킬 수 있어야 한다. 그리고 그러한 모든 과정에서의 목표설정은 장기적인 안목에서, 보다 높은 목표로 책정되는 것이 효과적이라고 말하고 있다. 비영리단체의 존재가치는 그들의 사명감이 바탕이 되어야 한다. 특정한 영리창출을 목적으로 하지 않고 '사람을 변화시키기 위한' 나름의 진정한 삶의 소명의식을 가지고 있는 사람들로 구성되는 비영리단체는, 그

2) 비영리 단체(非營利團體, non-profit organization, NPO)는 소유주나 주주를 위해서 자본의 이익을 추구하지 않는 대신에 그 자본으로 어떠한 목적을 달성하는 단체를 말한다. 비영리조직(非營利組織), 비영리기관(非營利機關)이라고도 불린다. 흔한 예로 자선단체(慈善團體, charitable organizations), 노조(勞組, trade unions), 그리고 공공 예술 전시를 위한 조직이다.

들의 사명을 올바르게 세우고, 그것을 성공적으로 실천할 수 있는 방안에 대해서 끊임없이 고민해야 하는 의무가 있다.

무엇보다 비영리단체는 그들을 믿고 무료로 봉사하며 재정적으로 희사 · 기부해 주는 사람들의 순수한 신뢰를 생각하며, 그들에게 '빚'을 지고 있다는 인식과 태도로서 그들이 수행해야 할 의무에 사명감을 가지고 책임감 있게 임해야 하는 것이다.

3) 비영리기관의 마케팅 전략

비영리단체는 고객과 조직의 사명이 혼연일체가 되도록 연결을 시킬 수 있는 마케팅 전략을 필요로 한다. 현대사회는 경쟁의 시대이다. 과거와는 달리 공익을 위한 비영리단체 또한 영리단체 못지않게 그 종류와 양이 어마어마하게 늘었으므로, 적재적소의 자원개발을 바탕으로 한 효과적인 성과를 얻기 위한 참신한 전략들은 그들에게 필수불가결한 요소가 되었다. 비영리조직단체들은 성과와 결과 위주가 아니다.

비영리조직단체는 사회가 필요로 하는 것을 위해 존재한다는 것만으로는 불충분하다. 아주 훌륭한 조직은 어떠한 '욕구'를 창출하는 조직이다. 영리기업에서보다 비영리단체에서는 결심이나 각오에 대해서 분명히 하면서 자신을 교육시키고 동시에 동료를 교육시키는 것에 대한 책임의식을 철저히 갖는 것이 더욱 중요한 의미를 준다. 조직에 속한 모든 사람이 각자가 해야 할 일과 한 일의 성과에 대한 책임을 분명히 하기 위해서는 어떤 기준이나 표준이 있어야 한다. 유능한 비영리조직체의 최고경영자는 궁극적으로 모든 사람들이 맡은 임무를 쉽게 수행하고 쉽게 성과를 내고, 즐길 수 있도록 할 책임이 있다.

4) 비영리단체의 책임의식

비영리단체에서 무엇보다 중요한 자원은 단체를 구성하고 있는 '사람'이라고 생각한다. 그들에게 적절한 동기부여를 하고, 그들의 임무수행을 위해 적절한 환경을 제시해 주고, 그로 인해 성과를 경험하고 일을 즐길 수 있도록 하는 것이 인사관리에 있어서의 핵심이 될 것이다. 성공을 성취하기 위한 중요한 요건은 책임의식이며, 자신이 맡은 일에 스스로 책임을 질 줄 아는 자세를 기르는 것이 중요하다.

5) 제3섹터[3)]

공공부문, 즉 정부나 지방자치단체를 제1섹터, 영리를 추구하는 민간기업을 제2섹터, 비정부단체(NGO)를 제3섹터라고 정의할 수 있다.

우리사회를 이루는 모든 기관이 공익을 목표로 힘을 더하는 지금, 제4섹터의 탄생은 비영리의 발전을 앞당기는 촉매제가 될 것이다. 이제는 사람중심의 영리를 넘어서 비영리로서의 사명감을 가지고 복지적 경영을 이루어 나가야 할 것이다.

사회복지의 가치는 인간의 기본적 가치로써 이웃에 대한 책임성을 원칙으로 하는 인간론적 실천학문으로서 모든 인간은 평등하며 생명과 자유 행복을 추구할 권리를 강조하는 민족주의, 환경을 무시하고 인격만이 전부라고 주장하며 근면한 사람을 도덕적 인간으로 보고 쾌락을 죄악시하는 청교도적[4)] 논리, 지역사회에서 강자는 생존하고 약자는 멸망할 수밖에 없기 때문에 강한 자의 사회가 출현하는 사회 진화론[5)]이 있다고 할 수 있다.

6) 복지의 가치

복지의 가치는 인간을 존중하며 인간의 복지를 어떻게 중요시하고 있는가를 결정하는 그 나라의 철학과 불가분의 관계가 있다. 프리들랜드는 사회복지사업의 기본적 가치관으로 개인존중의 원리, 자발성 존중의 원리, 기회 균등의 원리,

---

3) 제3섹터는 준정부조직으로서 영리를 목적으로 하는 민간부문이 비영리활동을 하는 QUANGO(Quasi-Autonomous NGO)와 공공기관이 영리활동을 하는 QUAGO(Quasi-governmental Org) 두 가지로 나뉜다.

4) 청교도(淸敎徒, Puritans)는 로마가톨릭교회의 의식으로부터 영국(England)교회의 순결(purify)을 추구한 16세기에서 17세기 사이의 영국 개혁주의 프로테스탄트들이다.

5) 사회진화론(社會進化論, Social Darwinism)은 19세기 찰스 다윈이 발표한 생물진화론에 입각하여, 사회의 변화와 모습을 해석하려는 견해로 허버트 스펜서가 처음 사용한 개념이다. 그 후 19세기부터 20세기까지 크게 유행하였다. 사회진화론은 인종차별주의나 파시즘, 나치즘을 옹호하는 근거와 신자유주의의 경제적 약육강식 논리에 사용되기도 하였다. 따라서 오늘날에는 주로 극복해야 할 사상으로 언급된다.

사회 연대의 원리로서 사람은 자기 자신 가족 및 사회에 대한 책임을 진다고 보았다.

사회복지에서 인간존중의 사상과 상부상조의 공동체 의식 그리고 자유와 평등사상은 가치지향적 마케팅에 초석이 되어야 한다고 본다. 사회복지조직의 욕구분석은 사회복지조직의 특성에 따라 분석되어야 한다. 이는 사회복지조직이 정부나 영리조직과는 다른 가치와 다양한 클라이언트 그룹을 지니고 있기 때문이다.

7) 사회복지조직의 마케팅전략

사회복지조직의 클라이언트 그룹에 대한 욕구분석은 사회복지조직의 특성에 따라 이루어져야만 정확한 욕구 파악이 가능해지는 것이다. 사회복지조직의 마케팅전략 또한 사회복지조직의 특성을 고려하여야 한다.

즉, 기업의 마케팅 목적이 고객만족을 통해 제품이나 서비스 판매를 최대화하여 이윤을 극대화하는 것이라면, 복지조직에서의 마케팅은 조직목적 달성을 위한 가치지향적인 마케팅이 목적이라고 볼 수 있다.

따라서 사회복지조직의 마케팅은 그 목적과 내용이 가치지향적 마케팅이어야 한다.

8) 비영리조직 마케팅의 특성

가치지향적인 비영리조직 마케팅의 특성은 다음과 같으며 사회복지기관 역시 마케팅 전략과 클라이언트의 욕구를 분석할 때 다음과 같은 비영리조직의 특성을 고려해야 한다.

첫째, 비영리조직은 영리조직과 달리 다양한 다중의 대중(multiple publics)을 상대하게 된다. Kotler & Andreasen은 이들 다중의 대중을 네 가지로 구분하고 있다. 자원을 공급하는 후원자 그룹(donor), 자원을 유용한 상품이나 서비스로 변환시키는 내부 그룹(staff), 상품이나 서비스를 전달하는 그룹(agent), 공급받은 상품이나 서비스를 사용하는 그룹(client)으로 나눈다. 따라서 비영리조직은 이들 네 부류의 대중의 욕구와 만족을 위해 서비스 활동을 해야 한다.

둘째, 다중의 대중을 대상으로 마케팅을 전개할 때 목표 역시 다중(multiple objectives)을 가져야 한다. 그런데 이들 다중의 욕구가 다르므로 목표가 상충될 수도 있는데 비영리기관은 이에 대한 조정 작업을 통해 문제를 극복해야 한다.

셋째, 비영리조직 마케팅은 상품중심이 아니라 서비스 중심의 마케팅이다. 서비스 중심의 마케팅은 만질 수 없으며 축적이 힘들고 서비스의 공급과 소비가 동시에 일어나는 상호성을 가지고 있다.

비영리조직들이 사업을 전개하는 데 있어서 사업의 목표를 정확히 측정하기 힘든 것은 서비스 대상이 사람이고 내용도 물질적인 변화가 아니라 사람의 변화를 목표로 하므로 그 결과를 물건과 같이 정확히 측정하기 어렵다. 비영리조직에서 서비스를 실시할 때는 이러한 점을 충분히 고려하여 클라이언트가 만족할 수 있는 가능한 결과 측정의 방법을 연구해야 한다.

넷째, 비영리조직 마케팅은 다양한 그룹의 초점을 받게 된다. 정부, 일반시민, 시민단체, 전문가 그룹 등 여러 분야 다양한 그룹들이 비영리조직의 모금액수, 모금방법, 모금원, 모금비용, 사용내역 등에 대하여 관심을 가지고 주시하게 된다. 비영리조직은 이들 모든 그룹들로부터 투명성과 신뢰성을 얻을 수 있는 마케팅을 실시해야만 한다.

가치지향적 입장에서의 기업마케팅은 목표시장이나 사회에 이익을 부여하면서 동시에 주목적인 이윤창출이라면, 사회복지마케팅은 이윤 추구 없이 목표시장과 사회이익을 위해 가치를 중심으로 봉사하는 것이라고 할 수 있다.

SECTION 03 민관 파트너십과 복지경영

1) 민관 파트너십과 복지경영

(1) 거버넌스[6]로의 전환시대

오늘날의 시대를 우리는 흔히 '정부로부터 거버넌스로의 전환시대'라 부른다. 이것은 정부가 주도하여 사회를 관리하고 통치하던 방식이 이제는 정부를 넘어서는 거버넌스란 방식으로 바뀌고 있다는 것을 뜻한다. 거버넌스는 공치(共治), 협치(協治), 협력적 통치, 네트워크적 관리 등으로 번역되며, 그 의미는 사회의 복잡성과 다원성이 증대하면서 분출되는 사회적 쟁점들을 그와 관련된 이해 당사자들이 협력적 네트워크를 통해 해결하고 다스려 가는 것에 관한 것이다.

(2) 거버넌스의 특징

거버넌스의 가장 중요한 특징은 중앙정부, 지방정부, 정치적·사회적 단체, NGO, 민간 조직 등의 다양한 구성원들로 이루어진 네트워크가 강조된다는 점이다. 다양한 참여자로 구성된 네트워크 상황은 참여자들이 상호 독립적이라는 것을 의미한다. 이른바 정부의 실패가 조정되면서 사회적 통치는 정부 밖에 있는 역할자들의 도움을 적극적으로 받아들이지 않으면 안 되게 되었고, 이런 맥락에서 사회적 공동선을 위해 집합적인 실현을 이끄는 NGO의 역할이 새롭게 주목받게 되었다.

(3) NGO(Non-Governmental Organization)

비정부기구란 뜻의 NGO(Non-Governmental Organization)가 사회적 통치의 새로운 주체로 떠오르는 것은 분명 최근 현상이다. 다시 말해, NGO로 지칭되는 정부 밖의 단체나 기구는 과거에도 다양한 형태로 존재하고 기능했지만 오늘날에 와서 그 실체가 새롭게 주목받는 것은 정부의 기능 약화를 보충하거나 대체하는 역할

---

6) 거버넌스(governance)는 1980년대부터 대두된 통치 시스템의 개념으로 아직 정의에 대한 학문적 합의는 이루어지지 않았다. Pierre & Peters(2000)에 의하면 정책 결정에 있어 정부 주도의 통제와 관리에서 벗어나 다양한 이해당사자가 주체적인 행위자로 협의와 합의 과정을 통하여 정책을 결정하고 집행해 나가는 사회적 통치 시스템으로 정의했다.

때문이다. 따라서 NGO는 정부기구를 의미하는 GO와 짝을 이룰 때, 그 의미와 역할이 분명해진다.

거버넌스 시대는 결국 NGO와 GO로 대표되는 사회적 핵심 역할자들 간의 협력의 시대를 의미하는 것이다. 이 협력은 국가의 한계를 NGO의 역할을 통해 보완하며, 역으로 NGO의 한계를 정부의 역할을 통해 보완하는 것이 상호 교차하는 관계를 의미한다.

(4) 사회적 기업[7)]

사회적 기업이란 '국가와 시장(민간기업)이 아닌 비영리 민간단체가 협력하여 실업자 및 사회적 배제집단의 취업촉진 또는 지역사회의 삶의 질을 향상시키거나 소외계층의 사회통합을 위해 각종 서비스를 제공하는 것을 목적으로 하는 사업장으로서 최소한의 임금을 지급하고 봉사하는 곳으로서 실업의 증가와 장기화, 세계적인 경기침체와 산업구조의 변화 그리고 복지국가의 축소 등으로 인한 새로운 대안적인 일자리의 필요성이 대두되었다.

1970년대 말 서유럽의 복지국가 위기론이 대두되면서 사회정책에 대한 분권화와 공공서비스 민영화, 적극적 노동정책으로 전환 시 등장한 개념이라고 할 수 있다.

사회적 기업의 역할은 복지제도 변형에 기여로서 사회적 기업은 민영화전략이 갖는 비분배적인 단점과 달리 재분배적 기능을 추구할 수 있다. 공공정책이 인식·포괄하지 못하는 욕구를 가진 인구집단에 봉사하기 위하여 만들어지는 경우가 상당수 있고, 기부·자원봉사 등을 이용하여 보다 값싼 서비스를 제공할 수 있는데, 이는 지역사회 내에서 자원과 소득의 재분배를 돕는다.

기존의 복지제도는 현금급여의 형태로 공적 지출을 증가시키는 것이 주류를 이루었지만, 이제 사회복지에 대한 공적 지출을 증가시키는 정책은 재정적자 감소 및 국제경쟁력의 증가라는 명제 앞에서 정치적 설득력을 얻지 못하고 있다.

공적 지출의 구성을 현금급여에서 서비스 공급이나 서비스에 대한 재정지원으

7) 사회적 기업(社會的 企業) 또는 소셜 엔터프라이즈(social enterprise)는 사회적 목적을 추구하며, 재화 및 서비스의 생산 및 판매 등의 영업활동을 수행하는 기업을 말한다. 대한민국에서는 사회적기업육성법에 따라 대한민국 고용노동부 장관이 인정한다(사회적기업육성법 제2조).

로 변화시키는 정책과 민간 수요의 증가를 조장하는 정책이 대안으로 추구될 수 있다. 그러나 전통적인 제3섹터 조직은 공적 부문에 대한 정책적·재정적 의존성이 너무 높고, 영리기업은 이윤 가능성이 낮기 때문에 서비스 부문에 대한 진입이 활발하지 않다.

사회적 기업은 수요와 공급을 발전시키는 것뿐만 아니라 공적 지출의 구성을 재구조화하는 것을 도울 수 있기 때문에 복지제도를 변형시키는 데 기여한다.

사회적 기업은 이윤 극대화를 목적으로 하지 않기 때문에 이윤 가능성이 낮은 부문에 쉽게 참여할 수 있고, 기부·자원봉사·동원화된 근로자를 이용하여 비용절감을 할 수 있고, 소비자를 개입시키고 지역사회에 근거함으로써 수요공급의 조정을 신속하게 할 수 있으며, 소비자가 서비스의 질을 감시하는 어려움을 극복하기 위하여 신뢰관계에 의존할 수 있기 때문에 지방정부와 이용자를 동시에 만족시키는 서비스를 생산할 수 있다.

사회적 기업은 고용창출에 기여할 수 있는데, 이는 전통적인 기업에서 일자리를 찾을 가능성이 거의 없는 근로자를 주로 고용하는 노동통합적인 사회적 기업의 경우 명백하다.

사회 서비스를 제공하는 사회적 기업 또한, 고용창출력이 높은 서비스 부문을 더욱 역동적으로 만듦으로써 새로운 고용을 창출할 수 있는데, 이는 특히 서비스 부문의 고용수준이 아직 낮은 국가에서 나타난다.

사회적 기업은 특정 집단의 문제를 해결하거나 완화하는 데 기여하고 한계집단에게 높은 임금을 주면서 노동시장에 통합시키는 것을 선호함으로써, 생활조건의 향상, 지역사회의 복지 향상, 사회통합의 수준의 향상에 기여한다. 또한 사회적 기업은 한계 계층의 사용자에 대한 보호수준과 서비스 수준을 높이고, 조직에 대한 사용자의 개입을 촉진시킨다.

점점 더 복잡해지는 사회 속에서 사회적 배제의 원인은 점점 더 늘어나고 세분화 되고 있다. 따라서 사회적 배제를 극복하기 위해서는 전국 단일의 현금급여와 표준화된 서비스를 제공하기보다는 각 지역사회별로 특정한 소집단의 욕구를 해결할 수 있도록 하는 것이 필요하다.

또한 지역사회에 기반하고 있으며 자원봉사와 사용자 참여의 촉진을 통하여,

연대성과 상호부조를 발전시키고 신뢰를 확산시키고 사회적 문제의 해결에 시민의 참여를 촉진함으로써 사회적 자본의 창출에 기여한다. 사회적 기업은 주로 지역에 기초한 조직이다.

사회적 기업을 통하여 어려운 미래사회복지의 과제를 민관의 파트너십으로 나아갈 때 복지경영의 전망은 희망을 찾을 수 있다고 본다.

2) 사고전환의 복지경영

(1) 복지경영의 혁신

복지경영을 경영혁신으로서의 변화가 필요할 때가 된 것 같다. 경영혁신(management innovation)이란 기업의 목표를 달성하기 위해 새로운 생각이나 방법으로 기존 업무를 다시 계획하고 조직화하여 지휘하고 통제하는 것이다.

즉, 새로운 제품이나 서비스, 새로운 생산공정기술, 새로운 구조나 관리시스템, 직원을 변화시키는 새로운 계획이나 프로그램을 의도적으로 실행함으로써 기업의 중요한 부분을 본질적으로 변화시키는 것을 말한다.

(2) 기업 경영혁신

기업에게 경영혁신이 필요한 경우는 다음과 같다.

첫째, 기업이 원하는 목표를 달성하지 못하고 있는 경우다. 시장점유율 1위를 목표로 하는 회사가 만년 2~3위 수준에서 멈춘다면 지금까지 사용해 오던 경영기법을 버리고 혁신적인 기법을 도입할 필요가 있다.

둘째, 기업이 새로운 목적을 추구하는 경우이다. 시장점유율 1위를 목표로 하던 회사가 이를 달성하게 되면 수익을 개선하는 쪽으로 목표를 바꾸는 것이 보통이다. 이같이 목표가 성장에서 수익성으로 바뀐다면 그동안 효과를 보았던 성장 지향적 경영기법을 수익 지향적 경영기법으로 전환해야 할 것이다.

셋째, 기업환경이 급변하는 경우다. 독점적인 시장 환경 속에서 기존 경영혁신 기법으로 좋은 성과를 내던 기업은 경쟁이 치열해짐에 따라 경쟁에서 살아남고 번영할 수 있는 새로운 경영기법을 모색해야만 할 것이다. 이처럼 다양한 목적을 가진 경영혁신기법은 경영활동이 일어나는 장을 변화시키는 기법과 실제 경영활동 프로세스를 변화시키는 기법으로 나눌 수 있다.

(3) 변화시키는 기법

경영활동의 장을 변화시키는 기법에는 비전 만들기, 리스트럭처링, 학습조직, 벤치마킹 등이 있다. 이러한 기법들은 경영내용 중 특정 부문에 영향을 끼친다기보다 기업 전체 차원에 영향을 끼치며, 경영활동의 환경을 변화시키는 근본적인 경영혁신기법에 속한다.

반면에 경영활동의 프로세스를 변화시키는 기법들로는 장기 전략계획, 경쟁전략, 영점기준예산계획, 신인사제도, 리엔지니어링, 다운사이징, 시간기준경쟁, 전사적 품질경영, 종합적 품질관리 등을 들 수 있다. 이들은 경영활동의 적용대상인 기업의 수준에 따라 적용을 달리하여 관리와 업무처리의 방법을 변화시키는 기법들이다.

(4) 변화시키는 기법

사회복지경영에서 관심을 가지는 부분중 하나는 지식경영인데 지식경영은 IT 시스템이 아니다. 지식경영을 한다고 하면서 정보시스템 구축에만 열을 올리는 기업들이 있다. IT 시스템은 지식경영의 수단일 뿐이다. 지식경영이 단순히 문서를 쉽게 찾고 업무 효율을 올리는 수단이 되어서는 안 된다.

새로운 지식을 창조하고 지식을 자산화할 수 있어야 한다. 지식을 자산화 하는 것은 매우 중요하다고 본다. 회사에서 일을 하면서 얻게 된 지식은 결코 개인이 혼자 소유하는 지식이 아니다. 회사와 직원들 모두 공유해야 할 지식들이다. 업무상 알고 있는 모든 지식을 자산화 한다는 것은 곧 개인은 물론 회사가 발전할 수 있는 기반이 된다.

그리고 새로운 지식을 창조하는 것이 필요하다. 특허를 출원하는 것이 연구소 같은 전문기관에서만 하는 일이 아니다. 직원들 누구라도 업무 중에서 얼마든지 새로운 지식을 창조할 수 있다. 현장에서 사용되고 있는 뛰어난 기술의 가치를 제대로 알지 못하면 좋은 기술을 활용도 하지 못하고 사장시킬 수밖에 없다.

또한 지식은 돈이 된다는 것을 알아야 한다. 직원들이 현장에서 경험이나 체험적으로만 알고 있는 지식이라면 지식이 돈이 된다는 것이야 말로 지식경영이 가져다준 가장 큰 변화 중의 하나이다. 마지막으로 지식경영으로 한계를 돌파해야 한다. 현장에서 업무효율 증대를 위해 펼치는 노력만으로는 개선의 한계가 있다.

아무리 노력해도 한계를 넘지 못하는 것이 있는데 그것을 뛰어넘게 해주는 힘은 바로 지식경영[8]에 있다. 급변하는 사회에서의 사회복지경영은 경영혁신과 지식경영의 경영철학을 가지고 경영해야 할 것이다.

(5) 사회과학적인 경영론

사회복지도 사회과학적인 경영론으로 접근하는 것이 매우 의미 있는 일이다. 경영학의 입장에서 본 과학적 관리론은 과학적인 방법을 활용한 합리화와 능률성의 극대화를 특징으로 하는 관리라고 말할 수 있다.

테일러(F. W. Taylor)의 과학적 관리론은 19세기 말 이후 독점적 기업의 형성과 공황으로 대두된 경제적 위기를 타개하기 위한 경영 합리화의 일환으로 대두되었다.

과학적 관리론은 경영뿐만 아니라 행정 부분에 있어서도 능률성과 합리성을 증대시켰으며, 절약을 도모하고 비용을 절감시킴으로써 정치행정이원론의 실천적인 토대가 되는 등 행정학이 발전하는 데 적지 않은 공헌을 하였다.

과학적 관리론의 목표는 사용자가 낮은 비용을 들이면서도 노동자를 위한 높은 임금을 유지하는 것에 있었다. 일선 기업의 경영에서뿐만 아니라 행정학에 있어서의 과학적 관리론에서도 기본 이론으로 작용한 것이 바로 경영 합리화였다.

경제적이고도 물질적인 것을 우선 요인으로 삼아, 작업이 이루어지는 과정을 분석・연구하고 적정량의 업무를 부여하여 구성원과 조직 간의 조화를 이룩함으로써 최소의 비용으로 최대의 생산 결과를 이끌어 내는 것을 기본 골격으로 하는 것이라 할 수 있겠다.

테일러는 그의 저서 '과학적 관리의 원칙'에서 조직 내의 직무를 수행하기 위한 유일 최고의 방법을 규명할 수 있고 이를 위해 시간 및 동작 연구(time and motion

---

8) 지식경영(knowledge management)은 지식을 창출, 저장, 전이, 적용하려고 조직에서 개발한 일련의 비즈니스 프로세스를 말한다. 지식경영은 환경에서 학습하고 지식을 비즈니스 프로세스에 통합하는 조직의 능력을 향상시킨다.

studies)에 주로 의존하는 직무과정분석이 중요하다고 주장하였다.

미국에서 19세기 말과 20세기 초는 해외이민의 급증으로 인구가 급격하게 팽창하고 산업화가 급속히 촉진되었던 시기로, 대부분의 기업들은 주로 저임금과 미숙련 노동자 중심의 경영, 즉 관리의 대상은 미숙련공이고, 관리의 초점은 저임금을 유지하는 경영을 하고 있었다.

이러한 상황에서 테일러는 합리적이고 과학적인 관리를 통해 생산성을 올리는 데 주력할 수 있는 일명 테일러 시스템 또는 테일러리즘(Taylor system or Taylorism)[9] 으로 불리는 과학적 관리론을 창안하였다.

(6) 과학적 관리론

과학적 관리론은 첫째, 과학적 분석에 의하여 유일 최고의 작업방법을 발견할 수 있다는 점과, 둘째, 과학적 방법에 따른 생산성 향상은 근로자와 경영자를 다같이 이롭게 해주며 나아가 공익을 보호할 수 있다는 점과, 셋째, 조직 내의 인간은 경제적 유인에 의하여 동기가 유발되는 타산적 · 합리적 존재라는 점과, 넷째, 조직의 목표는 명확하게 알려져 있고 과업은 반복적이라는 점 등을 기본 전제로 삼았다.

테일러에 의하면, 과학적 관리하에서의 관리자들은 생산 활동을 계획 · 조직 · 통제하는 역할을 수행함에 있어서 자의적 권력지배나 명령이 아닌 경험적 연구에 의해 발전된 법칙과 규칙을 기초로 관리를 하여야 한다고 하였다.

과학적 관리론은 테일러의 소개 이후 곧 미국 산업계의 지배적 사고로 자리를 잡게 되었으며, 직무를 전문화하고 대량생산을 가능하게 함으로써 미국 산업계에 지대한 영향을 미쳤다. 과학적 관리론은 생산성 극대화를 위한 효율적인 관리방법을 모색 · 개발함으로써 체계적인 조직연구에 선구적 역할을 하였으며 폐쇄-합리적 조직이론의 기틀을 마련하는 데 커다란 도움을 주었다.

나아가 생산성 극대화를 추구하는 과정에서 성과급제도, 동작 · 시간연구를 통한 직무연구, 과학적인 선발과 훈련 등 현대 인사관리분야에서 사용되고 있는

9) 테일러리즘이란 한마디로 "과학을 생산에 적용하려는 움직임"이다. 이것을 풀어 말하자면 다음과 같다. 테일러(F. W. Taylor)와 그의 제자인 길브레스(F. Gilbreth)는 시간연구(time study)와 동작연구(motion study)를 통해, 모든 노동자의 동작을 잘게 쪼개어 가장 기본이 되는 23개의 동작으로 구분해 낸다. 거기에 각각의 기본동작이 그리는 동선에 대해 치밀하게 연구하였다.

여러 기법 등을 개발하여 인사관리분야의 발전에 기여하였으며, 미국의 산업조직경영과 정부운영에 있어서의 능률성을 향상시켰다고 볼 수 있다.

과학적 관리론은 인간의 태도나 감정 등, 인간적 요소에 의해 크게 좌우되는 것임에도 불구하고, 이러한 인간적 요소를 무시함으로써 인간을 하나의 기계로 전락시키고 말았다. 그러나 사회복지경영은 인간중심의 서비스와 고객의 입장에서 생각하고 ,행동하는 서비스이기에 복지경영으로 과학적 관리 경영이 절대적으로 필요하다.

10

CHAPTER

커뮤니케이션과 인적자원

제1절 커뮤니케이션과 미래의 복지경영

제2절 인사관리와 복지경영

제3절 인간중심의 휴머니스트로서의 복지경영

10 커뮤니케이션과 인적자원

CHAPTER

SECTION 01 커뮤니케이션과 미래의 복지경영

1) 커뮤니케이션과 미래의 복지경영

(1) 인사관리

경영에서 일하는 사람들이 각자의 능력을 최대로 발휘하여 좋은 성과를 거두도록 관리하는 일은 매우 중요하며, 일반 관리 시스템의 중요한 하위 시스템으로 재정자원이나 물질자원과는 구별되는 인적사원을 다룬다.

인사관리는 전문 인사책임자나 전문적인 인사부서에 할당된 특정 기능이나 활동을 가리키는 데 사용되기도 하며, 신규 인원의 모집, 배치, 리더십, 인력의 감독 등과 같은 경영 정책 및 프로그램의 전체 범주를 가리키기 위해 쓰이기도 한다. 우선 인사관리는 특정 직무가 요구하는 개별인력의 능력을 객관적으로 파악하는 것으로부터 시작한다. 이것을 바탕으로 사람들의 발굴 · 채용 · 선발 · 훈련 및 재훈련 · 협상 · 자문 · 지휘 · 감독 · 위탁 · 보상 · 이동 · 승진 · 해고나 퇴직 등이 결정된다. 그러나 여러 작업 조직에서는 노동조합이 종업원들을 대표하고 관리자들은 이 조합과 협상한다. 일반적으로 이러한 노사 간의 단체 협약관계를 노사관계라고 말한다.

(2) 인사부서의 책임 영역

오늘날에는 인사 또는 노사관계 부서에 할당된 책임의 범위가 폭넓게 변화하고 있다. 인사부서의 중요한 책임 영역으로는, 첫째, 조직은 권한과 직능 책임제의 조직화된 구조를 고안하고 개선하는 것과 쌍방 간 · 상호 간 · 수직적 · 수평적 커뮤니케이션을 용이하게 하는 것이다. 둘째, 계획은 인원수와 특별한 자질을 필요로 하는 인사 수요를 예측하고, 셋째, 투입 일정을 계획하여 적절한 관리 정책과 프로그램 수요를 예상하는 것, 직무를 분석하여 기술·상술하며 이용할 수 있는 능력 있는 사람의 인원상황을 평가하고 유지하는 것과 신규 모집, 선발, 배치, 이동, 강등, 승진 등을 통해 요구되는 시기와 부서에 자질 있는 인력을 보충하는 것, 넷째, 훈련과 개발은 지속적인 개인의 성장을 도모하기 위해 고용 전과 예비 직무 훈련에서부터 관리직 개발 프로그램에 이르기까지 팀 구성원을 보조하는 것, 다섯째, 단체협약은 협약을 교섭하고 일상적인 관리를 통해 단체협약의 내용을 지키는 것, 여섯째, 보상은 개인의 책무와 공헌에 대한 금전 또는 비금전적 유인을 제공하는 것, 일곱째, 일반 관리는 조직 전반에 걸쳐 리더십의 적절한 스타일과 전통을 개발하는 것, 여덟째, 회계·감사·연구는 통제를 쉽게 하고 미래의 실행을 개선시키기 위해 현재의 성과와 절차를 평가하는 것 등이 있다.

이 영역의 몇몇이나 또는 모든 영역에서 다양한 책임 정도에 따라 개별적인 인사부서가 할당될 수 있다. 이 개별적인 인사부서는 배치된 영역에서 다양한 권한을 행사한다. 어떤 임원과 부서는 정책을 만들고 중요한 의사결정을 하며 또 다른 임원과 부서는 정책을 연구하고 건의하며 적절한 프로그램을 만들고 감독한다.

인사 담당 부사장은 경영 이사회의 임원이 될 수도 있다. 그는 모든 인력관리 정책과 프로그램에 대한 지도력과 책임감을 갖추고 있어야 한다. 본질적으로 다른 인사부서는 '스텝' 또는 고문이다.

그들의 활동은 사업을 운영하는 관리자가 요청한 명기된 기술과 전문 서비스를 추천하고 상담하며 제공하는 것으로 제한된다. 가장 일반적인 예로 인사 스텝은 직무를 분석하고, 직무내용을 상술하고, 인적 자원인 잠재 종업원을 찾아가고, 예비 심사 인터뷰를 행하고, 시험을 관리하고, 등급이나 평가 프로그램을 감독하고, 종업원을 상담하고, 훈련 개발 프로그램을 수행하고, 협약을 교섭하고, 불만 해소 상황을 점검하고, 안전과 사고 통제 프로그램을 유지하고, 종업원 혜택과 서비스를 관리하고, 미래의 인력 수요를 예측하고, 조직구조 개편을 추천하고, 조직 내 커뮤니케이션을 감독하고, 종업원 태도와 사기 조사를 수행하고, 때때로 회사 홍보를 포함한 여타의 관련된 업무를 수행한다.

(3) 커뮤니케이션[1])을 위한 원칙

커뮤니케이션을 위한 원칙으로 첫째, 비난이나 공격적인 행동을 피하라. 이것은 파트너에게 부정적인 느낌을 불러일으킨다. 적절한 방법은 긍정적인 확언이다. 즉, 칭찬과 북돋움, 미소나 포옹 같은 친절한 행위 등은 파트너에게 긍정적인 느낌을 불러일으키고 마음을 열고 직접적인 대화를 하게 해준다. 상대방의 관심, 배려, 확언에 의해 파트너는 긍정적인 마음을 갖게 된다. 반대로 모욕이나 비난은 파트너에게 똑같은 행동을 하도록 유도한다.

둘째, 논의를 할 때는 당장의 주제에 관해서만 이야기하라. 파트너의 과거 실수나 태만했던 일을 언급하지 않도록 주의해야 한다.

셋째, 논쟁을 벌일 때 분명하고 구체적인 상황에서 매우 명확한 행위에만 국한해야 한다. 일반화해서는 안 된다! "당신은 항상 나를 혼자 내버려 둬!"라는 식으로 말하지 말고 "어제 당신은 나를 오전 8시에서 11시까지 혼자 있게 했어"라고 말하도록 한다.

넷째, 상대방에게 부정적이고 절대로 고칠 수 없는 특성이 있다고 주장하지 말아야 한다. 대신 변화할 수 있는 특정한 행동에만 국한해서 말하라. 그는 제멋대로의 이기주의자가 아니다. 그저 그렇게 보이도록 행동할 뿐이다.

다섯째, 당신의 느낌과 의견을 표현하라. "1인칭 주어 문장이 2인칭 주어 문장보다" 훨씬 적절하다. 왜냐하면 후자는 비난의 화살을 파트너에게 꽂아 당신에게 좋은 반응이 돌아오지 않기 때문이다. 그러니 "당신 또 시끄럽게 하는군!" 하고 말하는 대신 "나는 음악소리가 너무 크면 집중할 수가 없어요"라고 말하도록 하라.

또한 사회복지경영에서 커뮤니케이션은 무엇보다도 중요하며 계속적으로 관심을 가져야 할 과제이다.

1) 커뮤니케이션은 필수불가결한 인간의 활동이다. 커뮤니케이션은 우리말로 '의사소통'으로 풀이된다. 인간은 다른 동물에 비해 월등한 커뮤니케이션 능력을 지니고 태어났고, 누구나 커뮤니케이션을 더 많이, 더 잘하고자 하는 욕구를 지닌다. 그러나 커뮤니케이션은 결코 단순하지 않다. 커뮤니케이션의 본질을 알기 위해서는 커뮤니케이션이 '과정'이라는 것을 이해해야 한다.

2) 의사소통과 미래의 복지경영

(1) 의사소통

의사소통은 사람들 간에 생각이나 감정 등을 교환하는 총제적인 행위이다. 의사소통은 구어(oral language)나 문어(written language)를 통한 언어적 요소는 물론 제스처나 자세, 얼굴 표정, 눈맞춤, 목소리, 억양 등과 같은 비언어적 요소를 통해서도 이루어질 수 있다.

언어 또는 비언어적 형태의 정보를 교환하는 데 장애가 있는 것이다. 짐 호던(Jim Haudan)은 루트 러닝(Root Learning)사 CEO이며, 20여 년 동안 사람들과 조직을 도와 그들이 깊이 몰입함으로써 숨은 역량을 최대한 발휘하도록 돕는 일을 하고 있다. 코치와 학교행정 업무에서 출발하여 비즈니스 학습, 즉 전략에 사람들을 몰입시킴으로써 실질적인 결과는 만드는데 초점을 둔 회사를 공동 설립하였다(짐 호던, 2013).

(2) 몰입과 소통의 경영

스타벅스, 펩시, 아이비엠 등의 조직이 숨은 역량을 최대한 발휘하도록 도와온 짐 호던은 몰입과 소통의 경영을 제시하고 있다.

구성원이 조직에 몰입하여 최고의 성과를 창출하는 조직으로 만드는 비밀을 밝힌다. 구성원이 조직에 몰입하기 위해서는 소통이 가장 중요함을 일깨워 주고 있다. 구성원과 조직 간뿐 아니라, 구성원과 구성원 간의 소통을 가로막는 장애 요인을 분석하여 문제의 요인들을 제거하는 것이 필요하다고 본다. 경영자나 관리자가 고민하는 문제인 전략과 몰입의 거리감을 '소통'이라는 방법으로 풀어야 한다고 본다. 성원의 마음을 움직이고 행동을 변화시키는 몰입과 소통의 경영에 대해 배워나가게 된다. 구성원 간의 몰입과 소통을 통해 조직이 지속적으로 성과를 창출하는 독특한 해결 방법을 익히게 된다. 사회복지기관을 흔히들 휴먼서비스기관이라 칭한다. 인간에 의한, 인간을 위한 서비스를 제공하는 기관이 휴먼서비스기관이라 정의할 수 있다. 신선한 재료가 좋은 음식을 만들 수 있듯이 사람이 가장 중요한 가치의 중심에 있는 사회복지기관은 서비스를 제공하는 자도 서비스를 제공받는 자만큼 중요하다고 본다. 생산과 소비가 분리될 수 없는 사회복지기관이야말로 내부고객인 직원들에 대한 관리방안이 제대로 마련되어야 하는 이유일 것이다. 효과적인 내부커뮤니케이션은 조직의 자기관리, 자기통제로 유도하여 성공적인 서비스 품질 향상에 기여하는 중요 요소가 된다. 이는 서비스의 생산과 제공에 불확실성을 감소시키고, 조직 분위기를 개선하여, 직원들의 조직몰입과 업무기능 간에 협조라는 효과를 얻을 수 있다. 권한위임이라는 제도를 통해 가능한 최대의 의사결정권을 부여하여 특별한 문제에 직면하더라도 자신감을 가지고 문제해결 능력을 키우도록 한다. 권한위임을 통한 동기부여는 생산성을 증진시키고, 서비스를 개선시키며, 효과적 업무수행을 할 수 있게 하기 때문이다. 따라서 합리적 권한위임은 조직성과에 대한 정보제공, 보상, 조직성과의 이해를 통해 공헌의 동기를 제공할 수 있으며 조직에 활력을 불어넣을 수 있다. 기관 관리자는 직원들에게 역할 모델로서 역할을 수행하고 고객에 대해 헌신하는 태도를 견지하는 등 적극적인 관심을 가지는 것이다. 기관의 기본 방향이 설정되면 직원들이 적극적으로 활동하도록 지원함으로써 기관이 지향하는 목표를 달성하도록 함께하는 것도 중요하다. 내부고객인 직원들의 격려와 보상이 외부고객에게 최상의 만족도를 제공할 수 있으므로, 조직성과 달성을 위해 가장 안전하고 쉬운 방법이 내부고객관리가 된다는 것이다. 그 비결은 바로 '소통(疏通 : communication)'에 있다. 모 회사의 A 사장은 직원들과의 격의 없는 대화를 상시 나누고자 아예 사장실 옆에 리셉션룸을 만들었다. 1주일에 한 번씩 50명 직원들과 조찬하기 위한 일종의 '소통 테이블' 공간을 만든 것이다. A 사장은 여기서 아침은 부서장 등 간부들과 하고, 그 이하 직원들과는 점심식사를 하면서 소통을 실천하였다(짐 호던, 2013). 이것은 매우 의미 있는 발상이라고 본다. 미래의 경영은 의사소통을 통한 복지경영이 매우 중요하다고 본다.

가족이나 직장에서도 그렇듯 모든 동반적 관계는 문제가 발생한다. 건설적인 행동과 명확한 대화가 문제 해결에 도움이 된다.

커뮤니케이션 이론의 주요 요소로는 내용분석, 인공두뇌학, 숨은 의도 해석, 환류, 동작학, 메타메시지, 주변언어학, 인간공학 등이다.

(3) 커뮤니케이션 분석

내용분석은 커뮤니케이션의 내용을 객관적·수량적으로 분류, 일정 기준에 입각하여 체계적으로 분석하는 조사방법이다.

분석은 크게 세 단계로 나누어진다.

첫째, 분석하려는 내용의 모집단을 정의하고 유목화를 한다. 예를 들어, 교사의 처벌경향성이 아동의 비행행동에 관한 지각과 관계 있으리라는 가설을 연구하는 경우, 아동의 비행행동에 관한 지각이 종속변인이면서 곧 내용의 모집단이 된다. 이 같은 가설을 검증하기 위해서는 아동의 비행행동 지각을 이론에 비추어 보아 유의미한 방법으로 유목화시켜야 한다.

둘째, 분석의 단위를 결정한다. 베렐슨(Berelson)은 분석의 단위로 단어(words), 주제(themes), 성격(characters), 문항(items), 시간－공간측정(space-and-time measure)의 다섯 가지를 들고 있다. 단어는 가장 최소의 단위이며, 분석하기가 쉽고 교육이나 심리학의 정의적 특성 연구에 편리하다. 그러나 단어의 해석에 있어 지나친 확대 해석을 할 가능성이 있다. 주제는 대개 한 문장이거나 여러 개의 문자의 집합인 경우가 대부분이다. 따라서 주제가 복잡하면 그 주제를 사용한 내용분석은 상대적으로 신뢰롭지 않을 가능성이 많다. 성격은 분석의 단위를 인물로 잡는 경우이다. 교과서 속에 어떤 인물이 등장하는가, 그 성격은 어떤가를 개념화시켜 분류하는 방법이다. 문항은 논문, 새로운 이야기, 라디오 대담, TV 프로그램, 학급회의 등이 전체로서 한 개의 단위가 되는 경우이다. 시간－공간 측정은 분석의 단위를 전체로 하지 않고 시간으로 자르거나 공간(페이지 수 등)으로 잘라서 분석하는 경우이다.

셋째, 양화하는 과정이다. 내용분석의 출발은 인상적·직관적 분석의 비신뢰성, 비타당성, 비객관성을 극복하기 위해 질적 분석을 통한 양화를 하려는 데 목적이 있는 만큼 양화의 방법은 유목화(categorization), 서열화(ranking), 평정(rating)의 세 가지 방법이 사용된다. 경우에 따라서는 이론적 뒷받침과 측정학적 뒷받침을 받아 분석단위의 결과에 대해 무게(weight)를 주는 방법을 이용할 수도 있다(Korea Organization Development Institute, content subject).

3) 정체성으로서의 커뮤니케이션과 복지경영

(1) 경영의 패러다임

현대의 세상은 엄청난 속도로 변화해 가고 있다. 빠르게 변하는 경영환경을 신속하게 파악하여 미래를 예측하고 창조적인 경영을 하며, 기업의 성장과 혁신을 효과적으로 추진, 선도할 수 있는 고급 경영인의 양성이 무엇보다 절실히 요구되고 있는 시점이다. 경영 환경은 이제 창조와 혁신이라는 말조차 진부하게 만들고 있다는 것이다. 자칫하면 길을 잃을 수 있는 시대에 새로운 통찰과 경영의 패러다임을 확실한 증거와 함께 고민해야 한다. 새로운 도전을 하고자 하는 모든 경영자에게는 방향성을, 새로운 고민을 하는 실무자에게는 생각의 깊이를 더해줄 것이다.

미래의 성장 기회를 모색하는 경영자에게 '상식이 되어버린 경영 트렌드'는 아무런 가치가 없고 상시을 뒤엎는 비즈니스 트렌드만이 진정한 기회를 가져다 줄 수 있다. 바로 이와 같은 상식 파괴의 경영 트렌드를 통해 경영자들에게 새로운 경영패러다임과 시장에 대한 통찰이 필요하며 경영 트렌드 가운데 일부는 벌써 현실로 나타나고 있고 또 어떤 것들은 상당한 시간이 흘러야 비로소 실현될 것이다. 기업사회공헌에서 정체성은 어떤 기업의 사회공헌활동을 생각할 때 가장 먼저 떠오르는 고유한 '연상이미지'라고 할 수 있다. 이것은 사회공헌을 통해 기업이 사회에 전달하고자 하는 핵심가치일 수도 있고 이해관계자가 인식하고 있는 기업사회공헌의 핵심활동일 수도 있다.

(2) 기업 사회공헌

기업 사회공헌 아이덴티티(identity)를 구축하기 위해서는 먼저 환경분석이 필요하다. 기업이 속해 있는 경제 및 사회의 거시 트렌드를 분석하고 기업의 사업내용을 분석해 기업이 처한 환경을 파악해야 한다. 그리고 해당 기업의 이미지 포지셔닝을 분석해 어떤 이미지를 보완해야 하는지를 파악해야 한다. 사회공헌 아이덴티티를 체계적으로 정립하면 이해관계자들이 해당 기업의 사회공헌활동을 차별적으로 인식하는 데 도움을 준다. 사회공헌 정체성은 이해관계자들에게 경쟁 기업의 사회공헌활동과 대비해 차별적이고 고유한 이미지를 명확히 함으로써 차별적으로 인식할 수 있도록 도와준다.

그리고 기업의 의사결정과 실행에도 일관성을 부여한다. 사회공헌활동과 관련된 정책을 판단하거나 평가할 때의 근거가 된다. 아이덴티티에 적합한 활동과 적합하지 않은 활동에 대해 조직 내 구성원들이 공통된 인식을 하게 된다. 아이덴티티가 강한 회사일수록 모든 활동이 아이덴티티를 구현하는 데에 초점이 맞추어져 있는 법이다. 성공은 준비된 사람들만의 것이다. 급변하는 세계 경영환경 속에서 우리도 글로벌 시장을 리드할 수 있는 창의적이고 국제적인 시야를 지닌 CEO를 필요로 하고 있다. 애플사의 제품들은 모두 최초의 제품이 아니었다. 애플은 다른 기업들이 이미 하고 있는 사업에 뒤늦게 뛰어들어 전에 없던 서비스와 콘텐츠, 편리함을 선보이며 완전히 새로운 시장을 창출해 냈다.

기업경영에는 다양한 분야의 전문가가 필요하다. 기업사회공헌[2] 분야도 예외는 아니다. 기업경영을 잘 하는 것과 기업사회공헌을 잘 하는 것과 커뮤니케이션을 잘 하는 것은 다르다. 커뮤니케이션 전략을 수립할 수 있는 전문가가 필요하다. 일반적으로 생각하기에 사회공헌 업무담당자가 커뮤니케이션도 담당하면 될 듯하지만 주된 커뮤니케이션 대상인 언론기관을 상대로 활동하는 것이 쉽지 않은 만큼 커뮤니케이션 전담자나 조직을 두는 것이 좋다.

(3) NGO와 커뮤니케이션

언론뿐만 아니라 다양한 NGO와의 커뮤니케이션도 필수적이다. 기업 사회공헌에서 NGO와의 협력과 연계는 필수적이기 때문이다. 더하여 사회복지 정책의 확대실시에 따라 중앙정부, 지방정부 등과의 커뮤니케이션도 증가하고 있고 기업들의 사회공헌활동 활성화에 따른 타 기업들과의 커뮤니케이션도 필요하다. 경우에 따라서는 사회복지학계, 경영학계 등과의 교류와 커뮤니케이션도 활발하게 전개할 필요가 있다. 이런 이유들 때문에 기업 사회공헌에도 커뮤니케이션

2) 기업의 사회공헌이란 기업의 사회적 책임 활동의 하나로, 사회문제 해결에 기업이 기여하는 제반 활동, 특히 기업이 속한 지역사회에 우선적으로 집중하는 활동을 뜻한다. 이러한 사회공헌 활동은 단순 시혜적 차원을 넘어서서 기업이 생존하기 위한 필수 경영요소로 인식되고 있다. 즉 정부, 시민사회 및 고객들과의 우호적 평판을 얻기 위해 지속적으로 시행해야 하는 중요한 경영활동인 것이다.

전문가와 전담조직이 필요하다는 것이다.

이제는 잘 버는 만큼 잘 나눌 줄 아는 기업이 선진기업의 기준이고, 존경받는 기업의 표준이다. 오늘날 기업은 단순히 소비자의 경제적 욕구만을 충족시켜 주는 생산 주체로서의 역할보다는 인간의 사회적 욕구를 충족시켜 주는 사회적 기관으로 인식되고 있다. 따라서 기업은 자신들의 이익을 사회에 환원하고 사회의 요구를 적극적으로 수용하려는 입장에서 사회공헌활동을 점자 증대시키고 있다.

기업을 사전적인 의미로만 해석하면 '국민경제를 구성하는 기본적 단위로, 생산수단의 소유와 노동의 분리를 기초로 하여 영리를 추구하는 독립적인 조직단위'이다. 기업의 본래 기능은 재화와 서비스의 생산 → 경제적 기능 → 이윤추구로 볼 수 있다.

기업은 사회와 분리된 존재가 아니라 사회 속에서 관계를 맺으며 생존해 나가는 존재이며, 사회로부터 지원을 받음으로써 그 기능 또는 역할을 수행한다.

1990년대 이후 우리나라 기업들도 기업윤리와 사회적 책임에 대한 관심이 증가하고 있다. 경제적인 측면뿐만 아니라 정치, 문화, 교육 등 사회 전반적인 분야에 기업의 영향력이 미치기 때문이다. 기업의 영향력 확대와 함께 시민사회의 기업에 대한 감시와 견제의 기능 역시 강화되고, 기업경영의 투명성과 사회적 책임에 대한 요구 또한 높아지고 있다.

이러한 사회적 환경변화와 유구에 적극적으로 대처하기 위한 기업의 윤리경영과 사회적 책임에 대한 공감대와 사회공헌 활동이 점차 확대되고 있다.

기업 사회공헌 커뮤니케이션이 활성화되면 기업과 이해관계자와의 정서적 유대가 깊어지고 서로를 이해할 수 있는 기회가 많아진다. 커뮤니케이션과 함께 사회복지경영 중심의 기업과 단체들이 많아지길 기대해 본다.

SECTION 02 인사관리와 복지경영

1) 인사관리

인사관리란 조직이 필요로 하는 인력을 조달하고 유지 · 개발 · 활용하는 활동을 계획하고 조직하고 통제하는 관리활동의 체계라고 할 수 있다(인사관리에서 계획과 조직과 통제의 관리활동의 체계가 강조됨).

즉, 현대적 의미에서의 인사관리의 정의는 조직의 구성원들이 자발적으로 조직의 목적달성에 적극적으로 기여하게끔 함으로써 조직의 발전과 함께 개인의 안정과 발전도 아울러 달성케하는 조직에서의 사람을 다루는 철학과 그것을 실현하는 제도 및 기술의 체계라고 말할 수 있다.

2) 인사 · 노무관리

인사 · 노무관리란 기업 내 인간노동에 관한 관리활동의 총칭으로 인사 · 노무관리의 영역과 개념 구분의 차이에 따라 다양한 용어가 쓰이고 있다. 미국에서는 노동자관리(labor management), 인사관리(personnel management, personnel administration), 인력관리(manpower management), 인적자원관리(human resources management) 등의 용어가 쓰이고 있다. 일본에서도 인사관리와 노무관리라는 용어는 관행적, 기능적으로 구분될 뿐만 아니라 개념적으로도 구분되어 사용되고 있다.

인사관리란 조직체가 보유한 인적자원의 효율적 이용을 위하여 수행하는 일련의 계획적 · 체계적 시책을 말한다. 인사관리를 인적자원 관리 내지 노동력관리로 보고, 이것과 병립하는 좁은 뜻의 노무관리에서는, 인적자원 이외의 인간적인 여러 가지 측면(생활인, 사회적 존재, 주체적 존재로서의 인간)을 문제로 삼는 여러 시책(복지후생 · 인간관계 및 각종 행사의 참여 등)을 다루고 있다. 인사관리의 구체적 내용은 채용 · 배치 · 교육훈련 · 승진 · 퇴직 · 임금 · 안전 · 위생 · 근로시간 등 여러 분야이다. 채용은 어떤 노동을 시키기 위하여 사람이 필요한가를 분명히 하는 인원계획을 기초로 한다. 모집방법(공모 · 연고 등) · 대상 · 시험방법(학과 · 면접 · 적성검사 · 집단토의 등) 등은 채용목적에 맞추어서 선택해야 한다.

3) 인적자원의 개발과 활용

사회복지의 경영에 있어서도 인사관리의 핵심은 인적자원의 개발과 활용을 통한 경영혁신에 있다. 최근 국내외를 막론하고 핵심인재 확보를 위한 기업 간의 경쟁이 매우 심화되고 있다.

특히 핵심인재 확보에 대해서는 CEO들의 생각은 매우 확고하다. 핵심인재 확보를 위해 매년 1,000시간이 넘게 해외를 다니는 CEO들이 태반이고, 모 그룹의 CEO 회장 역시 "1명의 인재가 1,000명을 먹여 살린다"고 했을 정도이다. 이것은 사회복지의 현장에서도 마찬가지라고 생각한다.

4) 전문성과 리더십

사회복지에서도 이제는 전문성과 리더십을 겸비한 전문가의 경영이 절대적으로 필요하다고 생각한다. 이처럼 '사람'이라는 재원이 기업의 핵심 경쟁우위 요인으로 강조되면서 우수한 인적자원의 개발과 활용을 위한 인사시스템의 구축은 경영혁신의 초점이 되고 있다.

즉, 인사관리의 목표는 단순히 사람을 관리하는 차원에서 벗어나 우수한 인적자원의 개발과 활용을 통해 경영혁신을 이루는 데 있다. 다시 말해 시장원리에 기초한 경쟁사회에서 승리를 거두고, 기업 가치를 지속적으로 끌어올리기 위해서는 혁신적인 인사제도를 갖추어야 한다는 것이다.

21세기형 인사제도를 구축하는 데 필요한 기초지식과 사고방식을 바탕으로 하여, 인사관리의 출발점인 채용시스템에서부터 평가 · 등급관리, 보수 관리, 경력개발관리, 인재이동관리 등을 전문적으로 이루어 나아가야 할 것이다.

인사관리란 기업의 능동적 구성요소인 인적자원으로서의 종업원의 잠재능력을 최대한으로 발휘하게 하여 그들 스스로가 최대한의 성과를 달성하도록 하며,

그들이 인간으로서의 만족을 얻게 하려는 일련의 체계적인 관리활동이라고 할 수 있다.

5) 협력관계형성설

인사관리는 노동력최고이용설과 협력관계형성설로 구분할 수 있는데, 제2차 세계대전을 기점으로 하여 '노동력최고이용설' 에서 '협력관계형성설'로 전환되었다. 제2차 세계대전 전에는 주로 생산방법을 배경으로 종업원의 개인적 능률만을 중시한 노동력 최고이용설이 중시되었으나, 제2차 세계대전 후에는 인간관계 연구의 영향과 집단화, 자동화 등에 따른 팀워크가 중시되면서 협력관계형성설로 전환되었다.

따라서 오늘날의 인사관리는 첫째, 기업의 생산적 목적의 달성, 둘째, 조직 내 이해관계의 조정, 셋째, 인간적 측면의 충실 등을 효과적으로 관리하는 기술이라고 볼 수 있다. 즉, 오늘날의 인사관리는 인간노동력의 관리로서가 아니라 인간의 욕구를 충족시켜 줌으로써 사기 또는 근로의욕을 높여 창의력을 도모하는 관리라고 볼 수 있겠다.

인사고과의 목적으로 볼 때 경영활동에 있어 구성원의 가치를 객관적으로 정확히 측정하여 합리적인 인적자원관리의 기초를 제공함과 동시에 구성원의 노동능률을 향상시키고 동기유발을 형성하는 데 있다.

경영의 목표는 동료들이 함께 그 목표에 도달하기 위해 애쓰고 자기 자신을 위해서 투쟁하는 게 아니라 서로 함께 목표를 향하는 것이다.

모든 일을 적당한 시기에 하는 것이 누구에게나 유익하다. 사람들이 필요한 것을 얻고 요구할 수 있는 적당한 시간은 고요하고도 투명한 기업 분위기를 만들어 준다.

시의 적절한 시간은 인간의 내면을 정리하고 인간에게 올바른 리듬을 선사해준다. 인간은 자기의 내적리듬에 부합될 때 비로소 정기적으로 열매를 맺을 수 있다. 인간이 본성이나 리듬을 거슬러 일해서는 안 된다. 그렇게 되면 파멸한다. 인간이 작업시간 등록기에 따라서만 일하고 자기의 내적 시계를 배제한다면 금방 지치게 될 것이다.

훌륭한 기업문화는 비전에 의해 결정된다. 일상의 문제에만 매달리는 사람은 동기를 부여할 수 없고, 본질적인 어떤 것도 변화시킬 수 없다. 이 세상을 변화시키려면 비전이 필요하다. 비전은 동료들에게 동기를 부여하고, 새로운 힘을 불러일으킨다. 또한 동료들로 하여금 중요한 일을 함께하고 더욱 인간다운 세상을 만드는 데 중요한 기여를 하고 있다는 느낌을 갖게 한다.

비전은 공동체를 만든다. 비전을 실현하려면 구체적인 목표에 대해 합의를 이루어야 한다.

목표가 무엇인지 모르는 사람은 길을 찾지 못한다. 인간을 형성하고 있는 많은 조직 중에 기업경영은 이윤추구를 목표로 운영되고 있는바 목표실현을 위한 인력의 조달, 유지, 개발, 활용하는 관리활동의 체계로서 인사관리라는 방편이 등장하게 된다. 인사관리는 조직에서 일하는 사람을 다루는 제도적 체계이며 사람이 사람을 다루는 제도라 관리의 대상과 주체는 모두 사람이다.

기업 활동의 성과를 좌우하는 활동이므로 인사관리가 잘 되며 기업의 성과를 높이게 되어 결국 기업의 기본적인 기능, 즉 고객에게 보다 양질의 재화와 서비스를 더 좋은 조건으로 제공할 수 있게 되어 사회의 복지 향상을 가져오는 기본 방향이 된다.

6) 사회복지에서 관리의 대상

사회복지에서 관리의 대상이 사람이고 주체도 사람이다. 인간 상호작용관계로 볼 때 이들의 공통적으로 영향을 받고 있는 사회, 문화적 환경과 전통의 영향을 배경으로 하고 있음을 벗어날 수 없다.

사람이 가지고 있는 능력이나 성향을 활용하는 데 그치지 않고 그 능력이나 성향을 바꾸는 것이 더 중요시될 때도 있다. 사회복지에서 인사관리는 무엇보다도 중요하며 목표를 달성하기 위해서는 더욱더 깊이 생각해야 할 과제라고 본다.

SECTION 03 인간중심의 휴머니스트로서의 복지경영

1) 인간중심의 복지경영

(1) 인간중심의 변화

디지털 기술이 급속도로 발전하면서 인간 소외 현상을 극복하고, 인간의 감성과 인간중심의 가치를 기업 경영에 반영하자는 신 아날로그 경영이 대두되고 있다. 인간 삶의 가치를 중시하고, 기술중심이 아닌 인간중심으로 판단하고, 인간적 감성과 특성을 제품과 서비스에 반영하고 있다.

르네상스를 통해 신 중심이던 시대가 인간중심으로 변모했다면, 최근의 스마트 혁명은 기술중심에서 인간중심으로 바뀌는 제2의 르네상스라고 할 수 있다. 인간중심의 변화가 지속해서 일어나고 있다.

인간성 르네상스 시대가 새롭게 열리고 있다. 14~16세기 중세 유럽에서 진행된 르네상스는 신 중심의 문화에서 인간중심이었던 그리스문명으로 되돌아가자는 일종의 휴머니즘 운동이었다. 절대 권력과 불합리한 봉건제도에 대한 인간성의 반기였으며, 중세에서 근대로 넘어가는 분기점이 되었다.

(2) 디지털 기술

최근에는 디지털 기술의 급속한 발전과 신지식이 물밀듯이 밀려오면서 사회곳곳에서 피폐해진 인간성의 회복이 필요하다는 반성이 제기되었다. 종교 및 각종 사회단체는 물론 심지어 지방자치단체도 시정의 비전을 인간성 회복으로 내세운 곳이 나타났다.

인간중심의 아날로그적 요소들에 대한 향수이자 회귀하려는 현상이라고 볼 수 있으며, 사회문화 현상에서도 나타나고 있다는 분석이다.

디지털 시대에 새롭게 주목받는, 디지털 기술이 간과한 아날로그 관련 키워드들은 인간성 회복을 비롯해 인간중심의 사고와 발상, 감성과 오감, 향수와 감수성 등이 있다.

글로벌 초우량 기업들은 인간성 회복에 대한 반성과 함께 인간의 본성과 인간의 가치를 경영의 원리로 삼으려는 데 관심을 나타내고 있다. 즉, 디지털 경영에 주력하다가 인간중심의 아날로그 경영을 중시하는 움직임을 보이고 있다.

글로벌 초우량 기업들의 아날로그 경영을 살펴보면 인간 삶의 가치를 중시하고, 기술이 아닌 인간중심의 경영철학을 강조하면서, 감성 등 인간의 본성을 제품과 서비스 개발에 활용하는 모습을 보이고 있다.

우선 글로벌 선도 기업들은 인간의 삶에 대한 가치를 중시하고 있다. 기업의 중요한 사회적 역할이 조직 구성원을 보호하고 성장시키는 데 있음을 인지하고, 구성원들과 인간적으로 소통하는 한편 삶의 질을 향상시키기 위한 지원을 강화하고 있다. 특히 기업의 인재와 기업문화로 대변되는 무형자산은 세계 최고 기업의 전략이나 제도를 모방한다고 해도 가질 수 없기 때문에 많은 기업들이 주목하는 부분이 되고 있다.

(3) 인간중심 경영

도요타[3]의 인간중심 경영은 고객 최우선을 기본으로 하여 근로자의 종신고용 보장까지 이어져 우수한 생산력과 품질을 완성하는 기본이 되고 있다. 도요타의 경우 회사에서 거짓보고를 하거나 돈을 횡령하는 등 큰 사고만 치지 않으면 적어도 60살까지 정년을 채울 수 있다.

도요타의 종신고용은 1937년 창업 때부터 유지되었는데, 창업자였던 도요타 이치로 사장은 '종업원을 해고하지 않는 것이 경영자의 도리'라고 입버릇처럼 말했고, 이후 그의 신념은 도요타의 경영이념으로 자리 잡았다.

또한 도요타의 인사제도가 우리나라 대기업과 크게 다른 점은 임원부터 대리까지 인격적은 모독감을 주지 않고 조직생활을 할 수 있는 회사 분위기와 시스템이다. 최고경영자와 도요타 오너 일가는 종업원을 귀하게 여긴다.

이들을 교육시키는 것은 자신들의 당연한 의무라 생각하고 일종의 선민의식이지만 아랫사람을 이끌고 가야 한다는 책임감도 강하다. 그런 의식은 인간존중의

3) 도요타 자동차 주식회사(トヨタ自動車株式会社 도요타 지도샤 가부시키카이샤, Toyota Motor Corporation), 줄여서 도요타 또는 도요타는 일본 아이치현 도요타 시에 본사를 둔 자동차 제조 회사이다. 또한 이익순으로는 세계 제8위의 기업이다.

신념에 뿌리를 이루고 있다.

종업원은 비용이 아니라 투자 개념이다. 도요타의 세계 최고의 생산성 유지 비결 중 하나는 이 같은 종신고용주의가 상당 부분을 차지하고 있다. 바로 인간을 존중해야 최고의 품질이 나온다는 것이다. 도요타는 미국 등 세계 10여 개 국가에 생산공장을 가지고 있다. 모든 해외공장의 시스템은 일본과 똑같다.

일본근로자들은 현지에 파견을 나가도 쉽게 적응할 수 있고 조립라인에서 개선점이 나오면 모두 똑같이 대응할 수 있다. 도요타자동차의 공장의 경우 현장관리자의 인간관계가 인상적인데 현장관리자는 조립라인의 신참근로자들을 단순히 관리하고 평가하는 관리자가 아니라 형님이고 선배 같은 자세로 지도하고 가르친다.

자신이 일했던 현장에서의 노하우를 그대로 전해주면 가족 같은 신뢰를 쌓는다. 이와 같은 정신이 복지현장에서도 절실히 필요하다고 본다. 제프리 페퍼(Jeffrey Pfeffer)[4]는 상식으로 간주되는 전통의 경영이론에 '자료'와 '증거'를 바탕으로 검증의 칼을 들이댄다. 기계처럼 인간을 다루는 신(新)자유주의적 경영방식이 집중적으로 그의 심판을 받아왔다(제프리 페퍼, 2009).

'해고(lay off)'와 '비용절감'이 경영자의 능력으로 평가되는 경영관행에 그는 "대체 어떤 근거로 그걸 믿고 있느냐"고 반문한다. 페퍼 교수는 "데이터를 바탕으로 들여다보면 기업의 기술적 우위는 오래가지 않으며, 기업의 규모는 늘 과장되게 평가돼 있다"고 단언한다(제프리 페퍼, 2009).

사우스웨스트항공,[5] 싱가포르항공,[6] 도요타자동차,[7] 커머스은행(Commerce Bank) 등은 모두 시장에 맨 처음 진입한 기업도 아니고 가장 덩치가 큰 회사도 아니지만 최고의 수익을 자랑하고 있다.

그는 잭 웰치[8]의 강제배분평가방식(forced ranking system/직원을 상·중·하로 평가해

4) 제프리 페퍼(Jeffrey Pfeffer)는 스탠퍼드 경영대학원 석좌교수로 조직행동학을 가르친다. 카네기멜론 대학교를 졸업하고 스탠포드대학교에서 경영학 석·박사 학위를 받았다. 일리노이대학교와 UC버클리대학교에서 경영학 교수를, 하버드대학교 경영대학원의 교환교수를 지냈다.

5) 사우스웨스트 항공(Southwest Airlines)은 미국의 저비용 항공사이다. 본사는 텍사스 주 댈러스에 있다. 여객 운송 기준으로 세계 3위이다. 오로지 보잉 737만을 운용하며 기내 서비스를 최소화한 대표적인 저가 항공사이다.

6) 높은 평가를 받고 있는 이유는 첨단 날개 친화적인 환대의 개념을 기반으로 높은 수준의 서비스로 평가받고 있다.

7) 도요타는 일본 아이치 현 도요타 시에 본사를 둔 자동차 제조 회사이다. 또한 이익순으로는 세계 제8위의 기업이다.

8) 잭 웰치(Jack Welch, 1935~)는 미국의 실업가이다. 1981년부터 2001년까지 미국 굴지의 제조업체인 제너럴일렉트릭(General Electric)

하위 10%를 내보내는 방식)에 대해 "그 방법이 효과적이라는 것을 입증하는 어떤 체계적인 문서로 표현된 리서치도 발견하지 못했다"고 말했다.

그는 비상식이 상식이 되어가는 비즈니스의 관행을 풍부한 사례와 근거를 들어가며 비판했다. 가령, 조직구성원들의 창의성을 살리고, 몰입(commitment)하도록 유도하는 직장을 만들려면 고용의 안정성이 필수적이다.

(4) 인간중심 전략

새로운 성장엔진은 사람에게서 나온다. 오늘날의 경영마인드에로서 기업에 공통적으로 적용되는 성공 열쇠를 '인간중심 전략(human-centered strategy)'이라고 본다. 살맛나는 직장, 신바람 나는 일터를 만드는 게 가장 중요한 비결이다. 기술은 오고 가는 것이다. 기술적 우위는 그리 오래 유지되지 않는다.

기업은 제품과 서비스를 일상적으로 재창조해야 하는 것이다. 결국 일상적으로 이 일을 할 수 있느냐는 인간자본(human capital)과 이걸 구축하는 인프라에 달려 있다고 본다. 기업의 가장 중요한 성공 요소는 얼마나 환경 변화에 신속하고 유연하게 대응할 수 있느냐 하는 것이다. 그리고 그것을 가능하게 하는 것은 바로 구성원들의 창의력 및 문제 해결 능력이다.

기업이 살아남기 위해서는 조직 구성원의 능력을 개발하고 그 능력을 효과적으로 활용하는 인간중심 경영에 힘을 기울여야 한다. 경영의 중심에 인간이 놓이게 된 것이다. 일보다는 인간중심의 배려와 섬김과 협력의 정신을 만들어 가고 유지해 나아갈 때, 분명 아름다운 결과가 있으리라 본다.

2) 휴머니스트로서의 복지경영

(1) 휴머니티

휴머니티는 인간이 가지는 본질, 인간다움을 말한다. 인간이란 무엇인가, 인간이란 어떠해야 마땅한가에 대한 견해는, 당연히 사회에서 생활하는 인간의 존재

사의 회장(Chairman)직과 최고경영자(Chief Executive Officer)직을 역임했으며, "전설적인 경영자"라는 별명을 가지고 있다. 본래 이름은 존 프랜시스 웰치 2세(John Francis Welch Jr.)이며, 1935년 11월 19일 미국 매사추세츠 주의 살렘시에서 태어났다.

방식에 따라 다양하다고 할 수 있다. 그러나 계급 사회에 있어서는 각각의 계급의 입장으로부터 일정한 공통된 견해가 있고, 또 거기에는 지배계급의 견해가 전면에 나서게 된다. 노예제 및 봉건제 사회에서는 인간성의 이해는 감각적인 반면, 물질과 관련된 측면은 경시되고, 이성적 내지 정신적 측면이 강하게 부각된다. 거기에서 인간을 예지인(叡知人)으로 규정하는 견해, 관조적(觀照的) 태도를 가지고 생활하는 것을 찬양하는 입장, 따라서 노동에 의한 생산, 생활을 경멸하는 태도를 인간의 인간다운 자세, 인간성의 발휘로 보게 된다.

중세 봉건제 사회로 들어서면, 정신적인 면에 중점이 두어진다는 점은 마찬가지였지만, 지적인 것, 이성적인 것에서 변하여 신의(神意) 또는 천의(天意)에 충실한 신앙심의 깊이에 의해 인간 본연의 존재 방식이 인정되었다. 즉, 인간성이라는 것은 신의 뜻이나 하늘의 뜻에 기초하여 생기며 발휘되는 것이고, 거기에 인간의 진가가 있다는 것이다. 그러나 신에 종속하는 것이 인간의 본성이라는 파악 방식에 대하여, 근대에 이르러 자본주의가 발전하게 됨에 따라, 인간을 그것 자체로 파악하고자 하는 기운이 출현하였다.

(2) 르네상스기

우선 르네상스기의 인문주의 속에서 그 현상이 보이는데, 여기에서의 인간상은 신으로부터는 떨어졌지만, 아직 정신적인 교양에 머물고 있는 것이었다. 그러나 자본주의 사회의 자본가 계급은 그것에 머물지 않고, 공작인(工作人)으로 불리는 인간형을 만들어 냈다. 이것은 무엇을 만드는 것, 생산하는 것에서 인간 본연의 모습을 찾는 입장을 말한다. 관조적이거나 신앙 속에 매몰되는 것이 아니라 실천적인 인간이라는 것이다. 여기에서는 정신적, 사고적인 것과 물질적, 감성적이고 행동적인 것이 함께 보여지고, 양자의 통일이 이루어져 왔지만, 이러한 인간성의 실현이 허가되는 것은 지배 계급인 자본가 계급뿐이고, 더구나 물질적, 감성적, 행동적이라 하여도, 이것은 노동과는 관계없는 오락이라든가 취미 등에서 발견될 뿐인 것이다.

이러한 역사적 발전을 거친 인간성의 이해를 이어받아, 노동자 계급의 인간성의 견지가 나타나게 된다. 이 계급은 자본주의 사회 아래에서는 인간다움을 제거당하고, 생산수단의 일부분으로 조립되는 것에 불과하지만, 어디까지나 노동자 계급도 인간이기 때문에 그 과정 속에서 훈련되고 단련되어, 인간적 유대 속에서 새로운 사회를, 자기 자신을 해방하고 인간적으로 되는 사회를 수립하는 세력으로 된다. 노동자 계급을 해방하는 것은, 실로 인간 전체를 계급적 억압과 착취로부터 해방하는 것인데, 이 계급이 지향하고 실현하는 사회에서 비로소 인간은 지배 계급의 인간관, 제한된 인간성에서 벗어나, 인류 전체가 동등하게 향유하는 인간성을 획득하게 된다.

그 인간성이라는 것은, 감성과 이성, 물질과 정신을 이분하거나, 감성적인 활동을 인간이 수행하는 노동에서 떼어 놓은 것으로서가 아니라, 인간의 생활에 본질적으로 속하는 것을 전면적으로 받아들이고, 그 모든 면에서의 인간 능력을 발휘하고 촉진시키는 것을 의미하고 있다.

기관이 성공하기 위해서는 꼭 필요한 것이 있다면 감성적 휴머니스트가 매우 필요하다고 본다. 감성은 결국 휴머니즘에서 비롯된다. 그러나 감성의 자극 없는 휴머니즘은 기관에서 성공하기 어렵다.

휴머니티를 바탕으로 기관의 본질을 재빨리 파악하는 감성과 논리력을 갖춘 감성적 휴머니스트의 인기는 필수적이라고 생각된다. 경영 중에는 마음으로 하는 경영 즉, 직원의 마음을 읽으며 직원들과 감정적 교감과 함께 업무를 이루어 나아간다면 기관은 즐겁고 실적도 좋은 결과를 낳게 될 것이다.

바야흐로 지식과 기술 위주의 세상이 감성 위주의 사회로 바뀌어 가고 있다. 오늘날의 상황은 감성적 경영 시대에 돌입할 만큼 사회가 성숙해졌다. 우리의 삶 자체가 경영이라고 생각한다.

(3) 디지털 허브

애플은 디지털 허브가 된다는 전략으로 인터넷과 MP3를 이용한 디지털 음악 시장을 개척하고, 지금은 커뮤니케이션 시장과의 연결, 영화, 모바일 등 이들을 연결하는 디지털 엔터테인먼트 회사로 거듭나겠다는 목표를 가지고 크게 움직이고 있다.

시련도 있었지만, 거기에 굴하지 않고, 일을 하고자 하는 열정은 성공을 향한 스티브 잡스의 도전 앞에 시장과 기회의 문을 열어주었다. 기술이 모든 것을 해결해 줄 수 있다는 믿음, 좌뇌적인 스티브 잡스[9]의 사고는 그가 만든 회사 픽사[10]가 토이스토리를 만들면서 새로운 감성세계를 경험한다.

(4) 창조적인 경영

스티브 잡스는 창조적인 경영을 하기 위해서는 좌우뇌를 같이 사용하는 전뇌적 사고가 필요하다는 것은 뼈아픈 실패를 통해 배웠다. 스티브 잡스는 고객이 원하는 것이 무엇인지를 아는 데 주력했으며, 제품개발 또한 거기에 초점을 맞췄다.

경영자들이 신뢰경영이라는 구호를 외치기 시작했다는 것은, 이미 감성적인 측면에서 경영을 하기 시작했다는 것을 보여준다. 신뢰와 감성은 하나의 코드 범주 안에 있다. 감성경영을 이야기할 때 '신뢰'라는 단어가 꼭 들어가는 것도 이런 이유다.

감성과 신뢰, 이런 키워드가 존중되는 시대에서는 기존의 낡은 리더십과 경영기법은 당연히 후퇴할 수밖에 없다고 본다. 감성(感性)은 이성(理性)에 대비되는 표현이다. 저 끝에 이성이 있다면 그 반대편에 감성이 있다. 감성경영, 감성리더십이 쉽지 않은 것은 바로 이 때문이다.

(5) 감성경영[11]

목표를 전제로 두고 감성을 행하거나, 일시적인 효과를 노린 감성경영이 효과를 보지 못하는 것도 이런 이유 때문이다. 경영은 이성적인 행동이다. 냉정하고 치밀한 계산이 뒤따르는 분야가 비즈니스다. 비즈니스는 실적과 목표가 그 지향점이다.

반면 감성의 지향점은 신뢰다. 감성의 수단이 사랑과 믿음, 배려, 관심 등이라면 이성의 수단은 합리적인 기준, 원칙, 체계적인 조직구도 등이다. 때문에 이성

---

9) 스티븐 폴 잡스(Steven Paul Jobs, 1955~2011), 간단히 스티브 잡스(Steve Jobs)는 미국의 기업인이었다. 애플의 전 CEO이자 공동 창립자이다.

10) 픽사 애니메이션 스튜디오스(Pixar Animation Studios) 또는 간단히 픽사는 미국 캘리포니아 주 에머리빌에 있는 컴퓨터 애니메이션 영화 스튜디오이다. 컴퓨터 애니메이션뿐 아니라 최신 3차원 컴퓨터 그래픽스 기술을 개발하고 판매하고 있다.

11) 감성 경영은 기업 내 사원들의 감성에 호소함으로써 그들의 감성을 이끌어 내 부수적인 효과를 이끌어 내는 경영방식을 뜻한다.

적인 CEO가 감성적인 CEO가 되기 위해서는 먼저 자신의 포지셔닝을 새롭게 할 필요가 있다.

이성의 자리에서 손짓만으로 감성을 불러서는 곤란하다. 단지 조직원들과 얼굴을 맞닥뜨리고 대화를 나누고, 유머를 선보인다고 해서 해결되는 게 아니다.

일본이 낳은 초일류기업 마쓰시타[12]는 "경영은 신의와 정의를 중시하는 선에서 이루어져야 한다"는 인덕경영의 큰 모델을 제시한다. 마쓰시타 외에도 미국의 존슨앤드존슨[13]이나 식품업체 스머커[14] 등이 감성경영과 신뢰받는 경영을 펼치는 것으로 알려져 있다.

'미래가 온다'의 저자 다니엘 핑크는 감성의 시대에 대해서 근로자의 변신과 관련하여 개념과 감성이 강조되는 시대에 하이컨셉으로 예술적·감성적 아름다움을 창조하는 능력, 트랜드와 기회를 감지하는 능력, 훌륭한 스토리를 만들어 내는 능력이 필요하다고 말한다.

다니엘 핑크

출처 : https://www.google.com

사회복지는 인간을 주 원료로 일하는 학문이기에 더욱더 인간 중심의 감성적 휴머니스트[15]로서 일하고 연구하고, 관리를 해 나아가야 하며 그렇게 할 때 아름다운 복지 경영이 이루어질 것이다.

---

12) 마쓰시타 고노스케(松下幸之助, 1894~1989)는 일본의 사업가로 현재의 파나소닉을 세운 인물이다. 독창적인 아이디어로 전기산업 발전에 공헌하였으며, '경영의 신(神)'으로 불리기도 한다.

13) 존슨앤드존슨(Johnson & Johnson)은 미국의 제약회사이다. 본사는 뉴저지 주 뉴브런주윅에 있다. 현 CEO는 앨릭스 고스키(2012~)이다. 이 기업은 다우존스 산업평균지수를 구성하는 30개 기업 가운데 하나이며, 포춘 500에도 순위권에 이름을 올리고 있다.

14) 창업자의 경영철학은 다섯 가지로 요약된다. 첫째, 품질(quality)이다. 둘째, 윤리(ethics)의식이다. 셋째, 성장성(growth)이다. 넷째, 사람(people)을 소중히 여긴다. 마지막으로 독립성(independence)을 확보하는 것이다.

15) 휴머니스트(humanist)는 인간다운 따뜻한 인정이 있는 사람을 말한다.

11

CHAPTER

지식중심과 사회적 기업의 복지경영

CHAPTER 11 지식중심과 사회적 기업의 복지경영

SECTION 01 지식중심의 복지경영

1) 지식중심의 복지경영

(1) 정보와 기술

지식(知識)은 교육, 학습, 숙련 등을 통해 사람이 재활용할 수 있는 정보와 기술 등을 포괄하는 의미이다. 이 외에도 많은 의미를 내포하는 광범위한 용어이다. 최근에는 한 사람뿐 아니라 집단의 사람이 재활용할 수 있는 정보와 기술도 지식이라고 부른다.

넓은 뜻으로는 어떤 사물(事物)에 관하여 명료한 의식을 지니는 것으로서, 알고 있는 내용, 알려진 사물의 뜻이 되기도 하며, 사물에 관한 개개의 단편적인 사실적 · 경험적 인식의 뜻이다. 좁은 의미, 즉 엄밀한 의미로는 주관적으로나 객관적으로나 확실한 의식을 지식이라고 한다. 이 경우에는 사물의 성질, 다른 것과의 관계 등에 관하여 참된 판단을 지닌다는 것을 말한다. 지식은 억설이나 상상과는 달리 보편 타당성을 필요로 한다. 그리고 거기에는 사고(思考)의 작용이 곁들인다.

(2) 피터 드러커

피터 드러커는 그의 저서 1992년에 '자본주의 이후의 사회'에서 처음으로 지식기반사회에 대하여 설명하였다. 자본주의 시대는 이미 시대에 흡수되었으며 우리는 다음 체제를 준비해야 된다. 이 변화는 지식이 과거 형식과 논리의 추상적인 존재였던 반면에, 앞으로의 지식은 특수한 지식, 실용적인 기술로 변화하고 있다고 주장하였다(피터 드러커, 2002).

과거까지 지식은 생활의 보조 수단에 불과했지만 이제는 지식 자체가 생산

수단이 되었다는 것이다. 그리고 이런 근본 변화로 인하여 과거의 노동자의 자본가와과 다른 개념의 근로자, 즉 지식근로자라는 개념을 만들었다. 새로운 조직사회에서 어떤 한 분야의 전문지식을 가지고 있는 지식인은 4~5년마다 새로운 지식을 습득하여야 한다(피터 드러커, 2002).

그렇지 않으면 소유하고 있는 지식이 모두 진부한 것이 되어버려 시대에 뒤떨어진 사람이 되고 만다. 왜냐하면 한 분야의 지식체계에 가장 심각한 영향을 미치는 변화는 원칙적으로 다른 지식분야에서 비롯되기 때문이다.

예를 들면, 기차는 자동차와 비행기에서 도전을 받고, 제약 산업은 유전공학과 미생물학에서 변화의 도전을 받는다. 인생의 후반부(second half)를 스스로 관리하는 사람은 당분간 소수에 지나지 않을지도 모른다. 인생의 후반부를 준비하는 데에는 전제 조건이 하나 있다. 그것은 인생의 후반부로 접어들기 훨씬 전에 그 준비를 시작해야만 한다는 것이다.

(3) 지식 창조[1)]

새로운 지식을 창조하고 구 기술을 진부하게 만드는 것이 과학이나 기술의 혁신 뿐만은 아니다. 사회적 혁신도 똑같이 중요하며 때로는 이것이 과학적 혁신보다 훨씬 더 중요하다.

경제 및 기술에 있어 주도권을 유지하기 위한 핵심과제는 분명 지식 전문가들의 사회적 지위가 어떻게 평가되는지, 그리고 그들의 가치가 사회적으로 어떻게 수용되는지에 달려 있다는 것을 의미한다. 전문 직업인으로서 갖추어야 할 자질을 갖추지 못하면, 업무를 잘 수행하지 못하는 것은 물론이고 개인으로서 자기 성장도 이룩하지 못한다.

정보혁명에서 전자상거래가 수행한 역할은 산업혁명에서 철도가 수행한 역할과 같다. 둘 다 아주 새롭고, 유례가 없으며 그리고 전혀 상상하지 못했던 것이다. 170년 전에 철도가 그랬던 것처럼 지금 전자상거래는 새롭고도 보기 드문 호황을 불러일으키고 있으며. 또한 경제와 사회 그리고 정치를 급속히 변화시키고 있다.

1) 노나카 이꾸지로(전 히꾸리꾸대 교수)는 1990년대 초반 이후 일련의 저술을 통해 「지식창조 이론」을 최초로 제시하였다.

철도가 창조한 새로운 심리적 지리로 인해 인류는 거리상의 격차를 극복할 수 있었다. 전자상거래가 창조한 심리적 거리는 아예 '멀다'라는 개념 자체를 사라지게 했다. 이제 세상에는 단 하나의 경제 그리고 단 하나의 시장만 존재하게 된 것이다.

전자상거래는 경제와 시장 및 산업구조, 상품과 서비스 및 그 유통, 소비계층의 세분화와 소비자의 가치관 및 소비행위, 직업과 노동시장 등에 심각한 변화를 불러오고 있다. 그러나 전자상거래가 불러온 더 큰 변화는 사회 및 정치 분야, 그리고 무엇보다도 우리가 세상을 보는 관점과 그 세상 속에서 살아가는 우리 자신의 변화일는지도 모른다.

새로운 유통채널은 고객들을 바꾸고 있다. 지식기반사회를 설명하는 데 있어 피터 드러커는 성실한 습관을 가지는 것이 가장 중요하다고 했다. 수많은 과업을 해결하는 데 있어서 가장 중요한 것은 끝내고자 하는 의지가 몸에 익은 습관이다. 얼마나 좋은 습관을 가지느냐에 따라 지식 근로자가 내놓을 수 있는 결과가 달라지는 것이다(피터 드러커, 2002).

지식 근로자는 추상적인 작업을 하기 때문에 항시 목표가 있어야 하며 결과로서 남에게 보여줄 수 있어야 한다. 또한 지식 생산의 작업은 창작이며 고도의 집중력이 필요한 일이기 때문에 과업에 집중을 하는 것이 무엇보다 중요하다. 그리고 여기서 나온 결과는 남에게 보여짐으로써, 즉 공유될 때 진정한 가치를 발휘한다.

자신이 속한 조직에 어떻게 공유하여 공헌될 것인가가 지식 근로자의 가장 핵심적인 일이다. 많은 연구들이 지식경영의 중요한 문제로 지식공유 혹은 지식 이전에 관하여 말하고 있다. 하지만 현실에서는 상황에 적절한 동기부여가 부족하기 때문에 자발적으로 지식공유가 일어나기 어려움을 볼 수 있다.

복지의 영역도 끝임없는 연구와 노력 그리고 변화하는 사회 속에서의 노력과 지식중심의 노력이 절실히 요구되는 현실이다.

2) 기술로서의 복지경영

(1) 역동성 선택

찰스 다윈
출처 : https://ko.wikipedia.org

자연선택에 의해 진화가 일어난다는 이론은 찰스 다윈[2]과 앨프리드 러셀 월리스[3]에 의해 제안되었다. 이에 따르면, 종(種) 내의 생물들이 과도한 숫자의 자손들을 낳더라도 집단 크기는 시간이 흐름에 따라 비교적 일정하게 유지된다. 자손의 과잉증가에 따라 생겨나는 식량 · 생활공간 · 배우자를 차지하기 위한 경쟁 등과 같은 생존경쟁에서 약자(弱者)나 부적자(不適者)는 죽게 되고 적자만이 생존하게 되기 때문이다. 현대적 의미에서의 자연선택은 경쟁이나 부적자에 대한 제거보다는 잘 적응한 생물들이 더욱 효율적인 생식을 할 수 있다는 면이 강조된다. 만약 자연선택이 특정 기간에 걸쳐 비교적 일정한 환경 속에서 그 환경에 가장 적합한 생물에 유리하게 작용한다면 '안정성 선택'이라 부르며, 선택압이 정상기준을 벗어난 환경 조건의 변화로부터 생겨났다면 '역동성 선택'이라 부른다.

(2) 인위선택

인위선택(또는 선택교배)은 생물 스스로에게 유익하기보다는 경제적 또는 심미적 관점에서 바람직한 방향으로 유전적 변이가 조작된다는 점에서 자연선택과 다르다. 소극적인 의미의 인위선택은 잡초나 포식자, 열성자손과 같은 바람직하지 못한 형태를 제거하는 것을 말하기도 한다. 대량선택에서는 겉모습을 기준으로 선택된 많은 개체들이 교잡되며, 이들의 자손들은 선호된 형질을 바탕으로 반복 선택된다.

---

2) 찰스 로버트 다윈(Charles Robert Darwin, FRS, 1809~1882)은 영국의 생물학자이자 지질학자로서, 진화론에 기여가 가장 크다고 알려져 있다. 박물학자이며 철학자로 인정받기도 한다. 다윈은 생물의 모든 종이 공통의 조상으로부터 이어졌다.

3) 앨프리드 러셀 월리스(Alfred Russel Wallace, OM, FRS, 1823~1913)는 영국의 자연주의자, 탐험가, 지리학자, 인류학자이자 생물학자이다. 찰스 다윈과 독립적으로 자연선택을 통한 진화의 개념을 만들었다.

(3) 선택과 집중[4)]

사회복지의 현장에서도 이제는 선택과 집중에 관심을 가져야 할 것이다. 지금 이 순간, 우리는 자신도 모르게 얼마나 많은 선택과 집중의 순간에 서 있는가? 수많은 선택의 순간에 무엇을 선택하고 그 선택에 어떻게 집중하느냐에 따라 성공과 실패의 명암은 정반대로 갈리게 된다. 우리가 미처 알아채기도 전에 선택과 집중은 이미 커다란 힘을 발휘하고 있는 것이다. 현명한 '선택'과 확실한 '집중'이야말로 성공전략의 가장 확실한 출발점인 것이다.

사실 '선택과 집중'이라는 용어는 오랜 기간 기업경영의 핵심전략으로 사용되어왔으며, 실제로도 수많은 기업의 지속성장을 가능하게 한 검증된 경영전략이다. 그렇다면 선택과 집중은 기업에게만 필요한 전략일까? 이제 복지현장에서도 선택과 집중의 기술은 매우 중요하다고 본다. 이제는 철저하게 개인적 관점에서도 이 부분을 활용해야 한다고 생각한다. 성공하는 사람들에게는 그들의 의도와 상관없이 선택과 집중의 기술을 효과적으로 실전한다는 공통점이 있기 때문이다. 선택과 집중의 기술을 이해하고, 그 구체적인 실천 포인트들을 습득하는 데 필요한 다양한 정보와 지식이 필요하며 그에 따른 실천도 중요하다고 본다. 개인들이 자신의 성공 전략을 보다 손쉽게 계획하고 이를 효과적으로 실천하며, 자기 자신만의 차별화된 노하우로 축적하여 성공을 향한 선순환의 사이클을 만들어 가는 것이 필요하디고 본다.

(4) 블루오션[5)]

우리에게는 어떤 선택이 필요할까? 우리는 각자의 블루오션을 찾아야 할 것이다. 최고의 선택이 되기 위해서는 최초가 되어야 하며, 그저 좋은 것이 아닌 가장 잘하는 것을 선택하고 집중할 필요가 있다. 스스로의 핵심 역량을 점검하고 그저 좋은 것이 아닌 정말 잘할 수 있고 열정을 가질 수 있는 일을 선택하고 집중해야

4) 개인이나 단체는 대개 사용 가능한 자원이 한정되어 있다. 이때 이 자원을 배분할 때, 가능성 없거나 필요없는 곳에는 전혀 자원을 투자하지 않고, 꼭 필요하거나 가능성이 높은 곳에다가 많은 자원을 투자하는 것을 말한다.

5) 블루오션전략(Blue Ocean Strategy)은 기업이 성공하기 위해서는 경쟁이 없는 독창적인 새로운 시장을 창출하고 발전시켜야 한다는 경영 전략이다. 많은 경쟁자들이 비슷한 전략과 상품으로 경쟁하는 시장을 레드오션(Red Ocean)으로 규정하고, 경쟁자가 없는 새로운 시장인 블루오션(Blue Ocean)을 창출해야 한다는 것이 이 전략의 요지이다.

한다. 성공하는 사람과 실패하는 사람의 단 한 가지 차이, 그것은 바로 '선택과 집중의 기술'이다. 개인들이 자신의 성공 전략을 보다 손쉽게 계획하고 이를 효과적으로 실천하며, 자기 자신만의 차별화된 노하우로 축적하여 성공을 향한 선순환의 사이클을 그리는 것이 중요하다. 인생은 무수히 많은 선택의 순간에 놓여 있다. 진로, 취업, 결혼, 재테크 등 본인도 모르는 사이 선택의 기로에 서게 된다.

한 번의 선택이 인생을 좌우하기도 하지만, 어떤 선택을 하든지 그 분야나 일에서 최고가 된다면 나름대로 성공한 삶이 될 수 있다. 탁월한 선택도 중요하지만 자신이 선택한 길에서 어떻게 집중하느냐가 중요할 수 있는 것이다. 선택과 집중은 인생의 수많은 선택의 순간에 어떻게 의사결정을 해야 하고, 어떻게 최고가 될 수 있는지에 도움을 주는 삶의 지혜가 녹아 있는 기술이다. 선택 이후에 올 수 있는 불확실성에 대한 두려움이 지금 이 순간 당신의 선택을 어렵게 하는 것이다.

(5) 자기계발

무엇인가 자신만의 경쟁력을 찾고 시작으로부터 인정받기 위해서는 부단한 자기계발 노력이 필요하다. 이를 위해서는 자기계발에 대한 의지가 무엇보다 중요하다. 이에 못지 않게 중요한 것 하나가 효율적인 시간관리 능력이다. 우선, 중요한 일과 중요하지 않은 일을 구분해야 한다. 그리고 긴급한 일과 긴급하지 않은 일은 무엇인지 살펴보는 것이다. 당신이 하는 일이 어떤 분야이건 간에 당신이 지금 하고 있는 일이나 활동 중에 여기에 해당하는 일들은 철저히 구조조정 해낼 수 있는 지혜가 필요하다.

의외로 중요하지만 급하지 않은 일에 자기 자신의 많은 시간을 투자할 수 있어야 한다. 멀리 내다본 비전과 관련된 일이 바로 이 영역에 속하기 때문이다. 급하지 않다고 해서 미루었다가는 당신의 성공적인 미래는 보장받기 어려울 것이다. 당신이 인정받을 수 있는 미래 경쟁력의 대부분은 바로 이 영역에서 결정한다. 이를 위해서는 균형감각과 스스로를 자제할 수 있는 규율을 가질 필요가 있겠다. 이제 좀 더 과학적이고 현실적인 자세로 무엇이 중요한지에 대하여 선택과 집중이 더욱더 필요한 시대인 것 같다.

3) 배움으로의 복지경영

(1) 학습 환경 제공

빌 게이츠는 교육 시스템을 분석하고 개선하여 효율적인 학습 환경을 조성하자고 주장한다. 학습 성과를 엄밀하게 측정하여 더 나은 성과를 낳는 요인을 찾아내고 그것을 교사들이 공유할 수 있도록 하자는 것이다. 그러므로 빌 게이츠에게 기술이란 이러한 분석을 돕는 것이자 효율적인 학습 환경을 제공하는 매체이다.

스티브 잡스는 체계화된 교육보다는 개인적 학습에 주안점을 둔다. 스티브 잡스에게 기술이란 다양한 관심사에 유연하게 대처할 수 있도록 지성을 보조하는 수단이다. 스티브 잡스의 교육 철학의 핵심은 학습 과정을 만드는 능력을 기르는 데 있다. 그것은 체계적이라기보다는 개성적이다.

(2) 스티브 잡스의 방식

스티브 잡스의 방식에 따르면 사람마다 문제도 다르고 해법도 다르게 때문에 각자는 실험적으로 행동해야 한다. 실험적 행동은 지적인 멀티 태스킹의 상징이다. 진리는 다양한 관점의 총합이기 때문에 실험적이면서 집중된 탐구가 필요하다. 이제 학생은 스스로의 교사가 된다.

"항상 갈망하고, 끝없이 배우십시오." 2005년 스탠퍼드대 졸업식 연설에서 스티브 잡스는 이 같은 말을 했다. 젊은이들이 현재의 매 순간을 소중히 여겨야 한다고도 강조했다. 오늘이 인생의 마지막이라고 생각한다면 자신의 시간을 낭비할 수 없을 것이라는 설명이다. 잡스는 이 말을 전하며 1년 전 췌장암 진단을 받고 시한부 선고를 받았던 때를 회상했다. 그는 "외부의 기대, 자부심, 수치스러움과 실패의 두려움은 '죽음' 앞에선 모두 떨어져 나가고 오직 진실로 중요한 것들만 남는다"며 "다른 사람의 삶을 사느라 시간을 낭비하지 말라"고 강조했다.

잡스는 어릴 적 자신이 감명 깊게 봤던 '지구백과'라는 책에 실린 사진과 글귀를 소개하며 대학을 졸업하는 젊은이들이 가져야 할 삶에 대한 태도를 명확히 규정했다. 지구백과 저자 스튜어트 브랜드는 운명하기 전 '지구백과' 최종판을 내놓고 책 뒤에 이른 아침 시골 풍경 사진과 함께 '항상 갈망하고, 끝없이 배워라'

라는 글귀를 적어놓았다. 잡스는 "이 글귀는 저자가 우리에게 남긴 마지막 작별 인사였다"며 스탠퍼드 대학교 졸업생들에게 같은 메시지를 던졌다.

"항상 갈망하고, 끝없이 배우십시오. 저 역시 항상 그러기를 바라겠습니다."

잡스가 남긴 말은 오늘을 사는 우리에게 큰 감동으로 남아 있다. 세계는 한 인간의 존재와 죽음에 대해서 경이로움을 표했고 "인간으로의 잡스는 '영감', '창의', '혁신'으로 인간들 삶을 바꾸고 인류 문명에 큰 진보를 가져왔다"는 기사 내용은, 동시대 인간들이 한 인간의 죽음에 갖는 외경(畏敬)의 태도이다. 스티브 잡스한테서 배워야 할 것은 '돈이 인간의 실존에서 전부가 아니다'라는 것이다. 같은 시대를 살면서 큰 권력과 큰 영향력을 가지고 있는 자가 자신에게 주어진 권력이나 능력을 어떻게 사용하는지, 잡스의 삶과 죽음은 제대로의 귀감이다. 애플 전 최고경영자(CEO) 잡스는 막대한 재산을 남겼다.

애플사 주식은 1976년 스티브 워즈니악과 공동으로 애플을 창업하고 1980년 주식시장에 상장, 1985년 애플에서 저조한 경영실적으로 쫓겨나 1997년 CEO 복귀 과정까지 단 한 차례도, 단 한 주의 주식도 팔지 않고 보유했다.

재미있는 사실은 잡스가 1997년 애플의 CEO로 복귀한 뒤 지난 8월 건강이 나빠져 CEO에서 물러날 때까지 14년간 매년 연봉으로 1달러, 총 14달러를 받았다는 것이다. 세계적 IT기업과 월스트리트의 금융회사 유명 CEO들이 연봉 1달러를 받는 대신 수천만, 수억 달러에 이르는 스톡옵션을 챙기는 건 거의 일반적이다. 그러나 예외가 있었다. 잡스는 14년 동안 스톡옵션을 전혀 받지 않았다. 이와 같은 잡스의 열정과 세상에 대한 헌신을 배워야 할 것이다. 자신의 마음과 직관을 따라서 용기를 갖는 삶을 살라는 그의 메시지는 창의와 혁신이 자연스럽다. 그는 "죽음은 변화를 만들어 낸다. 새로운 것은 헌것을 대체할 수 있도록 해준다"고 말했다.

"항상 갈망하고, 끝없이 배우십시오. 저 역시 항상 그러기를 바라겠습니다." 잡스가 말하는 배움의 의미란 무차별 돈의 욕망으로 부와 명성에 대한 욕망이 아니라, 세상에 대한 열정과 헌신에서 그의 삶을 통한 배움의 의미는 감동적이다. 그리고 메시지, "당신의 시간은 한정되어 있습니다."

미래의 복지는 변화 속에서 갈망과 끝없는 배움으로의 관문을 통하여 새로운 장으로의 출발을 해야 할 것이다.

SECTION 02 사회적 기업과 섬김의 가치

1) 사회적 기업

사회적 기업이란 국가와 시장(민간기업)이 아닌 비영리 민간단체가 협력하여 실업자 및 사회적 배제집단의 취업촉진 또는 지역사회의 삶의 질을 향상시키거나 소외계층의 사회통합을 위해 각종 서비스를 제공하는 것을 목적으로 하는 활동이라고 볼 수 있다. 기업의 수익은 주주와 소유자의 이윤을 극대화하기 위해 운용되기보다는 그 사업체, 또는 지역사회를 위해 재투자되며 운용방식에서도 친환경적, 민주적 운용 등을 특징으로 한다(사회적기업 육성법 제2조 제1호).

영리기업이 이윤 추구를 목적으로 하는 데 반해, 사회적 기업은 사회서비스의 제공 및 취약계층의 일자리 창출을 목적으로 하는 점에서 영리기업과 큰 차이가 있다. 주요 특징으로는 취약계층에 일자리 및 사회서비스 제공 등의 사회적 목적 추구, 영업활동 수행 및 수익의 사회적 목적 재투자, 민주적인 의사결정구조 구비 등을 들 수 있다.

세계적으로는 1970년대에 민간에서부터 시작하였고 1990년대부터는 다양한 정책적 지원이 국가 차원에서 제공되었다. 영국 노동당정부는 2001년 10월 정부에 담당 부서를 설치했고 이를 통해 사회적 기업(Social Enterprise) 1만 5,000여 개가 설립되어 80만 명이 고용되어 있다. 다른 유럽 여러 나라에서도 비영리조직, 유한회사, 협동조합 등 다양한 형태로 사회적 기업이 급증하고 있다.

이탈리아와 스페인에서는 정부와 지방자치단체의 역할을 보완하는 대형 협동조합들이 발달해 있으며, 기업화하는 사례도 늘어나고 있다.

미국 뉴욕의 그레이스톤 베이커리, 하우징 워크, 미국 캘리포니아의 루비콘 프로그램, 캐나다 온타리오의 키즈링크, 영국의 잡지출판 및 판매를 통해 노숙자의 재활을 지원하는 '빅이슈', 런던심포니 오케스트라, 제이미 올리버 레스토랑, 가전제품을 재활용하는 프랑스의 '앙비', 저개발국 치료제 개발 및 판매기업 '원월드헬쓰' 등이 유명한 사회적 기업이다.

한국에서는 1990년대 말 외환위기를 겪으면서 시민단체와 민간 연구자들이 실업극복 방안의 하나로 사회적 기업을 소개하였다. 국내에서는 2007년 7월부터 노동부가 주관하여 시행되고 있다.

국내에서도 재활용품을 수거・판매하는 '아름다운가게', 정신지체장애인이 우리밀 과자를 생산하는 '위캔', 폐타이어 등 재활용품을 활용하여 만든 악기를 통해 소외계층을 위한 공연을 하는 '노리단', 컴퓨터 재활용 기업 '컴윈', 친환경 건물청소업체 '함께일하는세상', 장애인 모자생산업체 '동천모자' 등의 사회적 기업이 활동하고 있다.

사회적 기업이 되기 위해서는 조직형태, 조직의 목적, 의사결정구조 등이 사회적기업 육성법이 정한 인증요건에 부합해야 하며, 사회적기업육성위원회의 심의를 거쳐야 한다.

2) 운영주체별 역할 및 책무

사회적 기업 육성법은 사회적 기업의 설립・운영을 지원하고 사회적 기업을 육성하여 우리 사회에서 충분하게 공급되지 못하는 사회서비스를 확충하고 새로운 일자리를 창출함으로써 사회통합과 국민의 삶의 질 향상에 이바지함을 목적으로 한다.

운영주체별 역할 및 책무를 보면

① 국가는 사회서비스 확충 및 일자리 창출을 위하여 사회적 기업에 대한 지원대책을 수립하고 필요한 시책을 종합적으로 추진하여야 한다.

② 지방자치단체는 지역별 특성에 맞는 사회적 기업 지원시책을 수립・시행하여야 한다.

③ 사회적 기업은 영업활동을 통하여 창출한 이익을 사회적 기업의 유지・확대에 재투자하도록 노력하여야 한다.

④ 연계기업은 사회적 기업이 창출하는 이익을 취할 수 없다.

인증된 사회적 기업에 대해서는 인건비 및 사업주부담 4대 사회보험료 지원,

법인세·소득세 50% 감면 등 세제지원, 시설비 등 융자지원, 전문 컨설팅 기관을 통한 경영, 세무, 노무 등 경영지원의 혜택이 제공된다.

3) 재분배적 기능

우리의 경우 사회적 기업의 영세성, 종업원의 낮은 자질, 인건비 위주의 생산구조, 정부 지원에도 불구하고 경영 효율성 제고의 미미함에 비추어 볼 때, 한국의 사회적 기업의 향후 전망은 많은 과거를 가지고 있다. 사회적 기업은 순수 비영리단체와는 달리 유급 근로자를 고용하여 재화와 서비스의 생산판매 등 영업활동을 수행해야 하며 따라서 순수한 자원봉사자나 회원제 형태로만 운영해서는 사회적 기업 인증을 받을 수 없다. 사회적 기업은 민영화전략이 갖는 비분배적인 단점과 달리 재분배적 기능을 추구할 수 있다.

4) 복지제도의 변형

사회적 기업은 수요와 공급을 발전시키는 것뿐만 아니라 공적 지출의 구성을 재구조화하는 것을 도울 수 있기 때문에 복지제도를 변형시키는 데 기여한다. 사회적 기업은 고용창출에 기여할 수 있는데, 이는 전통적인 기업에서 일자리를 찾을 가능성이 거의 없는 근로자를 주로 고용하는 노동통합적인 사회적 기업의 경우 명백하다. 사회적 기업은 특정 집단의 문제를 해결하거나 완화하는 데 기여하고 한계집단에게 높은 임금을 주면서 노동시장에 통합시키는 것을 선호함으로써, 생활조건의 향상, 지역사회의 복지향상, 사회통합의 수준의 향상에 기여한다.

5) 사용자의 개입

사회적 기업은 한계 계층의 사용자에 대한 보호수준과 서비스 수준을 높이고, 조직에 대한 사용자의 개입을 촉진시킨다. 사회적 기업은 주로 지역에 기초한 조직이다. 따라서 소규모인 경향이지만 동시에 지역사회의 발전에 관여하는 행위자 중의 하나이다. 사회적 기업은 유럽의 전통적인 제3섹터와는 다른 조직으로 여겨져야 한다.

사회적 기업은 비영리조직의 생산과 '기업가적' 차원을 강조하고, 재분배적인 것과 함께 복지서비스의 경제적 기능을 강조하는데, 이러한 특성은 기존의 제3섹터가 갖지 못한 것이다. 사회적 기업은 자원할당에 있어서도 대부분의 공적 조직이나 전통적 비영리조직처럼 시장의 외부에 존재하는 것도 아니고 영리기업처럼 공적 제도의 외부에 존재하는 것도 아니다.

6) 제3섹터[6)]

사회적 기업은 자신을 시장이나 국가와 동일시하지는 않지만, 시장의 합리성과 국가의 규율을 이용한다. 사회적 기업의 발전은 또한 상이한 제3섹터 집단 간의 격차를 축소시키는 것에 기여하고 있다. 제3섹터라는 용어는 제1섹터인 공공부문, 즉 중앙정부나 지방자치단체와 제2섹터인 민간부문이 공동출자해 만든 합동법인 형태의 새로운 개발주체인데, 제3섹터 개발방식은 중앙정부나 지방자치단체 등이 민간부문의 우수한 정보 기술과 풍부한 자본을 도입해 공동출자형식을 통해 사회간접자본(SOC[7)])을 개발하는 것이다. 이제 복지경영도 사회적 기업으로서의 정신과 비전으로 나아갈 때 더 나은 복지사회가 되리라 본다.

6) 제3섹터는 정부부문인 제1섹터와 민간영리부분인 제2섹터를 혼합해서 만들어진 새로운 형태의 공급서의 공급주체이다.
7) 사회간접자본(社會間接資本, social overhead capital, SOC)은 '사회적 간접자본', '사회자본', '간접자본' 등 여러 가지로 불리고 있는 사회과학 용어이다.

SECTION 03 복지경영과 삶의 질 향상을 위한 도약

1) 경영혁신의 요청

현재 그리고 미래에는 경영혁신의 요청이 더욱더 필요하다고 본다. 이제 사회복지도 이제는 구태의연한 관습적 의사결정과 실행에서 벗어나 업무의 효율성과 성과를 중심으로 평가하는 '경영마인드'가 확산되어야 한다. 국제노동기구 ILO[8]는 컨설팅에 대한 정의를 '조직의 목적을 달성하는 데 있어서 경영업무상의 문제점을 해결하고, 새로운 기회를 발견 · 포착하고, 학습을 촉진하며, 변화를 실현하는 관리자와 조직을 지원하는 독립적인 전문 자문서비스'로 정의한다.

비영리조직은 이제 자원의 효율적이며 효과적인 배분, 그리고 주어진 자원의 효율적 사용이라는 당면 과제를 안고 있다. 사회복지 관점에서의 복지경영 개념은 사회복지조직의 운영에 효율성을 중시하는 경영원리의 도입을 통하여 보다 효과적인 사회복지서비스의 전달을 추구하는 것이다.

2) 사회복지조직의 개념

사회복지조직의 개념은 사회사업기관 및 시설 내의 관계집단을 한데 모으고 배열하여 전체적인 활동을 하게 하는 행위나 과정이다. 사회복지 조직은 인간의 복지증진에 그 목표를 두고 있으며 목표달성은 구성원과 고용기술 면에서 전문직에 의해 전문적 지식과 기술을 통해 이루어진다. 사회복지조직은 크게 공식조직과 비공식조직으로 구분될 수 있는데 공식조직은 광범위한 목적과 계획에서 시작하여, 활동별로 나누어지며 이들 활동도 각 부서에서 맡겨진다. 그 구조적 관계는 개인과 개인 사이에 형성되는 것이 아니라 지위와 지위 사이에서 형성된다. 반면 비공식조직은 자연 발생적이며, 빈번히 접촉하는 소수의 직원들로 구성된다. 그 목표가 경제 · 행정조직보다 상대적으로 추상적, 목적적, 장기적

8) 국제노동기구(國際勞動機構, International Labour Organization, ILO)는 노동 문제를 다루는 유엔의 전문기구로서 스위스 제네바에 본부를 두고 있다. 1969년 노벨 평화상을 수상하였다.

성향을 지니므로 구조 자체가 탄력적이어야 한다. 그리고 그 목표수행을 전문인의 전문적 지식에 의존하고 직접 고객과 접하므로 전문적 권위성과 자율성이 보장되어야 한다. 또 저소득자나 수혜자와 같이 사회평균적 수요를 충족받지 못하고 있는 특정 고객의 수요를 충족시키기 위한 것으로 고객지향성이 강하다. 따라서 사회복지조직은 탄력성과 전문성 및 고객지향성이라는 구조적 특성을 가진다.

책무성에 대한 요구가 거세짐에 따라 사회복지조직은 수행하고 있는 사업의 효율성과 효과성을 제대로 입증하지 못하면 생존조차 하기 힘들다는 인식이 생겨났다. 그에 따라 보다 효율적인 조직의 운영을 위하여 사회복지기관 행정에 경영적 요소들의 도입이 가속화된 것이다. 사회복지공급체계의 개선방안이 사회복지시설에서의 복지경영 도입을 더욱 가속화할 전망이다.

서비스 연계팀에 사례관리전문요원을 확충하고, 이들의 서비스 업무를 강화하는 등의 공적 전달체계의 개편에서 전제되어야 하는 것이 공적 전달체계의 안내(자격심사)를 받은 이용자들이 민간서비스 기관을 이용할 수 있게 하는 공식적인 통로의 구축이다. 공공과 민간의 현재의 역할분담체계에서 볼 때 우리나라 사회복지서비스 전달체계의 구축은 서비스 관리주체인 공공섹터가 주민의 신청에 대해서 잘 응대하고 적절한 서비스를 받을 수 있도록 하는 안내 및 연결 기능과 서비스 제공주체인 민간섹터가 개인의 욕구에 맞는 다양하고 전문적인 서비스를 제공하는 서비스 제공 기능이 잘 어우러지도록 하는 것이 중요하다.

3) 측정지표의 개발과 적용

효과적이고 효율적인 사회복지조직의 운영을 위해서 복지경영 도입의 필요성이 증대하고 있다. 그리고 사회복지조직의 성과를 측정할 수 있는 보다 정교한 지표의 개발이 필요하다. 복지경영의 도입을 위해서는 사회복지조직의 성과를 측정할 수 있는 측정지표의 개발과 적용에 대한 연구·개발이 요구된다. 효율성과 효과성에 대한 균형 잡힌 시각의 필요성이다. 복지경영의 도입이 사회복지조직이 궁극적으로 추구해야 할 효과성, 즉 사회문제의 예방과 해결 정도에 대한 관심보다는 효율성 차원에서만 이루어진다면 문제가 될 수 있다. 복지경영 개념에 따른 경영적 요소의 도입이 과연 사회복지조직이 궁극적인 목적으로 추구하는 사회문제의 예방과 해결을 해야 한다. 사회는 고도화로 변화하고 있으나 사회복지 현장은 그렇지 못하고 있다.

이제 사회복지는 봉사의 개념에서 탈피해야 한다. 미래에는 사회복지시설 및 기관 경영을 잘해야 하는 이유는 무엇보다 서비스를 선택하는 이용자들로 하여금 서비스를 신뢰하고 서비스 만족감을 높일 수 있기 때문이다. 사회복지의 궁극적 목적이 대상자에게 그들의 욕구에 따른 필요한 서비스를 제공하여 인간다운 삶을 영위하게 하는 것이라면 사회복지에 대한 신뢰와 서비스 만족감을 높이는 방법은 사회복지시설과 기관 경영 방법과 수준에 따라 다를 수밖에 없다. 마치 좋은 상품은 회사 경영이 탁월하고 직원이 가진 인적자원을 잘 관리하고 활용하는 회사에서 나올 가능성이 높은 것과 마찬가지라 할 수 있다. 아직까지도 시대에 동떨어진 인적자원관리 방법으로 핵심인재들을 발굴하고 육성하는 것을 세을리하는 기관도 존재하고 있는 것이 현실이다.

4) 인적자원관리

인적자원관리(human resources management)는 인력의 충원과 유지 · 활용 · 개발에 관한 계획적이고 조직적인 관리활동의 체계를 말하는데, 인적자원관리의 가장 중요한 과제는 조직의 목표와 개인의 목표가 조화를 이루도록 하는 일이다. 그러므로 인적자원관리는 조직구성원들이 자발적으로 조직의 목표달성에 적극적 참여 및 기여하도록 함으로써 조직의 발전과 개인의 발전이 균형을 이루도록 해야 한다. 이러한 점에서 조직에서 사람을 다루는 철학과 그것을 실현하는 제도와 기술의 체계가 인적자원관리라고 할 수도 있다. 그리고 회사 내의 인원배치, 평가제도, 인사관리 업무 등을 계획적이고 조직적으로 다루며 평가제도 등의 체계를 만들어 영향력을 행사한다.

한편 인적자원관리는 조직체의 인적자원을 관리하는 경영의 한 분야로서 생산관리, 마케팅, 재무, 회계 등 다른 경영분야와 더불어 조직의 전반적 경영전략과 목표달성에 중요한 기능을 발휘한다. 인적자원관리에는 여러 가지 기능이 포함되어 있고, 이들 기능은 상호 간에 밀접한 관계를 맺고 있기 때문에 이들 기능을 체계적으로 분류하기가 매우 어렵다. 그러나 관리과정의 관점에서 볼 때, 인적자원관리는 인적자원의 확보, 활용, 개발로 크게 나누어질 수 있다.

직원들이 의식을 높일 수 있도록 보상, 교육 및 훈련, 슈퍼비전, 그리고 직무환경 개선 등의 내용을 포함해 인적자원관리를 효율적으로 잘 해야 할 것이다. 미래의 경영혁신은 섬김의 가치로서의 복지경영으로서 나아가야 할 것이다.

5) 섬김의 가치

섬김의 가치는 사회복지의 섬김의 사역으로 접근하는 것으로서 현대사회복지에 큰 획을 이루는 것으로 많이 알려져 있다. 미래의 복지경영은 봉사를 섬김이라고 말한다. 섬김은 '시중드는 일, 섬기는 일'을 의미한다. 스위스의 학자 카를 바르트[9]는 "섬김의 삶은 자기의 목적이나 계획이 있음에도 불구하고 필요와 의도와 지시에 따라서 행동할 때의 의지(will)와 수고(working), 행동(doing)"이라고 정의했다(정승훈, 2017). 미래의 복지경영은 '섬김의 가치'가 가장 고상하고 의미 있는 것이라고 볼 수 있다.

6) 효율의 개념

효율의 개념은 다른 곳에서 에너지 공급을 받고(input), 또 다른 물체에 작용해서 에너지를 전달할 때(output), output과 input의 에너지의 비율을 일반적으로 효율이라고 하며 에너지 전달의 양부(良否)를 나타내는 지표로 쓰인다. 또 에너지의 단위 시간당의 변화인 파워의 비율로 효율을 표시하는 경우도 있다. 기계에 의한 경우를 기계효율, 열기관의 경우를 특히 열효율이라고 한다. 효율이라는 말은 매우 자주 사용되고 있다. 이때 사용하는 사람들마다 또는 사용하는 용도에 따라 약간

9) 카를 바르트(Karl Barth, 1886~1968)은 스위스의 개혁교회 목사이자 20세기의 대표적인 신학자로 꼽힌다. 예수를 도덕적으로 모범을 보인 인간으로, 성서를 인간의 종교적인 경험의 기록으로, 윤리적인 지침서로 이해하던 자유주의 신학에 반대하여, 그리스도인들이 헌신적으로 복종해야 하는 '하느님의 말씀이 인간으로 되신 예수 그리스도'를 강조하였다.

의 차이는 있을지라도 대부분 효율의 핵심적인 의미는 최소한의 자원을 투입하여 최대한의 결과를 얻는 것을 의미한다.

7) 사회복지정책

사회복지정책에 있어 경제적 효율은 평등과 관련하여 논의가 이루어졌고, 그 가운데서도 두 가치의 대체적인 관계, 즉 평등 가치의 추구는 반드시 경제적 효율성을 떨어뜨리는 것인지에 대한 많은 논쟁이 있다.

사회복지정책은 광의로 사용되는 경우는 광의의 사회복지와 같은 의미를 가지며, 정책적 성질을 강조하는 경우에 사용된다. 협의의 경우에는 사회사업 또는 협의의 사회복지로의 국가 자치단체의 정치적 배려 및 정책을 의미하는 것으로 사용된다. 어느 것이나 민간 활동에서 비롯된 자선 사업이 사회사업으로 바뀌어 자본주의의 고도화로서 국가 또는 자치단체가 국민, 주민의 복지를 중시한다고 하는 정치 자체의 변화 가운데 출현한 것이다. 원래는 민간사회사업에 관한 통제, 관리, 지도, 조성을 시작으로 하여 사회사업의 공영화, 국영화의 진전을 도모하였다. 오늘날에는 사회복지시책, 계획 전반을 국가 또는 자치단체가 입법, 행정, 재정에 대한 지도 및 계획을 한다고 하는 적극적인 입장에 있다. 이러한 역사적 전개에 대응해 용어도 협의에서 광의로 이행해 가고 있다.

8) 효율과 복지사회

효율과 복지사회에서 볼 때 복지정책에 있어서의 효율의 의의는 소득 재분배 효과가 커서 평등 가치를 구현하는 데는 성공했더라도 이 정책이 국가 경제에 큰 해를 주어 재분배할 자원 자체를 크게 줄인다면 이 정책은 바람직하다고 할 수 없다.

모든 조직은 인간의 욕구충족의 기관으로서 새롭게 재조명하는 것이 필요 하다고 본다. 복지의 논리는 복지경영의 입장에서 볼 때 꼭 필요하다고 보인다. 산업사회란 좁게는 공업사회라고도 한다. 농경중심의 전통사회가 기계공업 등 산업화의 발달로 대량생산이 보편화함에 따라 산업사회로 옮겨갔다. 공업이 경제의 주축을 이루며 생활양식과 제도들이 조직화된 사회를 뜻한다. 기계화와 관료제의 원리가 지배적인 사회로 과학기술을 추구하고, 조직이 커지며, 기능이 전문화하고, 노사관계가 제도적으로 안정되며, 도시가 팽창하고, 소비문화가 확산되는 특징을 보인다. 현대자본주의는 자본의 집적과 집중을 통한 독점의 일반화, 경제에 대한 국가역할의 증대, 기술진보와 설비의 근대화에 의한 생산력의 급격한 발전, 불완전고용과 구조적 불안정, 각종 조직의 관료제화 등을 그 특징으로 하고 있다. 이와 같은 현대자본주의의 발전에 따른 산업사회의 논리적 전개로 각종 산업과 문명의 비약적인 발달을 초래케 했으며 물질적인 풍요와 생활수준의 향상을 가져왔다. 다른 한편으로 산업사회의 전개는 인구, 자원, 공해문제를 비롯하여 빈곤과 불평등, 고용불안과 실업, 각종조직의 관료제화, 소외된 노동, 계급대립과 노사분쟁, 자본주의냐 사회주의냐 하는 사회체계의 문제 등을 제기시킴으로써 산업사회의 안정적 발전이 크게 위협당하고 있다. 이러한 문제들이 제기된 것은 산업사회논리의 구체적 전개에 따른 당연한 귀결인 것이다. 산업사회의 논리적 핵심을 이루는 것은 효율을 추구하는 집합주의이다.

9) 집합주의

집합주의[10]는 경제운동을 가리키기 위한 다양한 '주의(主義 : isms)'에 대한 일반적 용어로 사용되며 종종 국가 또는 기타 집합 단위에 의한 비소유권적 통제 혹은 기업 조직체를 나타내는 뜻으로 융통성 있게 사용되기도 한다.

효율은 기술합리주의이며 경제 합리주의를 기본 내용으로 하는 수단적 합리주의를 의미하기도 한다. 미래의 사회는 "생활의 질" 경영의 시대라고 할 수 있다. 기업가는 모든 사람의 수익을 위해서 자기 자신의 이기주의를 추구하도록 허용하여야 한다. 기업가는 그들이 이윤을 벌어들일 수 있을 때만 사람들이 필요로 하는 상품을 생산하며 위험하거나 위조 상품을 팔거나 생산하지 않는다. 사회

10) 인간은 국가, 회사, 학교, 가족 등 한 개 이상의 집단에 속하여 생활을 영위하고 있는데, 집합주의는 이러한 집단 안에서 개인의 생존을 지속시키려고 하는 주의이다. 집합주의는 '집단주의'(集團主義)라고도 번역된다. 집단이라는 것을 개인이 모여서 이룬 통일체라고 할 때, 사회는 자체 보존책을 강구하여, 개인에게 적응과 사회적인 기능 수행, 또는 희생까지를 요구하게 되며, 가치 있는 것을 모색하거나 그 의지를 개인에게 강요할 수도 있게 된다.

문제를 해결하기 위해 정부와 공조체제를 구축하기도 한다. 성장이 없다면 복지도 없다고 볼 수 있다. 기업의 발전에 노력하는 것은 곧 복지에의 공헌이라고 볼 수 있다. 노동력의 확보 및 안정과 더불어 능률 향상하는 것이다. 복지경영(welfare management)은 사업주가 온정주의에 의해 그 근로자의 안락, 편의와 복지를 증진시키기 위한 제 활동 및 프로그램을 지칭한다.

10) 온정주의

온정주의[11]는 노동자와 자본가의 관계(고용관계)를 가족적인 관계, 즉 부자의 은애의 정에 의해 해결되는 것으로 보는 설이다. 영국에서는 산업혁명 시대에 인도적 친권주의의 이름으로 이 온정주의가 제창되었다. 1874년에 성립한 공장법은 사회 개량가 애슐리경(Lord Ashler)의 온정주의에 의한 것이다. 그러나 오늘날에는 신분적인 예속 아래 자본가가 노동자를 복종하게 만드는 봉건적 고용제도나 또는 그와 같은 고용정책으로 해석되고 있다. 즉, 온정주의는 온정이라는 미명 아래 노동자를 현혹시켜 근로능률을 올리려고 하는 것에 불과하다는 것이다. 삶의 질은 사람들의 복지나 행복의 정도를 말한다.

11) 삶의 질[12]

삶의 질은 자신의 삶에 대한 객관적인 정도뿐만 아니라 주관적인 인식과 평가에 의한 만족의 정도이다. 기본적인 생활 조건의 예는 주거 장소, 기초 생활비, 직업, 여가 등이며, 주관적인 인식과 평가의 예는 친구 관계, 관심과 사랑, 자존감 등을 들 수 있다. 최근에 장애 학생의 교육은 단순히 장애 학생에 대한 의무적인 교육 환경의 제공이 아니라, 지역사회에서 이들의 삶의 질 향상에 교육이 어떻게 도움이 될 수 있는지에 관심을 기울이고 있다.

---

11) 노동자와 자본가의 관계(고용관계) 혹은 정부와 국민(주로 노동계층)를 가족적인 관계, 즉 부자(및 강자)의 온정에 의해 해결하자는 주장이나 이념이다. 영국 보수당(및 영국 보수주의)이 얘기하는 '온정주의'는 주로 이런 의미에 가깝다.

12) 삶의 질(quality of life, QOL)은 사람들의 복지나 행복의 정도를 말한다. 생활 수준과는 달리, 삶의 질을 직접적으로 측정할 수는 없다. 앞의 정의에서 알 수 있듯 '삶의 질'이라는 개념에는 물질적인 측면(건강, 식사, 고통의 부재 등)과 정신적인 측면(스트레스나 걱정이 없고 즐거움 등)이 있다.

생활 수준과는 달리, 삶의 질을 직접적으로 측정할 수는 없다. 앞의 정의에서 알 수 있듯 '삶의 질'이라는 개념에는 물질적인 측면과 정신적인 측면이 있다. 사람마다 어떤 것들이 갖추어진 상태에서 만족을 느끼는지가 다르므로, 특정한 사람의 삶의 질을 예측하는 것은 사실상 불가능하다. 그러나 일반적으로, 인구 집단이 누리는 식사나 주거, 안전, 자유 및 권리의 수준이 높을수록 집단에 속하는 이들의 전반적인 삶의 질이 높아질 것으로 예측할 수 있다. 복지경영과 삶의 질 향상을 위한 도약으로서 우리는 끊임없는 변화 도전을 가지고 미래지향적 현실주의자로서 나아가여 할 것이다. 오늘의 현실을 직시하며 오늘이 있고야 내일이 있음을 고백하는 삶으로 자신을 성찰하는 삶이 되어야 할 것이다.

12

CHAPTER

사회복지자원개발과 리더십

제1절 자기관리와 사회복지서비스 한계

제2절 창조적 리더십과 복지경영

제3절 사회복지적 리더십과 복지경영

CHAPTER 12

사회복지자원개발과 리더십

SECTION 01 자기관리와 사회복지서비스 한계

1) 자기관리와 복지경영

(1) 자기관리[1)]

인생을 성공하기 위해서는 지속적인 자기관리가 중요하다. 자기관리는 수립된 목표에 도달하는 방법을 계획하고 그 과정을 점검함으로써 수립된 목표에 효과적으로 도달하도록 하는 자기 주도 능력이나. 사기 지시는 자기 결정력 또는 자기관리라는 용어와 비슷한 의미로 사용된다. 선택하기, 결정하기, 일정표에 맞게 행동하기, 개인의 흥미에 맞는 행동하기, 부여된 과제 완결하기, 필요한 도움 요청하기, 익숙한 문제 해결하기, 적절한 자기 주장과 자기 옹호, 자기 강화 등은 자기 지시와 관련된 활동이다.

경영의 아버지로 불리는 피터 드러커(Peter F. Drucker)[2)]는 지식중심 경제에서의 성공은 자기 자신을 잘 아는 사람들에게 온다고 했다. 즉, 자신이 소유한 강점과 가치관 그리고 일을 최선으로 수행할 수 있는 방법을 스스로 아는 것이 필요하다. 나폴레옹 · 다빈치 · 모차르트 같은 역사적으로 위대한 성취자들은 부지런히 자기 자신을 관리해 왔다.

(2) 프로페셔널의 조건

피터 드러커는 자신의 책 '프로페셔널의 조건'에서 자신의 인생을 바꾼 일곱

---

1) 자기관리라 함은 기본적으로 여러 가지 의미를 가진다. 영문으로 표기하면 self management, 한자로는 自己管理이며, 글자 그대로는 '제 몸을 통제하여 건전한 심신의 유지나 성장을 꾀하는 것'을 의미한다.

2) 피터 퍼디낸드 드러커(Peter Ferdinand Drucker, 1909~2005)는 오스트리아출신의 미국의 작가이자 경영학자로 스스로는 "사회생태학자(social ecologist)"라고 불렀다.

가지의 지적 경험을 제시한다. 첫 번째 경험은 목표와 비전을 가지는 것이다. 두 번째는 신(神)들이 보고 있다, 세 번째는 끊임없이 새로운 주제를 공부하는 것으로, 새로운 주제는 새로운 시각을 제공한다며 새로운 방법에 대해 개방적인 자세를 취하도록 해주었다. 네 번째 경험은 자신의 일을 정기적으로 검토하는 것으로, 지금보다 더 잘하도록 끊임없이 자신을 검토해야 한다. 다섯 번째는 새로운 일이 요구하는 것을 배우는 것으로, 그토록 유능했던 사람이 갑자기 무능해지는 이유는 새로운 일을 배우지 않기 때문이다. 시대는 변하기 때문에 계속 배워야 한다. 여섯 번째 경험은 피드백 활동을 하는 것이다. 자신의 개선할 점을 안다는 것은 어떻게 발전하고 계발해야 하는가를 아는 것이다. 이것이 없으면 퇴보한다. 일곱 번째는 어떤 사람으로 기억되기 바라는지 자신 스스로 질문하는 것이다. 세상의 변화에 맞추라. 사는 동안 다른 사람의 삶에 변화를 일으킬 수 있어야 한다. 다시 말하면 재능이나 업적 면에서 너무나 뛰어나서 그들은 평범한 인간 존재의 영역 밖의 경우로 간주된다. 어느 정도의 타고난 재능을 가진 사람들까지를 포함해서 우리들 대부분은 우리 자신을 관리하는 방법을 배워야 한다. 우리는 우리 자신을 발전시키기 위해서 배워야만 할 것이다(피터 드러커, 2001).

(3) 피드백 분석

우리는 확신이 있고 큰 성공을 할 수 있는 분야에 우리 자신을 소속시켜야 한다. 사람들은 자신이 지닌 강점을 활용하면서 일한다. 사람들은 적성이 없는 취약한 분야에서 큰 성과를 쌓을 수 없다. 피드백 분석을 하게 되면 특정 행동을 위한 몇 가지 함축적 의미가 나온다.

첫째로, 가장 중요한 것은 당신의 강점에 관심의 초점을 모으는 것이다. 당신의 강점이 결과를 만들어 낼 수 있는 부문을 시행하도록 해야 한다.

둘째로, 당신의 강점을 증진시킬 수 있는 일을 해야 한다.

셋째로, 당신의 지적 오만이 당신의 무지를 깨닫지 못하게 하는 원인이 된다는 것을 알아야 하며 이를 극복해야 한다. 많은 사람들, 특히 한 분야에서 특별한 전문성을 가진 사람들은 다른 분야의 지식을 경멸하거나 명석함이 지식을 대체할 수 있다고 믿는다.

예를 들면, 일류 공학자들은 사람에 관해 아무것도 알지 못하는 점에서 자만심을 갖는 경향이 있다. 그들은 훌륭한 공학적 사고를 하기에는 인간이 너무나 무질서하다고 믿는다. 그러나 이와 대조적으로 인적자원에 대한 전문가들은 가끔 기초 회계학이나 수량적 방법 등에 대해 무지한 것을 자부하기도 한다. 그러나 이러한 무지에 대해 자만심을 갖는 것은 자기 자신을 패배시키는 것이다. 각자 모두의 강점을 충분히 발휘하는 데 필요한 기술과 지식을 얻는 것이 중요하다고 하겠다.

수려한 거목(巨木)도 아주 작은 씨앗에서 출발했다. 변화가 없는 인생은 '고여 있는 물'과 같다. 고인 물은 스스로 부패되어 결국에는 그 안에 아무것도 살 수 없게 된다. 결심이 무너졌다고 낙담하지 말고 또 다른 결심을 세우고 또 세우면서 마라톤 하듯이 달려가면 된다.

당신의 '오늘'을 특별한 '내일'로 만들어라, 남들이 가지 않는 길을 기꺼이 가라, 성공은 준비된 자만이 가질 수 있다, 세상에서 가장 아름다운 유혹은 '성공'이다. 생활의 변화란 나의 변화를 통해 인관관계의 폭을 개선해 나가는 것을 뜻한다. 남들과 섞이지 못하는 자기만의 변화는 또 다른 고립일 뿐이다. 살아가다 보면 누구에게나 기회는 온다. 그런데 그 기회를 잡을 준비가 되어 있지 않아 놓치는 일이 비일비재하다. 기회는 준비된 자에게만 선물꾸러미를 풀어놓는다.

(4) 시간 활용의 기술

'스마일 데이즈'라는 책에는 하루에 세 번 웃을 수 있다면 당신의 인생은 성공한 것이라는 메시지를 전하고 있다. 작은 실천이 삶의 질을 바꾼다. 성공과 실패를 가르는 중요한 요인은 시간 활용의 기술이다. 자기관리는 발전과 성장을 위해 절대적으로 필요한 조건이다. 지속적인 자기관리가 없다는 것은 곧 진화가 없다는 것으로 변화의 물결에 이끌려 버릴 수 있다(스즈키 도모코, 2005).

급변하는 변화의 시대에 급물살에 휩쓸리지 않기 위해서는 나만의 주체적인 목표설정이 중요하다. 삶의 중요한 목표설정은 변화의 시작이자, 변화의 파고에 빠져들지 않고 피해갈 수 있을 것이다.

자기관리를 위하여 책을 읽은 것이 매우 필요하다고 본다. 사람마다 생각하는 목표나 현재 떠안고 있는 과제는 모두 제각각이다. 따라서 책을 읽을 때 중요하다고 여겨 밑줄을 긋는 부분이나, 불현듯 떠올라 여백에 메모하는 아이디어의 내용은 사람마다 당연히 다를 수밖에 없다. 그리고 그렇게 남겨놓은 각각의 흔적들은 그 사람만의 자산이 된다.

책을 읽지 않는 비즈니스맨은 훈련하지 운동선수는 80%의 훈련을 통해 20%의 경기를 하는 데 반해, 비즈니스맨은 어떤 훈련을 몇 %나 하고 있을까? 자기계발 없는 비즈니스맨이 혹독한 경쟁 사회에서 성공하기는 어렵다. 비즈니스맨 대부분은 일이 너무 많아서 시간이 없고, 금전 여유가 없어서 독서와 자기계발을 하지 못한다고 말한다.

미국의 비즈니스맨들은 실로 책을 많이 읽는다. 이것은 '독서=자기 투자'라는 사고방식이 철저하게 밑바탕에 깔려 있는 까닭이다. 즉, 독서가 수입에 직결되는 것이다. 왜냐하면 비즈니스 경쟁에서 살아남으려면 항상 새로운 아이디어나 정보를 도입할 필요가 있기 때문이다.

(5) 레버리지(Leverage)

레버리지란 '지렛대'의 움직임을 나타내는 말이다. '지렛대'를 이용하면 작은 힘으로도 무거운 물건을 쉽게 들어 올릴 수가 있다. 이러한 '지렛대의 원리'와 '부력의 원리'를 밝혀낸 고대 그리스의 과학자 아르키메데스[3]는 '나에게 거대한 지렛대와 받침대를 주면 지구를 움직여 보이겠다'는 명언을 남겼다.

지렛대의 원리를 이용하면 지구까지도 움직일 수 있다는 말이다. 자기관리와 함께 노력하며 지식을 준비하고 나아간다면 이 사회에 꼭 필요한 인물로서 보다 나은 복지경영을 이루어 나아가리라 본다.

3) 아르키메데스(고대 그리스어 : Ἀρχιμήδης, 현대 그리스어 : Αρχιμήδης 아르히미디스, 약 기원전 287년~기원전 212년)는 고대 그리스 마그나 그라이키아의 일부였던 시라쿠사 출신의 철학자, 수학자, 천문학자, 물리학자 겸 공학자이다. 그의 생에 대해 남겨진 기록은 얼마 되지 않으나 고전 고대의 대표적인 과학자로 손꼽히고 있다.

2) 사회복지서비스 한계와 복지경영

(1) 공공부문과 민간부문

사회복지서비스의 제공과 관련하여 공공부문이나 민간부문 중 하나만 선택한다는 것은 한계가 많다. 논리적으로 비영리부문의 한계로 정부가 들어서면 다시 공공부문의 한계가 드러나게 되고, 그에 따라 다시 비영리부문으로 대체되면 이 부문의 한계가 드러나면서 공공부문으로 대체될 것이 요구될 것이므로 이 양 부문 간의 끝없는 상호 대체적인 관계가 지속될 것이다.

따라서 양 부문의 생산적 결합을 통하여 각 부문의 단점을 피하고 장점들을 결합하는 것이 바람직하다. 현실적으로 서구 유럽과 북미에서 복지국가위기론 이후 민간 비영리조직과 정부와의 협력 방식에 대한 사회복지서비스의 공급방안이 모색되고 있다.

(2) 복지국가의 위기상황

복지국가는 1970년대 경제불황과 더불어 위기론이 대두되게 되었다. 복지국가에 대한 비판은 1960년대부터 그 비용이 늘어가고, 영국 등의 국가에서 인플레이션의 문제를 겪게 되면서 서서히 그 목소리가 커지기 시작하였다. 복지국가에 대한 위기적 비판론이 제기된 것은 1970년대의 오일파동에 의한 경제불황을 기점으로 한다.

이와 같은 복지국가의 위기상황은 다음과 같은 요인들에 의해 영향을 받았다.

첫째, 완전고용정책과 지출보조정책은 인플레이션을 야기하는 요인이 되었다. 이에 따라 혼합경제적 복지국가의 관리능력에 대한 의문이 제기되기 시작하였다.

둘째, 사회기능주의[4]자들이 말하는 사회의 자기자정능력에 대한 회의가 일기 시작하였다. 복지가 산업화의 문제를 해결하기 위한 자연발생적이고 필수적 제도라는 점에 있어서 비판이 제기되었다.

4) 기능주의의 기본적 문제는 "어떻게 사회는 그 욕구를 충족시키는가?"이다. 각 과정, 제도, 관행은 사회적 요구를 충족시키고, 그리하여 사회의 구조나 평형상태를 유지하도록 돕는 것으로 간주된다.

셋째, 케인즈이론[5]과 같은 사회공학적 이론에 대한 불신이 제기되면서, 신자유주의에 대한 사회적 지지기반이 강화되었다. 정부가 복잡한 사회문제를 사회공학적으로 해결할 수 있을 것이라는 신뢰가 무너지기 시작하였다.

넷째, 빈곤과 소득불평등의 재발견은 그동안의 복지국가에 대한 희망을 저버리게 하였다. 즉, 복지는 수평적 재배분[6]만 이루어졌으며, 수직적 재배분[7]은 많이 이루어지지 않았다.

복지국가와 관련한 비영리조직의 역할은 상반된 두 가치 측면이 있다. 하나는 신자유주의적 이념하에서 국가개입의 최소화를 비영리조직의 활동을 통하여 이룩하려는 시장중심적 시각이고, 또 다른 하나는 강화된 비영리조직의 역할을 국가정책의 실질적 정책대안으로 자리매김하려는 공동체 중심적 시각이다.

전자가 비영리조직을 신자유주의적 정책집행의 도구적 수준으로 치환한다면, 후자의 경우는 국가기능의 시민사회이양(citizen empowerment)을 추구한다.

신자유주의는 인간 개성의 자유로운 신장을 중시하는 자유주의의 전통적 이념을 유지하면서 고전적 자유주의의 원자론적, 방임적 개인주의의 문제를 극복하려는 사상적 경향이며, 19세기의 후반부터 영국을 비롯한 여러 나라에서 나타난 진보적 사상가들 중에는 전통적 자유주의가 의존해 온 자연권의 사상, 사유재산권의 원칙, 경제적 자유, 무한적 경쟁, 최소정부의 이론, 원자론적 개인주의, 고전적 실증주의 등을 공격의 대상으로 삼는 움직임이 시작되었다. 그들은 한편으로 빈곤, 실업, 질병 등의 사회적 문제에 대한 관심을 높이고, 다른 한편으로 자유주의의 형식과 정신과 전통 그 자체에 매이지 않고 사회주의를 포함한 광범한 시대적 사상체계들을 종합하는 데 열중하였다.

신자유주의자들은 대개 사회를 방임적 자유를 허용해야 하는 원자적 개체들의

5) 이 이론은 영국의 경제학자 존 메이너드 케인즈(John Maynard Keynes, 1883~1946)에 의해 출현하였다. 케인스의 이론은 거시경제적 흐름이 각 개인들의 미시적 행동을 압도할 수 있다고 말한다. 경제적 과정을 잠재 생산의 지속적인 성장으로 보는 18세기 후반 이후 고전 경제학자들의 관점과는 달리, 케인스는 (특히 불황기에) 경제를 이끌어 가는 요소로서 상품에 대한 총수요를 강조했다. 이런 관점에서 케인스는 1930년대의 높은 실업률과 디플레이션에 대해 거시적인 규모에서 대처하기 위해 정부가 정책적으로 소비를 유도해야 한다고 논했다.

6) 수평적 재분배는 소득과 관계없이 욕구가 큰 사람들에게 자원이 이전되는 것으로, 위험발생집단으로 지원되는 재분배를 말할 수 있다. 즉, 취업자로부터 실업자가 받게 되는 실업급여나 근로자로부터 산업재해자가 받는 각종 산재보험 혜택, 그리고 모든 가족에게 가족(아동)수당을 제공하는 것과 같다.

7) 수직적 재분배는 서로 다른 소득집단들 사이의 소득이전을 말하는 것으로 부유층에서 빈곤층으로, 고소득자에서 저소득자로의 재분배를 말한다. 대표적인 예로 공공부조가 있으며, 연금과 의료보험 또한 수직적 소득재분배 효과가 이루어지고 있다.

조직이라고 보기보다는 오히려 개체들의 자유로운 참여에 의해서 이루어진 유기체적 공동체로 보려고 한다. 개인의 존엄성은 개인이 고정된, 그리고 이미 결정된 실체이기 때문이 아니라, 문화적, 자연적 조건과 더불어 신장하면서 자신의 목적과 특성을 스스로 성취해 가는 존재이기 때문에 주어지는 것이다. 또한 그들은 자유주의의 의미는 역사적 상대성을 지니고 있다고 생각한다. 개인이 어떤 개인이며 자유는 어떤 모습의 자유이냐의 질문에 대한 답은 시대에 따라서 다르다는 것이다. 듀이[8]는 당대의 자유주의적 과제를 언급하면서 종전의 자유주의는 과거의 관습과 타성에 의존하던 것에서 탈피하는 데 역점을 두었으나, 신자유주의는 인간이 자신의 지력에 의해서 옛 습관, 관습, 제도, 신념을 새로운 현실적 조건에 연결시키는 데 역점을 두어야 한다고 하였다.

존 듀이
출처 : https://www.google.com

(3) 사회과학과 복지경영학

이제는 복지도 사회과학과 복지경영학의 시각에서 효율성과 효과성을 위하여 재정비하고 준비해 나아가야 할 것이다.

사회복지에서 경영학은 복지를 새로운 시각으로 보게 한다. 복지경영을 통하여 우리의 시각 전환이 매우 필요하다고 생각된다. 경영학은 개개인에게 능력의 한계가 있다는 것을 기본적 전제로 삼고 있다. 또한 상황인식이나 물리적 행동능력에도 한계가 있음을 상정한다.

즉, 개인은 능력의 한계가 있고 목적을 달성하기 위해 최적의 행동을 취한다는 보장이 없다. 따라서 행동을 취할 수 있는 몇 가지 대체적 선택 가운데 하나를 택하는 의사결정을 하게 된다. 이 같은 의사결정을 하려면 시간과 에너지를 소비하게 된다.

경영학은 결국 이와 같은 의사결정을 중심으로 기업 활동을 이해하고 설명하

8) 존 듀이(John Dewey, 1859~1952)는 미국의 철학자, 심리학자, 교육학자이다. 듀이는 미국인 최초로 자신이 직접 저술한 제목심리학 교과서를 출간하였다. 그는 기능심리학을 주창하였으며, 미국의 학교 제도에 막대한 영향을 준 진보주의를 이끌었고, 자유주의를 지지하였다.

려는 것이다. 사회복지는 이타적인 마음으로 나눔과 섬김의 사역이지만 미래의 복지는 "복지경영학"의 시각에서 과학적이고 체계적인 경영학의 이론과 실천에서 진행 될 때 복지의 주체와 객체 모두 희망적인 복지로 나아갈 것 이라고 본다.

사회복지서비스 공급을 위하여 정부와 비영리조직의 협력 관계가 발생하는 것은 비영리조직이 영리조직과는 다르게 이윤추구를 목적으로 하지 않고, 정부와 마찬가지로 다수를 위한 공익을 추구하기 때문이다. 경영학은 자본주의 경제를 바탕으로 하고 있는 일반적인 기업은 사적(私的) 영리를 목적으로 한 조직체이다.

경영학은 이와 같은 기업의 활동을 조직체의 활동으로 인정하고 그 행동을 분석한다는 데 특징이 있다. 그러나 공기업 · 공공사업단체 · 협동조합 등 영리를 목적으로 하지 않는 경제단체와 사회복지단체도 그들의 활동을 조직체의 활동으로 인정할 때에는 경영학의 연구대상이 된다.

이러한 연구대상과 관련해서 기업행동의 의사결정, 부서 간 및 외부 이해단체들 간의 상호작용, 합리적 경영을 위한 제반 문제의 관찰과 분석 등 다양한 측면의 연구가 필요하다고 본다.

사회복지서비스에 대한 정보가 제대로 제공되지 않는 경우 이윤을 추구하지 않는 비영리조직이 영리조직보다는 상대적으로 더 나은 서비스를 제공할 것이라는 신뢰를 받게 된다.

따라서 영리조직보다는 비영리조직이 '복지국가의 위기' 이후로 시장과 국가 양자의 실패의 결과로 남겨진 사회복지서비스를 전달하기에 더욱 적절한 존재로 간주되고, 사회복지서비스를 공급하는 데 있어서 정부와의 협력이 강조되는 것이다.

일반적인 사회복지는 매우 중요하게 강조되었던 이론들은 너무나 추상적이어서 가깝게 여겨지지 않는 것이 대부분이지만 '복지경영학'에서 본 복지는 그렇지 않았다. 물론 우리나라 현실을 생각한다면 아직은 먼 미래의 일 같지만 사회복지가 앞으로 나아가야 할 방향성은 '복지경영'이라고 생각한다.

3) 커뮤니티와 복지경영

(1) 커뮤니티[9)]

'커뮤니티(지역사회)'란 지정학적 위치를 지속적으로 공유하고 친밀감을 느끼는 사람들의 집단이다. 그 커뮤니티 경계 내에서 사람들은 소속감과 친밀감을 느낀다. 하지만 그 구성원들이 인식하든 못 하든 그곳에는 빈곤, 질병, 갈등, 환경오염 등 여러 문제가 도사리고 있다. 지역사회에서 생기는 그와 같은 여러 가지 문제를 그 지역사회가 스스로 사업가적인 마인드로 접근해 해결하는 것이 바로 커뮤니티 비즈니스다. 즉, '커뮤니티' 자체도 비즈니스 사업체가 될 수 있고, 기업의 경영 기법을 '우리 마을 문제 해결'에 적용해 보자는 것이다. 지역사회를 혁신하기 위해서는 그 지역사회 스스로 주체가 되어 지역 주민에게 최종적인 혜택이 돌아가도록 지역사회 활동을 비즈니스 활동처럼 조직화해야 한다. 이를 위해 지역에 잠자고 있던 노동력, 원자재, 노하우, 기술 등의 자원을 활용해 비즈니스를 해나가며 지역 문제를 해결하고 이를 통해 지역 경제를 활성화하는 것이다. 지역사회를 단지 지역민이 거주하는 공간으로 보는 데서 벗어나, 지역의 사회적・경제적 문제를 해결하는 비즈니스적인 조직체의 일부로 인식하고 활용하는 것이 바로 커뮤니티 비즈니스이다.

(2) 커뮤니티 비즈니스

'커뮤니티 비즈니스'란 커뮤니티(지역사회, 공동체 등)에 기반을 두고, 사회적 문제를 해결하기 위해 비즈니스 원리를 도입한 활동을 의미한다. 이러한 솔루션은 영국의 경우 이미 '커뮤니티 비즈니스' 과정을 거쳐 '사회적 기업' 형태로 진화하고 있으며, 일본에서는 자발적 주민영역의 마을 만들기 추진과 함께, 중앙정부 및 지방자치단체의 '지역활성화' 전략으로 채택되어 진행되어 오고 있다. 지역주민들이, 지역의 자원을 이용해, 지역의 과제들을 해결해 나가는 지속 가능한 사업 모델이 커뮤니티 비즈니스이다.

우리나라의 경우 아직 '마을만들기'에 머물러 있으며, 강력한 리더십을 가진 마을리더에 의해 일부 성과를 올리는 수준이다. 따라서 리더십을 지역주민들에

9) 지역성과 공동성을 기초로 하는 사회를 의미한다. 매키버(R. M. MacIver)가 사회 유형의 이념으로서 내세운 개념임. 국가·도시·읍촌 등과 같이 귀속 의식과 연대성을 가진 지역 사회를 가리키기도 한다.

게 분산하여 좀 더 많은 동기부여를 할 필요가 있으며, 지역자원에 대한 발굴을 통해 '자원 → 비즈니스 → 지역산업'의 프로세스로 발전될 수 있는 발전적 기틀을 준비해야 할 시점이다.

커뮤니티비즈니스는 다양한 주체(지방자치단체, 주민, 기업, 비영리단체)들이 거버넌스를 형성, 지역 통합과 발전적 관계를 만들어 가는 모형이다.

거버넌스는 '국가경영' 또는 '공공경영'이라고도 번역되며, 최근에는 행정을 '거버넌스'의 개념으로 보는 견해가 확산되어 가고 있다. 거버넌스의 개념은 신공공관리론(新公共管理論)에서 중요시되는 개념으로서, 국가·정부의 통치기구 등의 조직체를 가리키는 'government'와 구별된다. 즉, 'governance'는 지역사회에서부터 국제사회에 이르기까지 여러 공공조직에 의한 행정서비스 공급체계의 복합적 기능에 중점을 두는 포괄적인 개념으로 파악될 수 있으며, 통치·지배라는 의미보다는 경영의 뉘앙스가 강하다. 거버넌스는 정부·준정부를 비롯하여 반관반민(半官半民)·비영리·자원봉사 등의 조직이 수행하는 공공활동, 즉 공공서비스의 공급체계를 구성하는 다원적 조직체계 내지 조직 네트워크의 상호작용 패턴으로서 인간의 집단적 활동으로 파악할 수 있다. 반관반민은 정부와 민간이 공동으로 자본을 대어 회사나 시설, 단체 따위를 설립하고 경영하는 형태이다.

정책의 수립 이전에, 우선 지역별 특성 및 잠재력을 연구 조사하는 작업이 필요하다. 본격적인 정책화 단계에서는 사회적 인지도의 향상으로서 인지도 향상을 위한 사회캠페인, 성공 사례집 작성, 우수모델의 전파, 지원 자금의 조성 및 운용, 기존 중소기업지원 시책을 참고(경영지도, 보조금 교부, 신용 보증 등의 정책)하고, 사업활동 등에 관련된 정보공개 가이드라인의 책정, 자금공급자의 이해 향상, 기초적인 투자와 융자 노하우 공유, 특색 있는 융자 방식에 대한 표창 및 소개 등이 있다.

그리고 인재의 육성과 중간지원기관의 육성, 강화, 전문적인 교육개설(고교, 대학, 대학원), 성공사업자 현장훈련 기회 제공 등이 있으며 , 구체적인 과제에 대한 검토와 해결을 모색할 수 있는 관계자들 간의 연대의 장 만들기가 있다. 사업전개의 지원으로서 경영, 유통, 포장 디자인 등 전문성이 필요한 영역의 지원과 컨설팅, 사업기반 강화를 위한 모니터링 등이 필요하다.

사업자의 사회성을 합리적으로 평가 가능한 지표를 개발하는 데에 영국 CIC

(Community Interest Company) 법과 미국 민간 인증제도 등을 참고할 수 있다. 또한 기존 형태의 장단점과 구체적 니즈를 파악한 기획안을 마련하여야 한다. 영국에서는 '사회적 기업'을 대상으로 한 커뮤니티 이익회사(CIC)가 2004년 창설되어 사회 공익적 활동에 신용을 담보하는 시스템을 운영하고 있으며, 첫째, 지역 자산의 활용을 통한 지역산업 만들기, 둘째, 새로운 고용 창출을 통한 지역경제력의 향상, 셋째, 지역과제에 기반 한 생활밀착형 서비스의 개발과 삶의 질 향상, 넷째, 주민의 자발적 참여와 협력에 의한 지역사회 통합 등의 업무를 수행하고 있다. 특징으로는 커뮤니티 이익 테스트로서 활동의 공익성에 대해 Regulator가 판단(Regulator는 사회적 기업 등에 대한 전문가가 정부로부터 독립된 존재로 임명)한다.

우리나라의 지역 활성화 문제를 살펴보면, 지금까지 정부가 일방적으로 도와주었기 때문에 지역을 더욱 어렵게 만든 측면이 있다. 이제 그보다는 지역이 어떻게 스스로 자생 능력을 갖출 것인가에 주안점을 두어야 할 시점이다. 커뮤니티 비즈니스의 핵심은 지역 주민들이 커뮤니티를 기업으로 인식하고 거기에 참여해 얻어낸 이익을 지역사회에 분배하는 것이다. 이를 통해 고용을 촉진하고 지역 경제를 활성화해 잘사는 마을을 만드는 것이다. 우리나라의 지역 사업이 진정한 커뮤니티 비즈니스가 되기 위해서는 사업의 차별화가 필요하다. 이를 위해서는 지역 주민이 지역의 한계를 극복할 수 있도록 외부와의 관계를 구축하는 한편 지역의 자연환경 등 생태적 자본의 확보와 육성이 필요하다. 즉, 국내 실정에 맞는 인적 네트워크 구축과 자연환경 활용 방법에 대한 정립이 필요하고 이를 바탕으로 국내 특성에 맞는 지역 기반 사업 모델의 개발이 선행되어야 하는 것이다.

국내에서 커뮤니티 비즈니스가 성공하기 위해서는 현재의 문제점을 극복하면서 외국의 사례에서 발견된 성공 요인을 우리 실정에 맞게 도입할 필요가 있다. 정부나 지방자치단체의 정책 수립 입장에서 커뮤니티 비즈니스를 피상적이며 자신의 편의에 따라 이해하는 것은 매우 위험한 결과를 초래할 수 있다. 지역 활성화라는 본래의 취지를 저버리고 자치단체장의 표심을 의식한 전시성 행사로 전락하고만 많은 지역 축제를 여전히 반복할 뿐 다른 대안을 내놓지 못하고 있는 지자체들이 반드시 숙고해야 할 대목일 것이다. 앞으로의 복지경영은 더욱더 커뮤니티 중심의 복지활동을 평가하고 분석하여 비전을 제시하는 것이 필요하다.

SECTION 02 창조적 리더십과 복지경영

1) 창조적 리더십과 복지경영

(1) 창조 리더십

경영위기는 조직 내 유연성이 적절한 수준일 때 최소화된다. 성과 극대화만을 추구하는 기업은 유연성을 비효율과 낭비의 원인으로 간주하고 이를 과도하게 제거하려는 노력을 기울이는 경향이 있다.

위기감을 느낀 기업들은 과거 어느 때보다 리더십의 필요성을 절감하고 있다. 기업들은 리더십의 핵심요소로 '창조성(creativity)'을 꼽고 기업 내에 '창조 리더십'의 중요성을 제시하고 있다. CEO들은 증가하는 복잡성을 관리할 수 있는 리더십의 핵심요소로 창조성을 꼽았다.

창조 리더십은 기존 통념을 과감히 버리고 때론 과도할 만큼 독창적인 생각을 실행에 옮기는 능력이며 이 리더십은 용기와 개방적인 사고가 필수적이다. 기업 내에 조직원 전체가 창조 리더십을 기를 수 있는 기초를 마련해 주어야 한다는 것이다. 결국 기업가의 창조 리더십이란 창의적인 인재를 육성하는 능력이다.

창조적인 리더들은 기업 문화를 쉼 없이 개선하고 과거의 성공모델을 선별적으로 기억에서 지우며, 직원은 물론 고객, 외부 전문가와 함께 새로운 제품과 서비스를 만들어 내고 있다. 인도 최대 은행인 스테이트뱅크오브인디아(SBI : State Bank of India)도 창조 리더십을 통해 두드러진 성과를 내고 있다. 인도 전역에 있는 2만 개의 지점을 통해 20만 명을 고용하고 있는 SBI는 인도 최대 은행답게 창조적인 인재도 넘쳐났다(김광웅, 2009).

기업 내에 창조 리더십을 확산시키려면 소통을 막는 장벽을 부수고 창조적인 리더에 대한 보상을 확실히 해야 한다. 회사가 위기의식을 유지하는 것이 불가능하다면 종업원의 사기는 확실히 둔감해져 수익성 있는 회사를 만드는 데 중요한 요소를 놓치게 된다. 때문에 위기감을 체계적으로 유지하는 일은 기업경영에서 매우 중요한 요소이다.

사람들은 기본적으로 변화와 혁신을 싫어하기에, 변화를 위한 첫 번째 조치는 모든 직원들이 위기의식을 공유하게 하는 것이라 한다. 위기가 눈앞에 닥쳐야만 비로소 사람들은 움직이기 시작하기 때문이다. 영국의 한 학교에서 있었던 일이다. 학기 초, '우수한' 아이들로 편성된 학급이 '우둔한' 학급으로, '우둔한' 학급은 '우수한' 학급으로 컴퓨터에 잘못 입력되는 일이 발생했다.

그로부터, 5개월이 지나고 나서야 학사관리가 잘못됐다는 사실을 발견하게 되었다. 당황한 학교 측은 컴퓨터의 오류에 대해 아무에게도 말하지 않은 채 학생들에게 다시 시험을 치르도록 했다. 그런데 놀랍게도 원래 우수한 아이들의 성적이 크게 떨어진 것이었다.

왜냐하면 이들은 학기 내내 선생님들에 의해 열등하고 학습능력이 부족한 아이들로 여겨져 왔기 때문이었다. 하지만 반대로 우둔한 학급의 점수는 크게 올라갔다. 그 이유는 선생님들이 학생들을 대단히 우수한 아이들로 여기고 교육하였고, 그들에 대한 긍정적인 기대감을 늘 표현했기 때문이었다. 위기의식은 그러므로 삶의 현장에서 많은 변화를 주고 있음을 볼 수 있다.

리더들에게 위기란 이제 더 이상 낯선 단어가 아닐 것이다. 최근 들어 종잡을 수 없이 나타나는 경제의 난기류는 기나긴 경기침체와 더불어 리스크를 동반하고 있기 때문에 그 수위가 지난 수십 년 가운데 가장 위협적이다.

누구나 알 만한 브랜드나 기업이 하루아침에 속수무책으로 무너져 내리거나 아예 시장에서 사라져 버리는 경우는 이제 그리 놀랄 만한 일도 아니지만 격변기 속에서도 위기상황을 기회의 발판으로 더욱 굳건해지고 종래에는 업계의 리더로 부상하는 기업들도 볼 수 있다.

시장 경제에 불어닥친 폭풍의 세기는 같은 상황인데도 모든 기업의 데미지는 똑같지만은 않은 것이다. 기업에게 있어 생존이란 이제 그 어떤 요소보다도 최우선의 목표가 되어버렸다. 과연 더욱 가파른 경제시장에서도 살아남는 기업과 끝도 없이 추락하는 기업의 차이는 무엇일까?

호황이 있으면 불황도 있기 마련이다. 영원한 호황도 영원한 불황도 없다. 그저 사이클로 매번 반복될 뿐이다. 하지만 똑같은 역사가 수도 없이 반복되는 걸 보면 사람들의 망각하는 기술도 가히 극강의 경지에 다다르게 된다.

금융위기를 겪은 기업들이라면, 다시 한 번 위기 경영에 대해서 고민해 보아야 할 테다. IMF를 겪으면서 기업의 현금흐름 관리 능력이 얼마나 중요한지 배웠다면, 이번 금융위기를 통해 단순히 위기를 살아남아야 하는 문제로 인식할 게 아니라 더 높이 비상할 수 있는 기회로 사는 지혜를 배웠어야 하는 것이 아닌가 싶다.

(2) 성공적인 전략

가장 성공적인 전략은 핵심사업을 강화하고 확장하도록 해주는 반복 가능성이 높은 모델에 기반 한 것들이었다. 반복 가능성이 높은 모델의 힘은 그 단순성에 있다. 이 모델은 모든 조직구성원이 사업의 우선순위를 알고 핵심사업을 최대한 강력하게 만드는 기술과 역량을 확보하고 유지하는 것을 가능하게 한다. 따라서 이런 조직은 기회가 생겼을 때 빠르게 움직일 수 있다. 경기침체기에 이 전략이 매우 중요한 이유이다.

수많은 비즈니스 리더들에게 위기란 이제 더 이상 낯선 단어가 아닐 것이다. 최근 들어 종잡을 수 없이 나타나는 경제의 난기류는 기나긴 경기침체와 더불어 리스크를 동반하고 있기 때문에 그 수위가 지난 수십 년 가운데 가장 위협적이다. 누구나 알만한 브랜드나 기업이 하루아침에 속수무책으로 무너져 내리거나 아예 시장에서 사라져 버리는 경우는 이제 그리 놀랄 만한 일도 아니지만 격변기속에서도 위기상황을 기회의 발판으로 더욱 굳건해지고 종래에는 업계의 리더로 부상하는 기업들도 볼 수 있었다.

CEO의 위기경영은 핵심적인 기업 활동을 위한 최적의 조건을 제시하기 위해 먼저 현재의 위치를 제대로 파악할 수 있는 방법과 핵심사업의 재정립, 그리고 조직 강화와 성과 개선으로 위기 속에서 이제는 창조적 리더십으로 복지경영을 이루어야 할 것이다.

SECTION 03 사회복지적 리더십과 복지경영

1) 사회복지적 리더십과 복지경영

(1) 리더십의 정의

리더십(leadership)의 정의는 그동안 많은 연구가 진행되었음에도 아직 합의된 연구가 이루어지지 않고 있다. 일반적으로 리더십은 지휘력, 지도력, 영향력 등으로 불리고 있으며, 한 개인이 다른 구성원에게 이미 설정된 목표를 향해 정진하도록 영향력을 행사하는 과정으로 정의하고 있다. 그래서 리더십은 조직의 목표 관리원의 동기부여 및 목표 설정 참여, 조직구성원들의 지속적 행동유지 차원으로 이해해야 하며 모든 경영활동은 리더의 효율적 리더십에 따른 구성원의 성공적 통합 여부에 달려 있다고 하겠다. 리더십은 일정한 상황에서 구성원들이 목표를 달성할 수 있도록 영향력을 행사하는 과정이며, 그 영향력은 사람을 변화시키고 새롭게 하고 힘을 주고, 분발 고취시키는 행위를 말한다(김성철 외, 2018).

종합적으로 정리하면, 리더십이란 목표의 설정과 달성을 위하여 개인이나 집단에 영향을 미치는 과정이며, 과업수행집단의 활동을 지휘하고 조정하는 능력이고, 한 사람이 다른 사람에게 특정한 목표를 달성하도록 하기 위하여 동기화하는 행동이다. 이러한 리더십의 정의에는 두 가지 중요한 특징이 있다. ① 리더십은 조직체 성원들에 대한 권위, 혹은 권력의 위계적 관계이다. ② 리더와 성원들 간의 협동적인 관계이다(김치영 · 최용민, 2006).

(2) 리더십의 특성

리더십은 공식적 또는 비공식적 조직을 막론하고 인간관계에 있어 지대한 관심사로서 보는 관점에 따라 개념을 달리 규정하고 있다. 즉, 리더십은 모든 조직활동에 동기를 부여하고 촉진하여 다양한 집단활동을 일정한 목표로 향하도록 일체감을 조성하는 기능으로 볼 수 있다.

① 리더십 특성

- 리더십의 활동 중심은 개인이다.
- 리더십은 역동적 행위이다.
- 리더십은 사람에게 영향력을 주기 위한 활동이다.
- 리더십의 가장 중요한 요인은 영향력이다.
- 리더십의 목표는 목적달성이다.
- 리더십은 의도적이다.

② 리더십 목표

- 조직 및 집단목표의 선택
- 조직 및 집단 내외에서 발생하는 여러 가지 사건에 관한 해석
- 목표 달성을 위한 업무 활동의 조직화 및 구성원의 동기 유발
- 구성원들 간의 협동관계 및 팀워크의 유지
- 조직 및 집단하부로부터 지지와 협조의 도출이라고 할 수 있다(김치영 · 최용민, 2006).

따라서 리더십은 집단의 단합과 사기(morale)를 증대시키고 또한 집단구성원의 개별적인 발전을 촉진시킬 수 있도록 집단 내의 상호작용을 통제하는 것을 의미한다고 볼 수 있다. 이러한 관점에서 리더십은 관리자의 관리능력을 수행하는 데 절대적이며 필수적 요건이라 하겠다. 특히 발전목표를 달성하기 위하여 의식적인 변동을 가져오려는 과정에서는 집중적이고 의욕적이며 능숙한 내외관계의 관리가 필요하기 때문에 지도력 발휘는 지도자들의 중요한 역할이라 하겠다.

리더십이란 어떤 상황하에서 목표달성을 위해 어떤 개인이 다른 개인, 집단의 행위에 영향력을 행사하는 과정이다.

리더십은 다른 사람들에 영향을 미쳐서 목표 성취를 위해 나아가게 할 수 있는 능력입니다. 리더십을 이야기할 때 자주 등장하는 것이 리더와 매니저의 차이이다. 일상적인 업무를 효율적으로 효과적으로 해낼 수 있도록 조정하며 조율하는 사람을 매니저라고는 하지만 리더라고 하지는 않는다. 리더는 단순히 조직을 관리하고 일상적 의사결정을 하는 사람을 뜻하지 않는다. '목표(goal)'를 향해 조직을

이끌어 갈 수 있는 사람, 조직의 목표를 명확히 해주며 구체적 동기유발을 이끌어 낼 수 있는 사람, 미래의 비전을 향해 방향을 잡아줄 수 있는 사람을 리더라고 한다.

리더십 이론에 있어서 베버(Weber)는 리더십을 리더가 권한을 어떻게 획득하고 실행하느냐에 있다고 보고 세 가지로 분류하였다.

③ 베버(Weber)의 리더십

첫째, 전통적 권한(traditional authority)의 리더인데, 전통적인 윤리나 사회관습, 신분을 기초로 하는 권위를 행사하는 리더를 말한다. 원시사회나 근대화가 철저하지 못한 사회에서 나타나는 리더의 유형의 가부장적 색채가 짙다.

둘째는, 카리스마적 권한(charismatic authority)의 리더인데, 예언자나 영웅 등 어떤 개인의 탁월한 통솔력이나 인기에 토대를 둔 권위로서 전쟁 영웅이나 종교적 예언자가 그 예이다. 이들은 보통 초인간으로 떠받들어진다.

셋째, 합리적 또는 합법적 권한(rational or legal authority)의 리더로서 집단의 성원들이 정당하다고 인정하는 규칙 또는 법률에 토대를 둔 권위로서 선거를 통해 선출된 현대국가의 대통령, 국회의원 및 법률에 따라 임명된 각급 관료들이 이에 해당한다.

설젠트(Sergent)는 리더의 유형은 리더와 추종자와의 관계성을 기준으로 특징지어지는 것이라고 하여 역사적인 인물은 중심으로 리더십을 카리스마적 리더(charismatic leader), 상징적 리더(symbolic leader), 예우자(head man), 전문가(expert), 행정적 또는 집행적 리더(administrator), 선동가 혹은 개혁가(agitator or reformer), 강압적 리더(coercive leader) 리더십은 리더가 주어진 환경 속에서 조직구성원들을 통하여 조직의 목표나 목적을 달성하려는 목표지향적 행동이기 때문에, 리더십의 결과는 리더와 조직구성원 상호 간의 영향과정에 달렸다(김성철 외, 2018).

이 영향과정에 따라서 조직구성원의 행동은 물론 의도한 성과의 달성 여하가 결정되고, 나아가서는 이로 인한 만족감도 결정된다. 그러나 여러 가지 유형의 리더십중에서 가장 중요한 리더십은 무엇보다도 섬김과 나눔의 복지적 리더십이 중요하다고 생각한다.

④ 사회복지적 리더십

이 사회복지적 리더십이 바로 미래의 리더십이라고 본다. 사회복지적 리더십은 전통적 리더십 스타일의 대안으로 직원들의 개인적 성장을 신장시키는 동시에 조직의 질적인 개선을 시도한 새로운 리더십 이론이다.

사회복지적 리더십에서는 팀워크, 지역공동체, 의사결정에의 참여, 윤리적 행태 등을 강조한다. 스피어스(L. Spears)는 이러한 사회복지적 리더십을 인간개발의 새로운 시대에 알맞은 진정한 희망과 방향을 제시하는 것으로 주장하고 있다.

사회복지적 리더십은 1970년 그린리프(R. K. Greenleaf)가 '리더로서의 봉사자(Servant-Leadership)'라는 책에서 만들어 낸 개념이다. 그린리프는 봉사리더는 무엇보다도 먼저 다른 사람에게 봉사하는 사람을 규정짓고 있다.

리더로서의 봉사자 또는 하인은 먼저 봉사하고자 하는 자연스러운 감정을 가지게 되면 리더가 하고자 하는 운명을 의식적으로 선택하게 된다는 것이다. 사회복지적 리더의 특성은 경청, 감정이입, 영적인 치유, 자각, 설득, 개념화, 통찰력, 봉사정신, 성장의 몰입, 공동체 확립 등 10가지로 주장한다.

이것은 특징 자체가 손쉽게 얻어지는 특징이나 자질이 아니라 리더가 되고자 하는 사람들의 절대적인 노력이 필요하기 때문이다. 스미스(R. W. Smith)는 전통적 리더십과 봉사리더십과의 차이를 이론가, 가치, 신념, 수수께끼 풀이, 리더십 스타일, 부하의 스타일 등으로 규정하고 있다. 리더십의 3대 기본 요소는 지도자, 추종자, 상황이다(김성철 외, 2018).

사회복지적 리더십으로 어떤 것이 바른 것이고 세상이 나아갈 바가 무엇인지 목표를 먼저 분명히 알고 사람들과 더불어 함께 살아가는 것이 바람직하다고 보며 세상의 빛과 소금의 역할을 하기 위해 사회복지적 리더십이 필요하다고 본다.

그리고 모든 삶과 기업은 경영이듯이 복지경영을 통한 나눔과 섬김의 경영을 통해 나아가는 것이 오늘날의 사회에 절대적으로 필요하며 필요하고, 또 하나는 소금과 같은 역할이 필요한데 세상이 이미 썩은 것이 아니고 구석구석 사랑, 봉사, 희생이 많이 살아 있는데, 이런 자생적인 것들이 썩지 않도록, 보존되고 유지되게 하기 위해 사회복지적 리더십과 복지경영이 함께할 때 미래는 아름다운 사회가 될 것으로 본다.

2) 서번트리더십과 복지경영

(1) 서번트리더십과 복지경영

서번트리더십을 직역하면 '하인의 리더십'이지만 국내에서는 '섬기는 리더십'으로 알려져 있다. 미국 학자 로버트 그린리프[10)]가 1970년대 처음 주창한 이론으로 '다른 사람의 요구에 귀를 기울이는 하인이 결국은 모두를 이끄는 리더가 된다.'는 것이 핵심이다. 즉, 서번트리더십은 인간존중을 바탕으로, 구성원들이 잠재력을 발휘할 수 있도록 앞에서 이끌어 주는 리더십이라 할 수 있다. 한편 서번트리더십은 리더의 역할을 크게 방향제시자, 의견조율자, 일 · 삶을 지원해 주는 조력자 등 세 가지로 제시하고 있다.

드러커(Drucker)는 『미래경영(Managing for the Future)』에서 지식시대에서는 기업 내에서 상사와 부하의 구분도 없어지며, 지시와 감독이 더 이상 통하지 않을 것이라고 하였다.

그러므로 리더가 부하들보다 우월한 위치에서 부하들을 이끌어야 한다는 기존의 리더십 패러다임에서 리더가 부하들을 위해서 헌신하며 부하들의 리더십 능력을 길러주기 위해 노력해야 한다는 서번트 리더십 위주의 패러다임으로의 전환이 바람직하다고 볼 수 있다.

"언젠가 진실은 통한다"라는 말이 있듯이 사회복지사에게 '진실성'은 복지를 시작하는 가장 중요한 부분이다. '진실성'이 시작이라고 하면, 복지 통로를 만들기 위함은 '민감성'이다. 사회복지사는 지역복지에 대한 촉각을 곤두세워 민감하게 반응해야 한다.

드러커는 노동은 기계가 대신해 주고 완전히 자동화되는 날이 올지도 모르지만 지식만은 오직 훌륭한 인간적인 자원인 것이다. 지식은 책에서 얻어지는 것이 아니다. 지식은 정보를 담고 있는데 불과하다. 지식이란 정보를 특정한 업무 달성에 응용하는 능력인 것이다(김성철 외, 2018).

지역사회복지의 실천은 모든 주민들이 주체가 되겠지만, 그 연결 통로의 활성

10) 미국에서 태어난 로버트 K. 그린리프(1904~1990)는 AT & T에 입사해 38년 동안 근무(1964년 은퇴할 때의 직위는 경영연구 담당 부회장)한 절실한 경험을 바탕으로 '서번트 리더십 이론'을 주장/발전시켰고, 그 뒤 12년 동안 MIT, 하버드 비즈니스 스쿨, 다트머스 대학 등에서 강의하는 한편, 포드 재단, 걸프 오일, 인도 정부 등의 컨설턴트로서 세계적 명성을 쌓았다.

화는 사회복지사의 민감한 반응에 따라 희비가 엇갈린다고 생각했다. 마지막으로 사회복지사는 통로가 중간에 새어나가지 않고 끝까지 올 수 있도록 '일치성'을 가져야 한다고 생각했다.

사회복지사는 어떤 고난과 역경이 닥치더라도 자신의 초심을 잃지 않고, 비윤리적인 사회에 물들지 않을 수 있는 진실한 마음을 끝까지 유지해야 한다. 작은 복지의 시작은 인간의 정서적 유대감(사랑)에서 시작된다고 생각한다. 한 사람, 한 사람에게 따뜻한 마음이 전해진다면, 더 나아가 그 지역사회에 보이는 복지가 아닌 정말 속에서 밝게 빛나는 복지를 실천할 수 있다.

재벌 그룹이 몰락할 때마다 지적되었던 실패원인 중의 하나가 시장에서의 신뢰 상실이었다. 기업이 시장에서 신뢰를 잃게 되면 생존의 기회는 물론 모든 것을 잃게 된다. 그래서 한 기업이 신뢰를 얻기 위해서는 기업 내부의 신뢰 기반이 높은 수준으로 축적되어야 한다. 일반적으로 기업 내의 신뢰는 리더의 리더십에 영향을 받는다.

즉, 리더는 자신의 전문적인 일을 통해서는 물론 부하들을 통하여 자기 조직의 목표를 달성해야 한다. 켈의 법칙에 의하면, 구성원들 간에 수직적 관계의 거리가 짧을수록 직접적인 접촉기회가 많은 반면에 수직적 관계의 거리가 멀수록 직접 대면할 기회가 적어진다.

그래서 상하 간의 심리적 거리가 크면 클수록 쌍방향의 활동이 되기보다 위에서 아래로 진행되는 일방적 행위가 되기 쉽다. 이는 리더의 과제 중심의 지위와 통제가 점차 강화된다는 것을 의미한다. 이러한 환경에서는 다수 구성원들의 자발성을 기대하기 어렵기 때문에 구성원들의 몰입과 헌신 그리고 창의성이 낮아진다.

따라서 신뢰를 바탕으로 심리적 거리를 좁힘으로써 관계의 질을 높여야 한다. 이러한 관계의 질을 높이기 위해선 리더의 직급에 따른 영향 요인을 행사하는 방법이 달라져야 한다. 즉, 수직적 거리가 짧을 경우에는 직접적인 상호작용을, 수직적 거리가 멀 경우에는 제도적 장치를 통한 커뮤니케이션을 마련함으로써 조직 전체의 효율성과 생산성을 높일 수 있다.

상사의 리더십 행위가 부하들에게 어떻게 받아들여지고 있느냐에 따라 상사에 대한 부하들의 신뢰 정도가 결정된다. 따라서 리더는 자기 자신에 대하여 엄격한 규범과 기준을 적용할 수 있어야 한다. 이러한 실천의 밑바탕에는 신뢰와 이를 바탕으로 한 리더십이 자리 잡고 있었다.

새로운 리더십 이론으로 각광받고 있는 서번트리더십이란 부하와의 관계 관리(relation-management)를 중시하는 것으로, 부하를 가장 중요한 재원(財源)으로 보고 부하에게 리더의 모든 경험과 전문 지식을 제공하면서 부하를 굉장히 중요하게 평가하고 어떤 면에서는 극진하게 모시는 리더십을 말한다.

미래학자 피터 드러커는 "지식시대에서는 기업 내 부하와 상사의 구분이 없어지고, 지시와 감독이 더 이상 통하지 않는다"라고 이야기한다. 이는 상사가 부하보다 우월한 입장에서 부하들을 이끌어야 한다는 기존의 패러다임에서 리더가 부하를 위해 헌신하며 부하의 능력을 길러주어야 한다는 서번트리더십의 새로운 패러다임의 시대가 왔음을 보여주는 것이다.

미래기업의 경영자에게 바람직한 리더십 모델로서의 서번트리더십이 절실히 요구되는 시대이다. 리더십의 변화가 절실히 요구되는 점을 감안할 때 국내 학계에서는 서번트리더십에 관해 좀 더 많은 관심을 가지고 이에 대한 연구를 확대해야 할 것이며, 국내 기업들도 서번트리더십과 복지경영에 대한 이해를 넓혀 나가야 할 것이다(김성철 외, 2018).

(2) 리더십의 활용방안

사회복지조직을 효과적으로 관리하기 위해서는 서비스의 질과 생산성이라는 두 가지 측면을 적절하게 혼합할 수 있는 리더십 스타일을 찾는 것이 중요하다. 외부환경에 의존적인 사회복지서비스 조직들에서는 리더십 평가의 기준을 자칫 생산성이나 효율성에 국한되어 강요받을 수도 있다. 그러한 기준들도 일견 중요하지만, 그럼에도 그것들이 서비스의 질이나 효과성 기준을 능가하는 것이 되어서는 안 된다. 사회복지서비스의 목적 개념은 서비스의 효과성에 내재해 있기 때문이다. 이런 이유로 사회복지행정의 원리는 몰가치적 행정보다는 오히려 전문직의 가치개입을 통한 리더십을 강조한다(김영종, 2010).

사회복지조직은 일반행정 조직과 다르다는 것을 알 수 있다. 리더십의 특성을 충분히 고려해야 할 것이다. 사회복지리더십의 활용 방안으로는 사회복지실천기술의 활용으로서, 사회복지조직은 수립한 프로그램의 목표를 달성하기 위하여 동원 가능한 모든 기술과 기법을 활용해야 한다. 이를 위해서는 조직의 리더뿐만 아니라 조직구성원 전체의 능력을 증진시켜야 한다. 또한 조직 내의 사기를 진작시킬 수 있는 환경과 분위기를 만들어 가는 것도 중요하다. 리더가 조직 내에서 어떠한 리더십을 발휘하고 활용하느냐에 따라 달성 여부가 결정된다는 점을 반드시 고려해야 한다.

섬김(servant)의 리더십은 전통적 리더십 스타일의 대안으로 직원들이 개인적으로 성장함과 동시에, 조직의 질적인 개선을 시도한 새로운 리더십 이론이다. 섬김의 리더십에서는 팀워크, 지역공동체, 의사결정에 참여, 윤리적 행태 등을 강조한다. 스피어(L. Spears)는 섬김의 리더십을 인간개발의 새로운 시대에 알맞은 진정한 희망과 방향을 제시하는 것으로 주장하고 있다. 섬김의 리더십은 1970년 그린리프(R. Greenleaf)가 '섬김의 지도력(servant-leadership)'이라는 저서에서 도출해 낸 용어이다. 그린리프는 헤르만 헷세의 동방기행에 등장하는 여행단의 하인인 레오에게 아이디어를 얻어 섬김의 리더십을 고안하게 되었다. 그린리프는 섬김의 리더십을 먼저 다른 사람에게 봉사하는 사람으로 규정하고 있다. 섬기는 자나 하인은 먼저 봉사하고자 하는 자연스러운 감정이 들면 지도자가 하고자 하는 것을 의식적으로 선택하게 된다는 것이다(김성철 외, 2018).

섬기는 지도자의 특성은 경청, 감정이입, 영적인 치유, 자각, 설득, 개념화, 통찰력, 봉사정신, 성장의 몰입, 공동체 확립 등을 강조하고 있다. 이는 쉽게 얻어지는 특징이나 자질이 아니라 지도자가 되고자 하는 사람들의 절대적인 노력이 필요하기 때문이다. 스미스(R. Smith)는 전통적 리더십과 섬기는 리더십의 차이를 이론, 가치, 신념, 수수께끼 풀이, 리더십 스타일, 부하의 스타일 등으로 규정하고 있다(김성철 외, 2018).

사회복지조직에서의 리더의 역할을 보면 조직의 성격에 따라 다른데, 즉 기업의 최고경영자는 이윤을 최대로 추구하는 것이며, 공공기관조직의 리더인 경우는 정책의 일관적 집행을 가장 중요한 기준으로 삼고 있다. 그러나 사회복지조직의 리더는 클라이언트와 지역사회에 제공되는 서비스 및 활동의 질로서 평가

받게 된다.

따라서 사회복지조직에서의 리더의 역할은 ① 조직에서 생산되는 산출물에 의해 직접적인 평가를 받는다. ② 양질의 서비스를 효율적으로 공급하는 것이 그들의 가장 중요한 임무가 된다. ③ 전통적 경영기술과 함께 사회복지정책 형성 과정에서도 중요한 역할을 수행한다. ④ 기관 생산성에 대한 강조와 동시에 클라이언트의 문제 및 욕구에 대해 민감할 것을 요구받는다(김치영 · 최용민, 2006).

리더는 조직 및 구성원의 발전에 대한 책임이 있다. 리더는 뚜렷하고 분명한 목표제시와 방향을 구성원에게 할 뿐만 아니라 솔선수범하는 자세를 보여줘야 한다. 그리고 리더는 상황을 직시하고 분명한 통찰력으로 문제의 핵심을 잘 진단하고, 구성원에게 합리적인 방법을 제시할 수 있는 능력을 가져야 한다. 구성원들이 문제해결 방안을 선택하면 리더는 조직이 갖춘 모든 역량을 동원하여 문제를 해결할 수 있도록 추진해 나가야 한다. 리더는 조직의 안정을 위협할 수 있는 정치적 · 경제적 · 사회적 원인들에 대하여 분석하고, 이러한 원인들이 미칠 파장을 고려하여 대비책을 마련해야 한다(김성철, 2018).

따라서 사회복지조직의 최고관리자는 당면문제의 원인을 분석하고 해결방안을 모색할 수 있지만, 최종적인 방안의 선택은 리더의 몫이기 때문에 리더는 심사숙고해야 한다. 조직의 위기는 조직을 붕괴시킬 수도 있고 조직을 한 단계 발전시키는 결과를 가져오기도 한다. 탁월한 리더는 상황에 따라 적절한 방안을 제시하여 구성원들로 하여금 스스로 문제의 원인을 찾고 해결할 수 있는 능력을 갖추어야 한다.

13

CHAPTER

사회복지기관의 경영혁신

13 CHAPTER 사회복지기관의 경영혁신

SECTION 01 미래를 준비하는 복지경영

1) 미래를 준비하는 복지경영

사카구치 다이와[1]는 '경영학 산책'이라는 책에서 사회 진출을 앞두고 의욕이 넘치는 젊은이들, 책임 있는 자리에서 이미 활약 중인 사람들, 조직에서 독립하여 자신의 일을 계획하는 용기 있는 사람들을 위해 새로운 꿈과 비전을 제시하고 있다.

사카구치 다이와는 경영학을 '이기기 위한 방법을 탐구하는 학문'이라 규정하고 현실을 위한 경영을 강조한다. '경영학 산책'은 '경영학'이라는 창을 통해 현대사회를 살아가는 필승법을 배울 수 있도록 시야를 활짝 열어주고 있다.

경영학은 이기는 방법을 개인적 · 조직적 측면에서 과학적으로 탐구해 가는 학문이다. 물론 승리할 수 있는 길을 모두 배울 수는 없다. 해답이 보이지 않더라도 최대한 냉정하고 과학적으로 생각하여 이기기 위한 방책을 찾아가도록 돕는다(사카구치 다이와, 2008).

경영학에서 생존의 지혜와 필승법을 발견한다면 경쟁사회를 보다 수월하게 헤쳐나갈 수 있을 것이다. 특히 경영학이라는 창을 통해 현실을 객관적으로 판단하고 이를 바탕으로 행동하는 사람이 미래사회의 리더가 될 것이다. 미래의 지도자는 '경영자적 시각'을 갖추도록 노력해야 한다.

최근 수년간 경영학 이론 분야는 과거 어느 때보다도 활발한 논의가 진행되고 있으며, 오늘날 빠른 성장세를 나타내는 산업 분야로 각광받고 있다. 새로운 비즈

---

1) 1941년 도쿄에서 태어났다. 도쿄대학교 법학과를 졸업한 후 닛산 자동차에 입사했다. 1972년 미시건대학교 경영학대학원으로 유학하여 MBA를 취득하였고, 전문분야는 국제경영론이다. 보스턴컨설팅그룹에서 활동하다가 릿쇼대학교 경영학부 교수가 되었으며, 미국 벤더빌트대학교 객원교수 및 멕시코국립대학원 객원연구원 등을 역임했다.

니스 이론은 과거 이론에 비해 보다 급속하게 경제 및 산업 분야에 적용되고 있는데, 이는 경영학 이론에 대한 보다 활발한 수용과 인지도의 확산을 그 주요 원인으로 볼 수 있다.

그러나 이러한 최근의 관심에도 불구하고, 경영 이론은 아직 그 초기 단계에 있다고 할 수 있다. 지금까지의 경영 이론은 한 개인의 개성 또는 마케팅 능력에 의해 많은 영향을 받아왔으며, 이 분야에 새롭게 진입하는 데 있어 강력한 제재 요인도 존재하지 않는다.

따라서 특정 자격 요건을 갖춘 사람이 아닌 마케팅 능력이 뛰어난 사람들에게 보다 많은 기회가 주어졌다고 볼 수 있다. 또한 이 분야는 자기 비판과 합리적인 토론이 어렵고, 다른 학문 분야와 같은 정설 또는 법칙의 부재에 따른 모순이 팽배해 있기도 하다. 따라서 새로운 기업 경영 아이디어를 액면 그대로 또는 절대적인 것으로 받아들이는 것은 바람직하지 못하다.

그 보다는 현재 자신의 경험과 판단에 근거한, 한 가지 제안 형태로 경영 이론을 이해해야 한다. 물론 이러한 접근 방법에서도 실수를 저지를 수 있지만, 이익 실현을 위한 기회를 최대화하고 동시에 위험을 최소화할 수 있는 방법이라 할 수 있다.

고전적 경영학, 행동론적 경영학이 경영이론의 발전에 큰 공헌을 한 것은 사실이지만 경영환경 여건이 변화하면서 최근에 와서는 시스템이론 등 새로운 이론들이 큰 영향을 미치고 있다. 이들 새로운 경영이론들은 경영에 대한 사고의 혁신을 가져왔기 때문에 현대적 경영학으로 평가받고 있다.

헨리 타운(Henry Towne)[2]은 고전적 경영학이라고 불리는 새로운 주요 접근 방식을 선도하는 데 도움을 주었으며, 독립된 연구분야로서 경영학의 창설을 주장했다. 고전적 경영학이란 작업과 조직을 더욱 효율적으로 관리하는 방법에 대한 연구를 강조하는 경영학에서의 관점을 말한다. 고전적 경영학에는 과학적 경영, 관료적 경영, 관리적 경영의 세 가지 접근 방식으로 이루어져 있다(사카구치 다이와, 2008).

2) 헨리 로빈슨 타운(Henry Robinson Towne, 1844~1924)은 초기 기계화 관리 시스템으로 알려진 미국의 기계 엔지니어이자 사업가이다.

(1) 과학적 경영(scientific management)은 종업원의 능률을 증진시키기 위한 작업 방식에 대한 과학적 연구를 강조하는 고전적 경영 이론상의 한 접근방식이다. 이 경영 이론의 대표자는 테일러(Frederick Winslow Taylor), 프랭크와 길브레스(Frank & Lillian Gilbreth), 겐트(Henry Gantt)이다.

(2) 고전적 경영이론의 또 다른 영역은 관료적 경영(Bureaucratic Management)이다. 이는 소유주나 경영자가 독단적이고 일시적인 기분에 의해서 운영하기보다는 합리적인 태도에 의해 조직을 운영해 나갈 것을 강조하는 경영이론이다. 관료적 경영 접근은 저명한 독일의 조직을 운영해 나갈 것을 강조하는 경영이론이다. 관료적 경영 접근은 저명한 독일의 사회학자인 베버(Max Weber, 1864~1920)의 연구에 바탕을 둔 것이다.

(3) 과학적 경영의 주창자들은 종업원들이 업무를 더욱 효율적으로 하기 위해 사용될 수 있는 이론들을 개발하는데 노력하고, Weber는 관료주의의 개념을 개발하는데 노력하는 동안 또 다른 고진직 경영학의 지류가 개발되고 있었는데 그것이 바로 관리적 경영(Administrative Management) 접근방식이다. 이는 경영자가 조직 내부의 활동을 조정하는데 이용될 수 있는 원칙에 초점을 둔 경영이념으로 주요 공헌자로는 페이욜(Henri Fayol)과 버나드(Chester Barnard)가 있다.

2) 행동론적 경영학의 발달

(1) 호손 연구와 인간관계

과학적 관리에 초점을 두고 실험한 결과 예기치 못한 결과가 나타났으며, 이로 인해 인간의 심리적 요인이 생산성을 증대시키는 데 더 중요하다는 점을 발견하게 되었다.

작업장에서의 종업원간의 상호작용이나 비공식 집단이 근로자의 태도와 행동을 형성하는 중요한 역할을 한다는 사실을 지적하였다.

(2) 매슬로우의 욕구단계이론

욕구란, 인간이 충족하고 싶어 하는 생리학적이고 심리학적인 결핍이다. 따라서 욕구는 인간의 작업태도와 행동에 영향을 미친다. 매슬로우는 인간의 욕구를 5단계로 분류하고, 순차적으로 가장 저차원적 욕구로부터 가장 고차원적 욕구로 서열화되어 있으며, 이전 단계의 욕구가 충족되어야만 그 다음 단계의 욕구가 의식을 지배하여 동기유발을 하게 된다고 주장하였다.

(3) 맥그리거의 대이론

경영자들이 인간에 대하여 지니고 있는 가정을 두 가지 범주로 나누어 X이론적 인간관과 Y이론적 인간관으로 구분하고 있다. 매슬로우의 이론에 입각한 Y이론은 고차원적 욕구 충족과 관련이 있으며, X이론보다 Y이론이 더 적절하다고 맥그리거는 주장하였다.

(4) 아지리스의 성숙/미성숙 이론

성숙한 인간과 미성숙한 인간은 서로 다른 태도와 행동을 갖게 된다고 주장하명서, X이론적 인간관을 미성학한 유아적 인간관으로 규정하고, X이론으로부터 Y이론으로의 연속적 발전을, 건전한 성인으로 성장해 가는 인간의 성숙 과정이라고 언급하고 있다.

고전적 경영학, 행동론적 경영학의 차이점은 고전주의 경영학이 기계론적 접근으로 인간의 인격성을 간과하고, 조직의 생산성이나 능률에만 치우쳤다. 이에 반면 행동론적 경영은 작업장에서의 인간적 관점에 관한에 관한 강조가 논의되기 시작하였다.

우리가 건강검진을 받을 때 심장이나 위장 등 신체 일부기관만의 건강상태를 체크할 수 있다. 이 경우에 아무리 심장의 건강상태가 양호하다 하더라도 이것만을 근거로 신체가 전체적으로 건강하다고 무조건 판단할 수는 없다.

신체의 건강은 각 부분을 단편적으로 볼 것이 아니라 이들 각 부분들의 상호관련성 속에서 몸 전체의 상태를 파악해야 올바른 판단을 할 수 있는 것이다. 사회복지학은 어떤 사회현상에 내재하는 사회문제에 대처하는 사회적 시책을 강구하는 학문으로서의 성격이 강하다.

따라서 다른 사회과학이 순수성이 강하다고 한다면 사회복지학은 응용성과 실용성이 상대적으로 강하다고 할 수 있다. 사회복지가 해결하고자 하는 사회문제가 시대에 따라 확대되어 왔기 때문에 사회복지의 개념과 영역도 확대되어 온 것이다.

사회복지가 발전해 온 과정을 깊이 연구하고 사회복지라는 개념은 결코 고정적인 것이 아니고 앞으로도 사회변화와 사회문제의 성격변화에 대응하면서 계속 변화 발전해 갈 것이다.

SECTION 02 조직목표와 복지경영

현대 사회조직이 복잡하고 빠르게 변화함에 따라서 가장 중요하면서 가장 부족한 것이 커뮤니케이션이라고 생각한다. 조직을 하나의 교향악단에 비유한다면, 지휘자가 연주자들의 호흡을 읽어 매끄러운 연주를 할 수 있다면 조직도 고위 경영자가 각각의 서브 경영자들과 커뮤니케이션을 통해 조직을 제대로 경영할 수 있다고 본다.

1) 조직의 목표

커뮤니케이션은 전달자와 피전달자의 채널에 의해 직접적인 접촉으로 행해지는 대인(對人) 커뮤니케이션, 매스미디어를 통해 익명성의 대중에게 전달되는 매스 커뮤니케이션으로 나뉜다. 커뮤니케이션은 인간의 사회적 성격을 반영하는 인지적 상호작용이기 때문에 사회적 상호작용이 맺어지는 형식에 따라 다양한 형태의 커뮤니케이션이 존재할 수 있다. 커뮤니케이션은 사회적인 행위의 양식이다.

조직의 질서와 체계는 인간이 만든 것이기에, 한때는 좋은 아이디어였을지 몰라도 시간이 지나고 나면 모순투성이며 이해할 수 없는 것들이 되어버린다. 그러면서도 변화를 싫어하는 조직의 사람들은 규정이나 전통이라는 이유로 대물림하고 있는 것이 현실이다. 조직의 중간계급에서는 끝까지 저항하며 바꾸려는 노력을 꾸준히 해야 하는 의무가 있다.

자기 계발이나 경력 개발은 스스로 책임져야 한다는 것이다. 조직 내에서 역할이 작다거나 업무 구분이 명확하지 않다면 본인의 실력을 보여줄 수 있는 기회를 만든다든지 상사와의 조율을 통해 업그레이드 할 수 있는 기회를 만들어야 할 것이다.

현대의 지식근로자에게 자기관리는 각자가 '최고경영자'처럼 생각하고 행동해야 함을 요구하고 있다. 경영은 다양한 지식과 기술을 가진 사람들을 하나의 조직에 통합하고자 하는 모든 노력과 관련이 있다. 경영의 과제는 공동의 비전과 목표 그리고 가치관에 대해 깊이 생각하고, 결정하고, 구성원들에게 제시하는 것이다.

기업의 목적과 사명에 대한 정의 그리고 사업에 대한 정의가 내려지고 나면, 그것은 반드시 구체적인 목표들로 표현되어야 한다. 목표는 구체적인 작업으로 전환될 수 있어야 한다. 사회 문제들이 우리가 문제를 보는 관점을 바꾸기만 하면 저절로 소멸될 수도 있다고 기대하는 것은 어리석은 생각이다.

문제가 해결되는 것은 누군가가 어떤 조치를 취했기 때문이다. '자신의 일에 대해 조직 내의 다른 어느 누구보다도 더 많이 알아야 한다는 것은 지식 근로자에 대한 정의를 구성하는 한 가지 요소이다. 지식 근로자는 자신이 스스로 설정한 기준에 따라 성장한다는 것이다.

조직이 달성하고자 하는 바람직한 장래의 상태에 대해 목표(目標)라는 용어 대신 '목저(目的)'이라는 말을 쓰는 학자도 있고, 심지어는 목적을 목표보다 장기적이고 상위적(上位的)인 개념으로 이해하는 사람도 있다. 조직이라면 그것에는 반드시 공동의 목표가 있기 마련이다. 목표가 없는 조직은 조직이라고 볼 수 없다. 조직이라는 것은 사람들의 공동의 목표를 달성하기 위해 모인 집단이기 때문이다.

목표에는 조직구성원 개개인이 추구하는 목표도 있을 수 있다. 그러나 행정학에서 연구 대상으로 삼고 있는 목표란 인적 집합체로서의 조직이 추구하는 목표이다. 조직의 목표는 미래에 지향(志向)된 영상이지만 그 영향은 미래의 상태에만 미치는 것이 아니라 현재의 조직 행동에도 크게 작용한다.

조직의 목표는 그 조직의 강력한 행위자 한 사람에 의하여 결정될 수도 있고, 여러 구성원들의 참여와 합의에 의하여 결정될 수도 있다. 그러나 민주사회에서의 행정조직의 목표는 민주적인 의사결정과정, 즉 보다 많은 사람과 여러 집단의 참여를 통하여 이루어져야 할 것이다.

조직의 목표는 여러 가지 기능을 한다. 그중에서도 중요한 기능으로는 다음과 같은 것을 들 수 있다.

첫째로, 조직의 목표는 조직이 나아갈 방향을 제시하는 기능을 한다. 즉, 조직의 구성원들로 하여금 장래의 원하는 상태를 이룩할 수 있도록 행동의 지침을 제공한다.

둘째로, 목표는 그 조직의 주위 환경(사회)으로부터 정당성(正當性)을 인정받을 수 있는 근거로서의 기능을 한다. 즉, 목표는 조직이 하는 약속이라 할 수 있으므로 사회를 구성하는 여러 요소들은 이 약속을 믿고 조직에게 정당성을 부여하는 것이다.

셋째로, 목표는 조직 구성원들에게 일체감(一體感)을 갖도록 할 뿐만 아니라 동기부여의 기능도 수행한다.

넷째로, 목표는 효과성을 평가하는 척도로서의 기능을 한다. 여기서 효과성(effectiveness)이란 조직이 여러 과정을 통하여 자기가 내세운 목표를 달성하는 정도를 말한다.

한편 조직의 목표는 지도자의 태도 변화, 권력구조의 변화, 조직구성원들의 성향 변화 등 조직 내의 요인이나 환경의 변화와 같은 조직외적 요인에 의해서 변화하는 경우가 많다. 그 변화의 유형으로는 목표의 승계, 목표의 확대 또는 축소, 목표의 대치 등을 들 수 있다.

목표의 승계(succession)란 조직이 본래 추구하는 목표의 달성이 불가능하거나 완전히 달성되었을 경우에는 새로운 목표를 설정하게 되는 것을 말한다. 그리고 목표의 확대란 조직이 추구하는 당초의 목표에 새로운 목표를 추가하거나 그 범위를 확장하는 경우이며, 이와 반대로 목표의 수(數)나 범위를 줄이는 경우를 목표의 축소라고 한다. 끝으로 목표의 대치(displacement)란 조직이 정당하게 추구해야 하는 본래의 목표를 버리고 다른 목표를 택하는 경우를 말하는데, 이를 '목표의 전환(轉換)'이라고도 부른다.

사람은 스스로가 성취하고 획득할 수 있다고 생각하는 바에 따라 성장한다. 만약 자신이 되고자 하는 기준을 낮게 잡으면, 그 사람은 더 이상 성장하지 못한다. 만약 자신이 되고자 하는 목표를 높게 잡으면, 그 사람은 위대한 존재로 성장할 것이다. 일반 사람이 하는 보통의 노력만으로도 말이다.

어떤 이론이나 가치와 같이 인간이 만들어 낸 모든 가공품은 반드시 늙고, 경직되고, 진부해져서 결국에는 '재앙의 씨앗'이 된다는 것으로 혁신과 기업가 정신이 필요하다.

정부의 정책들과 정부 기관들이 애초에 신이 만든 것이 아니라 인간이 만든 것이라는 사실을, 따라서 그것들은 꽤 빠른 속도로 진부해진다는 사실을 인식하게 된 것으로서, 이는 진정으로 획기적인 인식의 전환이었다.

2) 예측시장(Prediction Market)

기업가 사회의 개인들은 자기 자신의 지속적 학습, 자기 계발, 경력 개발에 대해 스스로 더 많은 책임을 져야 한다. 미래경영에서의 예측은 '이슈플레이'에서 제공하는 포인트를 걸고 베팅 방식으로 진행된다. 스포츠 경기의 승패 예측이나, 인기 영화의 관객 예측에서부터 이번 주의 유가라든가, 미국의 달러 환율과 같은 경제 예측도 진행되고 있다(도널드 N. 톰슨, 2017).

'예측시장'은 미래학자들에 의해 유망한 미래 산업으로 주목받고 있기도 하다. 지난 수십 년간, 전략의 수립과 실행은 기업 경영에 있어서 반드시 필요한 활동으로 인식되어 왔다. 불확실성으로 가득한 현대의 경영환경하에서 효과적인 경영 전략의 수립과 실행이 갖는 중요성은 그 어느 때보다 강조되고 있다(LG 경제연구원, 2010).

물론 모든 기업들을 성공 기업으로 만들어 주는 만병통치약은 존재하지 않는다. 기업들의 규모와 산업이 다르고, 고객과 시장이 변화하며, 재무 구조와 핵심 기술 또한 같지 않은 만큼 이런 전략은 성공하는 전략이고 저런 전략은 실패하는 전략이라고 말하는 것만큼 어리석은 일도 없을 것이다. 현실은 미래경영과 미래를 위한 복지의 예측이 그 어느 때보다도 절실하기에 미래를 위해 준비하는 복지를 기대한다.

SECTION 03 블루오션 전략과 복지경영

1) 미래사회

이미 시작된 미래사회에는 준비하고 도전하는 자만이 살아남는다. 피터 드러커 교수는 경영이라는 것을 누구나 가르칠 수 있고 배울 수 있는 체계적인 원칙, 즉 하나의 학문 분야로 정립시킴으로써 '경영의 아버지'라 불리게 되었다.

경영은 왜, 무엇을, 어떻게 하는 것인가? 피터 드러커는 미국이 오랫동안 경제적 번영을 누릴 수 있었던 것은 다름 아닌 '경영' 덕분이라고 말한다. 즉, '경영이란 경제 발전이 인간 생활의 향상과 사회 정의를 실현하기 위한 가장 강력한 원동력이 될 수 있다'는 현대 서구 사회의 기본적인 신념을 단적으로 드러내 주는 것이며, 따라서 자유 세계의 모든 국가들의 앞날은 경영자들의 자질과 능력 그리고 책임감에 크게 의존해 있다는 것이 피터 드러커의 주장이다.

피터 드러커는 21세기를 지식 시대로 규정하고 예상할 수 없는 미래사회의 시작을 헤쳐나갈 수 있는 방법을 제시해 왔다. 이제까지는 경쟁에서 이기는 것이 우리 사회의 성공전략의 모든 것인 양 인식되어 왔다. 어떻게 하면 일본을 이기고, 중국의 추격을 따돌릴 수 있을까 하는 것이 국가적인 고민이었다면 어떤 기업의 승패를 좌우하는 것 역시 경쟁사를 따돌릴 수 있는 방법을 찾는 데서부터 시작된다고 믿어왔다. 하지만 블루오션 전략은 혁신에 대한 새로운 개념뿐만 아니라 미래에 성공전략은 어떤 방향을 취해야 하는가에 대한 인식전환을 우리에게 요구한다.

경쟁전략의 효용성이 그 수명을 다했음은 이미 여러 지점에서 감지되고 있다. 기술의 발달과 산업화로 인하여 상품과 서비스에 대한 공급은 충분하다 못해 포화상태에 이르고 있다. 더 이상 제살 깎아먹기식의 가격경쟁과 제로섬게임[3)]안에서의 경쟁전략은 우리에게 부를 늘려주지 못하고 있다. 전 세계가 하나의

3) 어원은 레스터 써로(Lester C. Thurow) 교수가 1981년에 쓴 책『제로 섬 사회(The Zero-Sum Society: Distribution and the Possibilities for Economic Change)』에서 그 용어가 기인하였다. 제로섬(zero sum)은 게임이나 경제 이론에서 여러 사람이 서로 영향을 받는 상황에서 모든 이득의 총합이 항상 제로 또는 그 상태를 말한다.

시장으로 되어가는 속도가 가속화될수록 틈새시장은 없어져 가고 제한된 영역 내에서 누렸던 시장의 독점권은 점점 사라져 가고 있다.

2) 블루오션 전략

경쟁자를 이기는 최선의 방법은 경쟁하지 않는 것이다. 레드오션에서는 경쟁자를 벤치마킹하고, 그들을 능가하려는 데 총력을 기울인다. 그러나 성공에 훨씬 근접한 전략이 바로 블루오션 전략(Blue Ocean Strategy)이다.

블루오션 전략의 중심목표는 가치혁신(value innovation), 즉 구매자 입장에서의 가치를 높이는 동시에, 비용을 낮추는 것이다. 따라서 어떤 기업의 설비와 가격, 비용구조가 적절하게 일치될 때만 달성될 수 있다.

이처럼 시스템이 뒷받침되면서 접근해야만 지속적으로 블루오션을 창출할 수 있다. 레드오션[4]은 이미 기존에 존재하는 산업으로 경쟁자와 경쟁의 규칙이 정해져있어 경쟁을 통하지 않고서는 시장 점유율을 늘릴 수 없으며 시장이 포화상태에 이름에 따라 수익이 줄 수밖에 없게 된다.

그리고 레드오션에서는 경쟁이 치열해질수록 제품은 일상품이 되어버리며 결국은 극심한 경쟁으로 레드오션이 말 그대로 핏빛 바다로 변하게 된다고 주장한다.

아마 이에 대한 대표적인 사례로 PC시장을 예로 들 수 있다. PC시장은 초기에 매우 차별화된 제품으로 시작했지만 이제 PC시장은 가격경쟁이 극심한 시장으로 변해버렸다. 반면 블루오션은 현재 존재하지 않는 시장이며 경쟁도 없다. 따라서 기회는 무한하다. 블루오션은 경영자의 머리를 통해서 만들어지는 무한 시장이다. 막대한 기회와 무한한 성장이 눈앞에 펼쳐진, 심연을 알 수 없는 깊고 푸른 바다와 같다. 따라서 현명한 전략은 기존 시장에서 경쟁자와 치열한 아귀다툼을 하는 것이 아니라 새로운 기회의 시장인 블루오션을 창출하는 전략이 된다. 산업현장에서 치열한 경쟁은 가속화되고 있고 공급은 수요를 초과하는 속도가 빨라

4) 블루 오션(blue ocean)의 반대말로 흔히 쓰이는 경제/경영 용어이다. 경쟁자가 많아 포화상태가 된 시장/산업을 상어나 범고래 등 최상급 포식자가 많아 '서로 치고받고 싸우느라 핏빛이 된 바다'에 빗대어 표현하였다. 애초에 블루 오션의 개념을 설명하기 위한 반대개념 겸 기초개념이었지만, 단독으로도 많이 사용한다. 넓은 의미로는 경쟁률이 매우 높고 치열한 시장, 혹은 상황을 통틀어 이르기도 한다.

지는 현실 속에서 희망이 없다고 간주해 버린 적이 있는가?

가치혁신(value innovation)[5] 프랑스 유럽경영대학원 인시아드의 교수인 한국인 김위찬 교수[6]와 르네 마보안 교수[7]가 1990년대 중반 공동으로 제창한 고도성장을 위한 기업 경영전략 이론이다.

지식경제의 경영학을 다루는 이론으로, 신기술의 연구·개발에만 집중하기보다는 개발된 기술에 참신한 아이디어를 접목해 새로운 시장을 창출하는 데 중점을 둔다. 즉, 첨단기술을 개발해 기존의 경쟁자를 물리치는 기술혁신의 차원이 아니라, 현재의 상품이나 서비스가 제공하지 못하는 가치를 찾아 새로운 시장을 개척하는 데 중점을 두는 경영전략 이론이다.

두 사람은 지난 120년 동안 큰 성공을 거둔 세계 150개 기업을 분석해 이들이 성공할 수 있었던 요인은 기존의 시장에서 경쟁자들과 싸워 이겼기 때문이 아니라, 전혀 다른 시장을 만들어 냈기 때문이라는 결론을 얻었다. 이를 바탕으로 두 사람이 체계화한 경영 전략이론이 바로 가치혁신이다(김위찬, 르네 마보안, 2005).

이 이론은 2000년 이후 세계 각국의 대기업들이 기업경영 전략으로 채택하면서 새로운 경영이론으로 주목받기 시작하였다. 세계의 많은 기업들이 미래 경영전략으로 도입해 시행하고 있다. 미국의 하버드대학교 비즈니스스쿨, 펜실베이니아대학교 워튼스쿨 등 세계적으로 유명한 비즈니스스쿨에서도 전략 필수과목으로 정해 가치혁신 이론을 가르치고 있다.

블루오션 전략은 치밀한 방법론을 제시하며, 거대 신시장을 창출할 수 있게 해주는, 다음 세대를 위한 희망의 전략이라 할 수 있다. 이제 복지도 미래사회복지경영으로서 생존전략이 절실히 요구되는 시대이기에 사회복지의 현장에서 새로운 각오로 임해야 할 것이다.

---

5) 가치혁신(Value Innovation)이란 품질과 가격 중에서의 선택이 아니라 동시에 개선시키는 것을 말한다. 궁극적으로 가치의 획기적인 증가를 목표로 한다고 할 수 있다. 가치의 증가를 목표로 하기에 기존의 사업자와 단순한 점유율 경쟁을 하지 않으며 그들을 경쟁자라고 생각하지 않는 것이 특징이라고 할 수 있다.

6) 김위찬(W. Chan Kim, 1951년)은 블루오션전략(Blue Ocean Strategy)로 잘 알려진 프랑스 인시아드(INSEAD) 경영대학원의 석좌교수이다. 동료 교수인 르네 마보안(Renée Mauborgne) 교수와 함께 블루오션전략 이론을 만들었으며, 함께 월스트리트저널, 뉴욕타임즈, 파이낸셜타임즈 등에 관련 글을 기고해 왔다. 하버드 비즈니스 스쿨 게재 논문은 2005년 '블루오션 전략(Blue Ocean Strategy)'이라는 책으로 출간돼 43개 언어로 350만 부 이상 팔리며 전 세계적으로 잘 알려졌다. 세계적인 비즈니스 전략가 50인에 선정되었다.

7) 마보안 교수는 세계 최고의 경영사상가 50인 목록인 '더 싱커스50(The Thinkers50)'에서 2위에 올랐다. 싱커스50 역사상 여성으로서 가장 높은 순위였다. 2014년 김위찬 교수와 함께 경영 연구로 세계 컨설팅 산업에 미친 영향력을 인정받아 경영컨설팅기업협회로부터 칼 S. 슬로언 상을 받았다.

14
CHAPTER

복지경영의 도약과 모색

제1절 기업윤리와 복지경영의 합리성
제2절 문화복지와 복지경영의 전망
제3절 복지경영의 도약과 모색

CHAPTER 14 복지경영의 도약과 모색

SECTION 01 기업윤리와 복지경영의 합리성

1) 사회복지윤리와 복지경영

(1) 사회복지윤리

일반적으로 윤리란 인간의 행위와 도덕적 의사결정에 관련되는 철학의 한 분야이다. 집단에 속한 구성원들을 위한 윤리는 그것이 갖는 사회적 속성 때문에 그 직업이 가능한 사회적 측면에 대한 규범적 고려와 상호 대립적 입장을 보일 수도 있는 각자가 가져야 할 윤리적 측면을 고려해야 한다. 사회복지전문가 윤리는 사회복지사의 서비스 실천은 도덕적으로 바른 방법이어야 함을 인식하도록 돕기 위한 것이며 사회복지실천의 과정이 윤리적 결정의 과정임을 인식하고 사회복지사로서 어떻게 바르게 행동하는가를 배우도록 돕는 기준이다.

경영환경은 급속한 세계화로 인해 세계 모든 기업이 동일한 평가기준을 통해 평가되고 있으며 부패라운드(Corruption Round)의 등장으로 기업윤리가 사회의 중요한 이슈로 등장하고 있다. 앞으로 미래를 변화시킬 동인(動因)으로, 세계 각지의 전문가들을 대상으로 한 조사에서는 '경제시스템 내의 윤리' 문제를 첫째로 뽑았다.

미래의 기업윤리는 조직구성원에게 행동의 규범을 제시할 뿐만 아니라 건전한 시민으로서의 인간의 윤리적 성취감을 충족시켜 주기도 한다.

그리고 기업 활동에 대한 윤리적 · 비윤리적 그리고 부도덕적 부패행위 등을 구분함으로써 사회의 이득이 되는 행위의 기준을 제시할 뿐만 아니라 기업내부의 구성원, 즉 최고경영자로부터 관리자, 종업원에 이르기까지 행동에 대한 올바른 판단기준을 제시함으로써 구성원의 심리적 갈등을 완화시켜 주며, 만족감과 성장 · 발전을 저해하는 문제점 등을 해소시켜 주기도 한다.

(2) 액체사회

'적자생존'이라는 맥락에서 다윈의 진화론은 기업의 경쟁원리에 곧잘 비유되곤 하는데 거대한 몸 때문에 빙하기를 극복하지 못하고 멸종한 공룡처럼 사회의 변화를 감지하지 못하는 기업은 살아남기 어려운 시대에 살고 있다.

변화를 감지하기 위해서는 세상이 어떻게 바뀌고 있는지를 알아야 한다고 본다. 미래학자들은 정보화 사회 다음은 '액체사회(Liquid Society)'가 될 것으로 전망한다. 액체사회는 사회학자 지그문트 바우만[1]의 저서 '액체 근대(Liquid Modernity)'에서 빌려온 말로 다양한 인종과 민족으로 구성된 사회를 의미한다고 본다(지그문트 바우만, 2009).

요즘 기업들은 동종 업계에서의 경쟁뿐만 아니라 타 업종과의 경쟁까지 신경써야 하는 상황이 됐다. 이른바 업종 간 경계가 허물어지는(용해되는) '액체사회(Liquid Society)'로의 전환이 급속도로 이루어지고 있기 때문이다. 세계 초일류 스포츠용품 업체인 나이키가 기존 경쟁사인 리복, 푸마, 아디다스 이외에 새로운 경쟁상대로 지목했던 기업이 바로 일본의 게임업체 '닌텐도'였다. 왜 나이키는 그렇게 생각한 것일까? 한 번쯤 생각해 볼 문제다(지그문트 바우만, 2009).

어떻게 게임업체 닌텐도가 나이키와 경쟁관계가 된 것일까? 나이키의 주 고객층이라고 할 수 있는 젊은 사람들이 전자게임에 몰두하게 되면 집 밖으로 운동을 즐기러 나가는 시간이 그만큼 줄어들게 된다. 결국 운동화를 신을 시간이 줄어들게 되어서 운동화 두 켤레를 사던 고객이 한 켤레만 사게 된다는 것이다. 그만큼 나이키의 매출 수익이 떨어지게 되는 것은 당연한 현상일 수밖에 없다.

지금까지의 기성세대들은 부모로부터 용돈을 받으면 주로 신발이나 스포츠용품 구입해 왔는데, 이제는 게임기나 게임용 소프트웨어를 산다. 즉, 스포츠업계와 게임업체 중 누가 고객의 시간을 더 많이 차지하는가를 놓고 경쟁하고 있는 것이다. 이 때문에 나이키는 이제 시장점유율(market share) 싸움을 해야 하는 것이 아니라 시간점유율(time share) 싸움을 하게 된 것이다.

---

1) 지그문트 바우만(Zygmunt Bauman)은 폴란드 출신의 유대인 사회학자이며, 1925년 포즈난에서 태어났다. 바르샤바의 폴란드 사회과학원에서 사회학을, 바르샤바대학에서 철학을 공부하고, 1954년부터 바르샤바대학에서 강의를 시작했으나, 1960년대 말 폴란드 정부의 주도로 시작된 반유대 캠페인의 여파로 국적을 박탈당한다. 이후 리즈대학 사회학 교수로 임용되면서 영국에 정착하게 된다.

그동안 주로 같은 업종 안에서 치열하게 펼쳐졌던 시장점유율 경쟁이, 업종 간의 장벽이 붕괴되고, 두 업종이 한데 용해되어 있는 시장환경(액체사회)아래에서 점차 고객의 시간점유율 경쟁으로 바뀌기 시작한다는 점을 주목할 필요가 있다.

키워드는 '경계'이다. 금을 그어놓았던 것들이 서로 섞이고 엉키면서 새로운 차원으로 변화하고 있다. 국가 간의 경계가 무너지면서 글로벌화가 진행되고, 업종간의 경계도 허물어지고 있는 변화는 이미 상식이다. 내 것만 고집하고 있다가는 빙하기 직전의 공룡 신세를 면하기가 어렵다고 볼 수 있다.

(3) 윤리경영

시장경제체제의 틀 안에서 기업이 효율적으로 활동하기 위해 윤리경영의 중요성에 대한 인식은 강화되고 있는 현실이다. 그러나 윤리경영을 실천하는 일은 쉽지 않다. 윤리경영이 기업에서 제대로 실현되기 위해서는 경영자의 올바른 이해와 구체적인 노력이 뒤따라야 할 것이다.

최근 10~20년 사이에 전 세계적으로 기업윤리에 대한 관심이 부쩍 커졌다. 이러한 현상은 지난 1999년에 체결된 경제협력개발기구(OECD)의 '뇌물방지협약'을 통해 더욱 심화되었다. 또한 이 협약은 기업의 윤리적 책임이 글로벌 스탠더드로 인식되는 계기를 마련해주었다.

OECD 회원국인 우리나라에서도 윤리경영이라는 세계적인 흐름에 부응하여 정부나 기업에서 국제 상거래 뇌물방지법 및 부패방지법 제정, 기업 경영의 투명성 확보 등과 같은 형태로 기업윤리 확립을 위해 힘쓰고 있다. 이러한 노력의 결과 윤리경영의 중요성에 대한 인식이 점점 강화되고 있다.

윤리경영이란 회사경영 및 기업 활동에 있어 '기업윤리'를 최우선 가치로 생각하며, 투명하고 공정하며 합리적인 업무 수행을 추구하는 경영정신이다. 이는 이익의 극대화가 기업의 목적이지만, 기업의 사회적 책임도 중요하다는 의식과 경영성과가 아무리 좋아도 기업윤리 의식에 대한 사회적 신뢰를 잃으면 결국 기업이 문을 닫을 수밖에 없다는 현실적인 요구에 기초한다.

국제적으로는 국제표준화기구(ISO)[2] 산하 소비자정책위원회가 '기업의 사회적 책임(Corporate Social Responsibility)'에 관한 표준안 작업을 승인함으로써 윤리경영을 ISO 9000(품질인증), ISO 14000(환경보호 인증)과 같은 범주에 포함시키려 하고 있다.

이처럼 국제경제사회외에서 '기업윤리'가 21세기에 기업들이 갖추어야 할 기업경쟁력으로 대두되어 윤리경영의 필요성이 높아지고 있으며, 이에 따라 국내 기업들도 윤리경영 전담부서를 설치하는 등 윤리경영을 도입하고 있다

오늘날 미국을 비롯한 선진제국에서는 윤리경영의 실천을 사회 · 경제발전의 하부구조(infrastructure)로 인식하고 있다. 이제 윤리는 복지경영에 있어서 선택이 아니라 필수조건임을 다시 한 번 인식해야 할 것이다.

2) 기업윤리와 신뢰를 통한 복지 경영

(1) 기업윤리

기업윤리에 대한 국내외의 관심이 고조되고 있다. 미국에서는 사르바네스-옥슬리 법(Sarbanes-Oxley Act)[3]에서 "상장기업들이 윤리강령을 반드시 보유할 의무는 없지만 만약 없다면 왜 없는지를 설명해야 한다"는 규정을 도입하여 윤리경영시스템의 자발적인 채택을 강력히 권고하였다.

일본에서도 윤리경영이 기업경영의 리스크를 관리하기 위한 새로운 대안으로 주목받고 있다. 이러한 흐름을 반영하여 OECD 등 국제기구들은 윤리경영의 글로벌 스탠더드화를 추진하였다.

특히 미국 기업의 윤리경영 담당임원들도 구성된 미국윤리임원협의회에서는 이미 기업윤리경영표준안을 제정했으며 윤리경영에 대한 관심이 일시적 구호에 그치지 않도록 선진기업들의 윤리경영시스템을 적극 벤치마킹해야 할 시점이다.

기업은 지속적이고 일관성 있는 윤리경영 추진방안을 모색해야 한다. 그러기

2) 국제표준화기구(國際標準化機構, International Organization for Standardization), 국제규격화기구(國際規格化機構) 또는 ISO는 여러 나라의 표준 제정 단체들의 대표들로 이루어진 국제적인 표준화기구이다.

3) 사베인스-옥슬리 법(Sarbanes-Oxley Act, SOx, Pub.L. 107-204, 116 Stat. 745, 2002년 7월 30일 발효)은 "상장회사 회계 개선과 투자자 보호법"(상원) 또는 "법인과 회계 감사 책임 법"(하원) 또는 Sarbox or SOX로도 불리는 미국의 회계 개혁에 관한 연방법률로서, 월드컴과 엔론 같은 거대 기업들의 잇달은 회계부정으로 인해 막대한 피해가 발생하자 회계제도 개혁의 필요성이 제기되었고, 2002년 7월 30일 법안의 발의자인 상원의원 폴 사베인스(민주당, 메릴랜드)와 하원의원 마이클 옥슬리(공화당, 오하이오)의 이름을 따서 제정되었다.

위해서는 윤리강령이나 행위준칙을 제정하는 초보적 단계를 벗어나 구체적인 윤리경영시스템의 요소와 운영 노하우를 체계화해야 할 것이다. 기업경영윤리가 원하는 사회는 경쟁자와 환경 그리고 사람의 삶에 속하는 여러 가지 변수들을 조화롭게 유지하는 것을 통하여 win-win전략을 얻는 것이다.

(2) 신뢰성

서로에 대한 경쟁은 인정하되 서로를 사랑하고 도움을 줌으로써 시너지효과를 얻는 것을 말한다. 이러한 이론에 대한 바탕이 되는 것은 바로 신뢰성이다. 즉, 상대방과 나의 경쟁관계에서 이기적인 관계를 추구하는 것은 비용을 발생시키며, 부적절한 영향을 미치기 마련이다.

각 단계에서의 유지되는 여러 가지 실제적인 양심(conscience), 도덕성(morality), 정직성(honesty), 이타성(alturism)과 같은 요소들은 기업윤리의 뼈대가 되어 왔다.

'윤리는 경영학이 아니다'라는 고정관념은 기업윤리의 학문을 경영학 외의 학문으로 분류시켜 버렸고, 기업 환경의 변화에 따른 기업윤리에 대한 관심의 고조와는 다르게 경영학이나 경제학, 그리고 사회학적인 주변적 위치에 머물러 있었기 때문이다.

그러므로 여태까지의 기업윤리와 관련된 경영자와 기업윤리나, 경영목표로서의 기업윤리는 이러한 기업윤리에 대한 연구에 있어서 실제적인 적용방법을 모색하기 위한 통찰을 주로 하였다. 즉, 기업윤리와 경영성과에 있어서 차이에 대하여 체계적인 분석을 상호보완적으로 제시해 주지 못하였기 때문이다. 신뢰란 한마디로 '어떻다'라고 정의할 수는 없다.

그것은 신뢰라는 의미가 문화마다 다르며 각자 가지고 있는 가치관이나 편견에 의해서 다소 차이가 생길 수 있기 마련이기 때문이다. 그래서 신뢰를 보편적으로 자신의 이익추구를 어느 정도 희생하면서도 상대방의 복지(welfare)를 배려하는 윤리적 의식이 강하게 작용한다는 것을 의미한다. 신뢰란 타인의 미래 행동이 자신에게 호의적이거나 혹은 최소한의 악의적이지 않을 가능성에 대한 기대와 믿음이다.

신뢰란 다음의 네 가지 조건을 만족시키는 행위로 규정될 수 있다.

첫째, 이익관계나 사회적 관계에서 신뢰라는 개념의 성립을 위해서는 자기 자신의 복지가 타인의 행동에 의해서 영향을 받을 가능성이 존재하여야 한다.

둘째, 사회적 관계에서 신뢰라는 이론이 성립하기 위해서는 신뢰에 대한 대상이 되는 특정 타인의 행동을 자기 스스로 통제할 수 없어야 한다.

셋째, 신뢰에 있어서 상대방이 악의적으로 행동하게 되거나 약속을 수행할 능력이 부족할 경우에는, 기대되는 이익은 물론 자신과 약속한 거래에 심각한 손해가 가해질 가능성이 있어야 한다.

넷째, 위의 세 가지 조건이 모두 존재하는데도 불구하고, 타인의 악의적 행동이나 수행능력의 부족의 가능성에 대해서 별도의 방어적 메커니즘을 동원하지 않으면서 자신의 이익을 상대방에게 맡겨놓는 행위를 신뢰라고 말한다. 이러한 신뢰와 기업윤리가 함께할 때 복지경영이 아름답게 이루어지리라 본다.

(3) 투명성

청교도 정신 중 법(law)과 도덕(morality)은 투명성, 공정성과 깊은 관련이 있다. 정직성과 투명성은 특히 채권자와 주주의 관계에 있어서 중요한 의미를 가진다.

청교도의 4대 정신 중 믿음(faith)과 교육(education)은 미래에 대한 준비와 깊은 관련이 있다. 믿음은 미래에 대해 희망을 갖는 것이며, 교육은 미래에 대한 투자이다. 경영자의 가장 큰 책임은 기업이 미래에도 지속적으로 성장·발전할 수 있는 토대를 마련하여야 한다는 것이다. 기업이 지속적으로 가치를 창출하면서 성장하기 위해서는 경영자는 항상 미래를 대비하는 준비경영을 하여야 한다. 준비 경영은 기업의 5년 후, 10년 후의 모습을 내다보면서 기업의 본질적인 역량을 배양하는데 온 힘을 쏟아붓는 것이다. 미국의 엔지니어링 회사인 에머슨(Emerson)의 경영자는 미래를 대비하는 데 가장 큰 우선순위를 부여하고 있고, 경영진 회의시간의 60%를 미래를 대비하고 계획을 세우는 데 보내고 있다.

청교도들이 삶의 미덕으로 삼았던 '청렴(淸廉)'은 기업 비용을 줄이는 운영 효율성(operational excellence)과 관련이 깊다. 외환위기 이후 국내기업들은 비용을 삭감하기 위해 인원을 줄이고, 수익성이 저조한 사업을 매각하는 등 지속적인 구조조정의 노력을 기울여 왔다. 그동안 뼈를 깎는 고통을 감내한 결과 기업 체질이

튼튼해졌고, 실적도 많이 개선되었으니 이제는 비용 지출에 여유를 주어도 되지 않을까라고 여길 수 있다. 하지만 청렴은 기업 실적의 호·불황에 관계없이 항상 기업 자원을 아끼고, 비용을 줄이는 새로운 방법을 찾으며, 낭비가 용인되지 않는 기업 문화를 만드는 것이다. 미국의 전설적인 투자자인 워런 버핏이 회장으로 있는 버크셔 헤더웨이(Birkshire-Hathaway), 월마트(Wal-Mart), 일본의 도요타 자동차는 경기의 호·불황에 상관없이 청렴을 미덕으로 삼고 기업 경영에서 적극적으로 활용하고 있다.

3) 복지경영에서의 최고의 전략은 정직

대중매체를 보면 다양한 광고를 소비자들은 접하게 된다. 광고를 접할 때 누구라도 가장 눈에 들어오는 광고를 선택하고 그 제품을 사는 경우가 많이 있을 것이다. 그러나 장기적으로 보았을 경우 제품 자체에 신뢰도나 완성도가 없는 제품은 시장에서 사라지는 경우를 많이 볼 수 있다. 그 말은 제품을 단지 많이 팔기 위하여 허위로 없는 기능을 포장하거나 과장하는 마케팅 전략은 오히려 독이 될 수 있다는 것이다. 그리고 한 번 잃은 신용은 회복하기가 어렵고 비용도 많이 든다.

'정직'이라는 것은 무엇일까? 바로 고객과 소통하는 방법이다. 소비자, 즉 구매자 입장에서는 최선의 선택을 했다는 생각을 하면서 행동을 하게 된다. 나중에 당사자의 선택이 최선이 아니라고 생각된다면 또 다른 행동을 취하게 된다. 하지만 소비자 혹은 구매자가 정직하지 못한, 즉 신뢰가 없는 제품을 구매했다고 생각한다면 다시는 그 제품을 쳐다보지 않게 된다. 구매자 입장에서 선택의 잘못이라기보다 정직하지 못한 데서 얻는 실망감이 매우 크기 때문이다. 이러한 실망감은 결국 좋은 제품마저도 신뢰하지 못하고 정직하지 못하다는 고정관념과 함께 구매자의 선택의 폭에서 제외되어 버린다. 따라서 '정직'이라는 것은 단순한 마케팅이거나 윤리의식을 넘어서 사명과 같은 것이 되어야 한다.

오늘날 수많은 기업 중 역사 속으로 사라진 기업과 그렇지 않은 기업의 차이는 결국 '정직'과 '신뢰'라는 부분의 차이에 의해서 결정된다. 특히 글로벌 경제 위기

상황의 발단 자체가 '정직'하지 않은 부도덕한 기업 윤리의식의 만행의 결과에 따른 금융자산의 허와 실에서 비롯된 만큼 과거보다 더욱 '정직'이라는 것이 기업의 광고이자 마케팅 효과를 극대화하는 방법이다. 다만 '정직'한 기업은 광고를 하기보다는 묵묵히 기업의 정체성을 유지하면서 맡은바 사회적 역할을 할 뿐이다. 잠시 일시적 충동에 의해서 올바르지 않은 선택을 했던 구매자도 언젠가는 '정직'을 앞세운 기업으로 되돌아오는 것이 자연현상일 것이다.

이제 위기의 복지경영에서의 최고의 전략은 정직임을 다시 한 번 생각하며 정직을 통한 희망의 복지를 볼 수 있기를 바란다.

세계 최고 컨설팅 회사 베인 컴퍼니의 위기 경영 전략의 연구결과에 따르면 2001년 경기침체기에는 경기회복기에 비해 거의 두 배에 이르는 기업이 업계 선두권에서 바닥으로 추락한 반면, 더 많은 기업들이 상대적인 성과를 개선한 것으로 나타났다고 한다. 전략을 재정립하고 자원을 핵심사업에 투입하는 등 각 기업들이 경기침체기를 맞아 어떤 탈출구를 마련했는지 체계적으로 정리하여 보여준다.

위기에 대처하는 해법으로 명확한 전략 수립과 핵심사업 자원 배치, 비용과 현금흐름의 철저한 관리, 매출과 마진 확대 등이 필요하다. 전 세계 750개 기업의 위기 관리 능력을 분석해 위기에서 선도기업으로 올라선 기업의 성공 전략을 분석하고 상황에 맞는 전략 수립과 변화를 보면서 미래의 격변 속에서의 경영을 준비해야 할 것이다.

CEO의 위기 경영의 내용에 현대자동차, 교보생명, 제일은행 등 국내 기업이 어떻게 위기를 극복하고 좋은 성과를 거둔 사례를 보아야 한다. 가격할인보다 수요가 감소하는 이유에 대해 고객의 목소리에 귀를 기울여 더 좋은 성과를 거둔 현대자동차, 국내 최초로 인터넷을 통해 자동차보험을 판매해 일반관리비의 삭감 없이 효과적인 성과를 거둔 교보생명, 인수한 투자사의 강력한 재무자원을 활용해 기업금융 위주의 전략에서 소매금융 위주의 전략으로 성공적으로 전환한 제일은행의 사례를 통해 사회복지계에서도 분석하고 연구하는 고민이 필요하다고 본다.

CEO는 위기 경영 능력을 키워야 하며 위기 경영 비법을 끊임없이 노력해야 할 것이다. 얼마 전 누구도 예상하지 못한 금융위기가 터져 전 세계가 어려움에 빠졌듯이 앞으로 기업 경영자들에게 위기 경영은 필수적인 경영요소가 될 것이다. 이 문제는 기업의 문제만이 아니라 복지와 학교, 병원 등 비영리단체들도 예외는 아닐 것이다. 그런데 미리 예측하고 위기에 대처한다는 것은 쉽지 않은 일이다. 실제 많은 기업경영자들은 시장에서 중대한 위협이 감지되었을 때 핵심 활동과 덜 중요한 기능을 구분하지 못하고 있는 현실이다. 이들은 조직 외부를 보아야 할 때 자꾸 조직 내부를 들여다보려 하고, 또 집중력을 잃고, 창의력이 감소하며, 새로운 정보로부터 무언가를 감지하고 학습하지 못할 뿐 아니라 올바른 결정을 시기적절하게 내리지 못하는 실수를 저지르고 있다.

위기가 발발했을 때 CEO와 리더들은 어떤 움직임을 취해야 할 것인가? 기업의 생존과 미래의 성공을 위해 어떤 기업 전략을 세워야 할 것인가? 현실과 미래의 격변기에서의 승리(Winning in Turbulence)를 준비하고 위기에서 승리할 수 있도록 해야 한다.

위기는 기업의 혁신 문화를 통해 민첩하게 대처해 나기는 것이 최선이다. 유능한 CEO라면 경기 침체를 이겨내는 능력을 갖추어야 한다. 야구에서 타자라면 누구나 번트를 대거나 도루하는 법을 알아야 하는 것과 같은 이치이다. 요즘 기업체의 핵심 과제인 감원, 일부 제품 생산 중단, 고객에게 대금 지급을 독촉하는 것만으로 능력을 인정받는 CEO는 없는 것이 현실이다.

컨설턴트 램 차란(Ram Charan)은 '경제 불확실성 시대의 리더십(Leadership in the Era of Economic Uncertainty)'에서 "기업 경영자들은 지금껏 오로지 성장만 추구해 왔지만 이제 사고방식을 바꿔야 한다"고 지적했다(램 차란, 2009).

훌륭한 리더를 특징짓는 무수히 많은 중요한 행동과 자질 중에서 지금과 같은 불황 시기에 기업 경영에 있어 가장 중요한 점은 무엇일까? 다음 내용은 여섯 가지 중요한 행동 및 자질과 그 이유를 설명한다.

(1) 정직과 진실성

사람들과 동등한 입장에서 자신이 세상을 바라보는 법을 설명하고 자신이 납득할 수 있는 이해력의 한계를 인정한 다음 그들의 견해에 대해 질문하라. 이런 일을 하려면 용기가 필요하지만, 혼자서 할 때보다는 함께 할 때 보다 많은 가능성들을 조합해 볼 수 있다.

(2) 격려하는 능력

팀과 함께 시작하라. 그들은 전체 조직에 자극을 불어넣어야 할 사람들이다. 팀원들이 두려움 없이 새로운 우선순위에 집중할 수 있도록 자극을 불어넣어라. 사람들에게 의욕을 불어넣는 일은 점진적 성공을 이루게 되는 의사결정에서 비롯된다. 이는 활력을 주는 행동으로 여겨진다.

(3) 현실과의 실시간 연계

지금처럼 변덕스럽고 불확실한 상황에서 현실은 움직이는 과녁과도 같다. 인습에 사로잡히지 않은 자유로운 출처에서 정보를 모아라. 한 가지만의 편협한 사고방식에 얽매이지 말라. 새로운 정보를 모으면서 상황을 변화시켜라.

(4) 낙관주의와 어우러진 현실주의

이는 리더십이 공연 예술이 되는 지점이며 나쁜 소식에 대처하고 두려움을 행동으로 바꾸기 위해 심리적 잠재성을 일깨우는 낙관주의적 특징을 이끌게 된다.

(5) 철저한 관리

오로지 철저한 개인적 발전만을 통해 기본적인 정보를 습득할 수 있으며, 정보를 팀원들과 함께 공유하고 토론하고, 신속하게 행동하는 일이야말로 불안정한 환경에서 필요로 하는 일이다.

(6) 미래 구상에 대한 대담성

가용 자금이 별로 없고 자신의 계획을 바탕으로 한 가정에 확신이 서지 않을 때 아무런 대가가 보장되지 않는 전략적 도박을 하려면 상상력과 배짱이 필요할 것이다.

위기에도 승승장구한 기업에는 특별한 CEO가 있다. 위기의 시대, 위기가 곧 기회라고 말한다. 하지만 모든 이들에게 위기가 기회가 되는 것은 아니다.

현대 기업들의 현안인 혁신, 지식, 소통, 인재의 문제를 '강한 CEO'라는 키워드로 설명하고, 이 순서를 바로잡을 기본 정신과 시스템을 제공할 것이다.

위기를 대비해야 하는 오늘날, 위기를 효과적으로 경영해 나갈 수 있도록 연구하고, 준비하고 노력하는 자에게 오늘과 미래에 참된 의미가 있으리라 본다. 세계적인 컨설팅회사 베인 & 컴퍼니 가디쉬 회장은 지금 세계경제는 모든 악재가 한꺼번에 터진 퍼펙트 스톰과 같은 상황이라고 하면서 지금 불확실한 상황은 전쟁과 같다고 한다. 전쟁 중에 공격명령을 내리려고 할 때, 중요한 것은 적보다 준비가 더 되어 있는가이다. 기업도 불확실성 시대에 손 놓고 무엇을 해야 할지 모르는 경우가 많은데, 그럴 때일수록 리더의 역할이 중요하다. 리더는 끊임없이 앞으로 나아가야 하며, 원칙을 바꾸는 것이 아니라 방향을 바꿔 전진하는 것이 바로 리더이다(램 차란, 2009).

격변기에는 위협만큼이나 기회도 다양하다. 불황기에 파고를 넘어 성공한 기업들의 공통점은 첫째, 불황기엔 핵심사업에 집중해야 한다. 실적이 부진한 사업이 우선 눈에 걸리겠지만, 그런 사업에 너무 매달리지 말고, 침체기일수록 가장 경쟁력있는 비즈니스에 집중해야 한다. 둘째, 최악의 상황을 가정하고 위기 대응 전략을 마련해야 한다. 셋째, 잘못된 전략은 지체 없이 수정해야 한다. 대응시기를 놓치면 나중엔 대대적인 대수술이 불가피해진다.

SECTION 02 문화복지와 복지경영의 전망

1) 문화와 사회복지경영

(1) 문화

세상에서 가장 정의하기 어려운 단어 중에 하나가 바로 '문화'이다. 문화의 정의는 '그것을 정의하려는 사람의 숫자만큼' 있다. 일반적으로 가족문화, 학교문화, 한국문화에서처럼 '서술형'으로 문화가 사용될 때는 특정 집단(가족, 학교, 한국)이 갖는 생활양식 전반을 가리키는 것이다. '디지털문화'도 사회 전반에 디지털 기술이 적용되면서 나타나게 된 새로운 형태의 삶의 양식을 뜻한다고 봐도 무방할 것이다. 그러나 '문화콘텐츠'와 '문화산업기술'에서 사용된 '문화'의 의미는 앞서 언급한 '서술형' 문화와는 분명 차이가 있다. 이때 문화는 '엔터테인먼트(entertainment)'와 흡사한 개념이다. 즉, 매체를 통해 대중적으로 유통될 수 있는 일종의 '문화상품'을 가리키는 개념이다.

'콘텐츠'라는 말은 인터넷시대가 도래하면서 본격적으로 사용되기 시작했다. 인터넷을 통해 유통되는 각종 정보를 '콘텐츠'라고 부르기 시작한 것이다. 그리고 그 콘텐츠 중에서도 엔터테인먼트 요소가 강한, 오락적 · 유희적 요소가 강한 콘텐츠를 묶어서 '문화콘텐츠'라고 이름 붙이게 된 것이다. 인터넷이나 휴대폰에 유통되는 것뿐만 아니라 공연장, 영화관 등 오프라인 공간을 통해서 유통되는 것들도 다들 문화콘텐츠라고 부르고 있다. 문화콘텐츠를 장르적으로 구분한다면 만화, 영화, 캐릭터, 애니메이션, 게임, 방송, 에듀테인먼트, 음악, 공연, 인터넷/모바일콘텐츠 등을 들 수 있다. 에듀테인먼트(edutainment)는 교육(education)과 오락(entertainment)의 합성어로 양자겸용의 소프트웨어를 통칭한다. 무미건조한 교육 내용에 게임이나 친근한 인물과 음악, 이야기 등을 가미하여 피교육자의 흥미를 유발, 교육효과를 높이는 소프트웨어를 말한다.

문화바우처 사업은 사회적 · 경제적 · 지리적 어려움으로 인해 문화예술을 향유하지 못하고 있는 소외계층에게 공연, 전시, 영화 등 다양한 문화예술 프로그램의 관람료 및 음반, 도서구입비를 지원하는 사업이다. 문화카드로 개인이 원하는 문화예술 프로그램을 온・오프라인에서 신용카드 또는 체크카드처럼 편리하게 이용할 수 있다.

(2) 사회복지와 문화

오늘날 사회복지와 문화는 매우 깊은 관계가 있다. 어원에서 살펴보면 문화라는 용어는 라틴어의 cultura에서 파생한 culture를 번역한 말로, 본래의 뜻은 경작(耕作) 또는 재배(栽培)였는데, 나중에 교양・예술 등의 뜻을 가지게 되었다. 영국의 인류학자 E. B. 타일러는 저서 '원시문화(Primitive Culture, 1871)'에서 문화란 "지식・신앙・예술・도덕・법률・관습 등 인간이 사회의 구성원으로서 획득한 능력 또는 습관의 총체"라고 정의를 내렸다.

일반적으로 문화는 첫째, 구미풍(歐美風)의 요소나 현대적 편리성(문화생활・문화주택 등), 둘째, 높은 교양과 깊은 지식, 세련된 생활, 우아함, 예술풍의 요소(문화인・문화재・문화국가 등), 셋째, 인류의 가치적 소산으로서의 철학・종교・예술・과학 등을 가리킨다. 이것은 독일의 철학이나 사회학에 전통적인 것이며, 인류의 물질적인 소산을 문명이라 부르고 문화와 문명을 구별하고 있다.

레이몬드 윌리엄스(Raymond Williams)[4]는 문화를 삶의 특별한 양식이라고 정의하였다. 이것은 문화가 삶의 양식을 규정한다는 의미이고 나아가 삶의 양식에 바탕이 되는 사람들의 의식, 가치, 믿음 등을 규정한다는 것이다. 의식, 가치, 믿음과 같은 '정신체계'는 개인과 사회 또는 집단 간의 상호작용을 통한 의미생산의 결과이다. 문화에 대한 정의는 결국 의미작용이라고 결론지을 수 있고 이 관점은 문화를 가장 포괄적으로 정의할 수 있다.

사람들은 삶의 양식을 통해 주변 세계를 이해하고 이에 따라 일상생활을 조정한다. 이런 과정은 우리의 의식적인 인식작용의 결과가 아니라 어떤 일을 이해하고 그에 따른 행동을 구조화시키는 일종의 도식에 따른 것이다. 사회적으로 형성된 지식은 도식을 만들고, 이것이 공유되면 내가 인식한 의미와 우리가 공유하는

4) Raymond Henry Williams(1921~1988)는 웨일즈의 학자, 소설가 및 비평가였다. 그는 신좌파와 광범위한 문화에서 영향력있는 인물이었다. 정치, 문화, 대중 매체 및 문학에 관한 그의 저술은 문화와 예술에 대한 마르크스주의적 비판에 대한 중요한 공헌이다.

의미가 같아진다. 문화는 일종의 도식이라고 정의할 수 있는데, 문화를 통해 사회를 이해하는 의미작용이 가능하기 때문이다. 예를 들어, 우리는 어떤 상징을 보고 일치하는 상식과 의미를 공유할 때 같은 문화권에 있다고 한다. 따라서 의미작용이 어떻게 발생하고 어떻게 기능하는지 살펴보는 것은 문화가 어떻게 생성되고 기능하는지 역시 알게 해줄 것이다.

우리는 삶의 곳곳에서, 삶의 매순간 어떤 식으로든 문화와 관계를 맺으며 살고 있다. 자연물 외에 우리가 보고 접하는 유형(有形)의 사물들은 물론 제도나 관습, 지식처럼 우리의 삶에 관여하고 있는 무형의 것들까지 모두 문화의 소산이며, 우리의 행동과 생각, 어쩌면 우리의 느낌과 감정의 대부분이 모두 문화의 바탕 위에 이루어지는 것이다.

다만, 그것은 너무나 항상적으로 이루어지는 것이라 잘 의식하지 못할 뿐이다. 따라서 우리는 어떤 사회에 속해 살아가는 한 그 사회의 문화를 호흡하며 살고 있다고 할 수 있다. 문화가 그 사회의 공기라면 삶은 그것의 호흡인 셈이다.

(3) 문화의 속성

문화는 몇 가지 속성을 지닌다. 첫째, 문화는 집단구성원에 의하여 공유된다. 사회구성원 각 개인의 독특한 취향이나 버릇은 문화가 아닌 개성에 속한다. 한 사회의 구성원들이 다른 사회에서와 구분되는 어떤 행위・관습・경향 등을 공유할 때라야 그것이 비로소 문화가 되는 것이다.

둘째, 한 사회의 문화는 학습된다. 인간의 생리적 현상은 문화가 아니다. 인간은 태어나서 한 사회에서 자라면서 그 공유된 문화를 사회화를 통하여 배우게 마련이다.

셋째, 축적성을 들 수 있다. 인간의 지식은 한 세대에서 다음 세대로 전해지고 그 세대에 새로 이루어진 내용이 또 거기에 더해진다. 문화는 이처럼 시간이 흐르면서 축적되는 것이다.

넷째, 체계성을 들 수 있다. 문화의 요소는 많고 다양하다. 이들 요소는 결코 홀로 존재하지 못한다. 그들은 서로 긴밀한 관계를 맺고 있으면서 하나의 체계를 구성하고 있다.

다섯째, 문화는 변화하는 속성을 지닌다. 문화는 끝없는 변화생성의 과정을 겪는다. 외부로부터 한 사회로 유입된 문화는 그 사회의 배경과 문화접변(文化接變)을 통하여 변한다. 또한 도입되었거나 개발된 새로운 지식이 유용한 것으로 판명되면 전체 사회에 확산되어 혁신이 일어난다. 그런 과정에서 기능을 상실한 낡은 문화요소들은 사멸된다.

문화는 이처럼 정지된 상태로 존재하지 않고 부단히 진화 또는 퇴화의 길을 밟는다. 문화인류학자들은 문화의 이러한 성격을 초유기체성(超有機體性)이라 부르기도 한다. 한 사회의 문화를 이해하기 위해서는 이들 문화의 성격에 대한 바른 이해가 전제된다. 이제 사회복지도 문화의 틀 속에서 새롭게 조명하고 준비해야 할 것이다.

2) 문화복지사와 복지경영의 역할과 과제

(1) 문화복지사[5)]

고령화 사회로의 급격한 변화는 노인을 부양해야 하는 부담이 점차 늘어남에 따라 상대적으로 노인 소외와 빈곤 등 노인과 관련한 새로운 사회 문제들을 야기 하고 있으며, 산업화, 도시화 등 현대사회의 변화와 맞물려 노인의 사회적 역할 상실과 소외, 은퇴의 심적 부담, 경제적 수입 감소 등 노인 문제가 심각한 사회 문제로 대두되고 있다. 그러나 노인문제는 이제 사회복지적 방법만으로는 해결할 수 없게 되어버렸다. 인구의 고령화 현상은 수적으로 줄어만 가는 젊은이들의 노력만으로 노인들의 부양부담을 감당하기 힘들게 되었고 과거의 노인에 비하여 지금의 노인들은 신체적으로나 정신적으로 보다 건강한 상태에서 은퇴를 맞이하게 됨으로써 사회적으로나 노인 스스로 사회적 · 경제적 활동에 대한 기대와 욕구가 다양해지고 있다. 이제 노인문제는 평생교육 차원에서 교육적 접근의 필요성이 대두되어 학문적으로 체계 있는 해결 방안이 마련되어야 할 필요성이 있는 것이다. 한국의 현세대 노인들은 그동안의 국가 경제발전에 크게 기여하였으나 성장과실의 배분에서는 소외되어 왔으며, 또한 국가의 정책적 무관심

5) 문화복지사는 문화복지분야의 전문성과 역량을 갖추고 문화복지 서비스 기획 · 제공 및 전달 등의 업무를 수행하는 전문자격인이다.

이나 사회적인 인식의 변화로 인한 가정에서의 무책임 속에서 여생을 쓸쓸히 보내고 있다.

최근 노인인구의 급속한 증대와 함께 노인복지의 문제점이 대두되고 있다. 재가복지기관의 경영활동을 치료 예방적이고 특화된 프로그램을 통하여 고정적인 서비스의 체계를 바꾸어 보면서, 지속적으로 프로그램 참여자들의 욕구(needs)를 파악하여 이에 부족한 부분을 근본적으로 개선함으로써 고객을 만족시키고자 하는 경영기법으로서 미래의 경영은 이러한 방향으로 지향되며 이에 맞는 성과 경영이 함께 따라가야 할 것이다. 우리 사회에서 경제적 · 사회적 · 지리적 · 신체적 제약 등으로 문화예술을 누리지 못했던 이들이 더욱 친근하고 섬세한 문화복지 서비스를 누릴 수 있게 되었다. 미래 사회복지는 새로운 패러다임으로 준비해야 할 것이다. 사회복지는 전통과 역사라는 범주만을 고집할 것이 아니라 오늘의 현실을 직시하며 미래 문화복지의 전략적 복지경영을 준비해야 할 것이다(김성철, 2016).

3) 문화복지와 복지경영의 전망

빈부격차에 따른 문화생활의 양극화 현상은 문화복지적 입장에서 볼 때 매우 가슴 아픈 현실이다.

전문가들은 초등학교 저학년 시기를 예술을 통한 감수성과 지능, 창의성 개발이 가장 활발한 시기로 꼽고 있지만 공교육 과정의 예술교육이 충분치 않고, 사교육 시장에서는 경제적 어려움이 닥칠 경우 가장 먼저 교육을 포기하는 분야가 예술교육 분야라는 것이다. 따라서 어린이들에게 '기회의 사다리'를 확대하기 위해 방과후 교실에서 초등학교 저학년 대상 예술교육을 확대할 것을 제안했다.

영국 던디대학교 연구팀은 어린 시절에 본 TV 색깔이 꿈의 색깔에도 영향을 준다는 연구결과를 발표한 적이 있는데, 25세 이하 사람들 중 5퍼센트만이 흑백 꿈을 꾸었고, 55세 이상은 25퍼센트가 흑백 꿈을 꾸었다고 한다. 연구팀은 어린 시절의 깊은 인상이 평생 영향을 끼치기 때문에 그 시기에는 풍부한 경험을 하는 것이 필요하다고 분석했다.

문화란 인간이 살아가면서 가지는 자연적인 것을 제외하는 모든 것들이다. 따라서 문화란 인간이 살아가면서 느끼며 함께 살아가야 할 사회적인 필요필수조건이다. 이러한 필수조건의 가치재를 실컷 누리면서 살아가는 사람이 있는가 하면 문화가 무엇인지조차 모르고 사는 사람들도 있다. 이것이 문화복지의 지향점일 것이다.

인간은 평등하다고 하면서도 영화 한 편, 공연 한 편, 연주 한 곡, 책 한 권도 평생 못 보고 삶을 마감하는 이웃들이 우리의 곁에는 아직 너무 많은 것이 현실이다. 자본주의사회에서 가진 자와 못 가진 자의 차이, 능력자와 무능력자의 차이로 치부하고 넘어가기에는 너무 비인간적이지 않은가?

문화복지의 개념은 문화예술을 가치재로, 문화적 삶을 영위하는 것을 하나의 권리로 인식하는 데서 출발한다. 문화복지는 클라이언트의 삶의 질을 높이기 위해 사회 전반적으로 추구해야 하는 인류적 과업이다. 또한 클라이언트의 빈곤·질병·고독·무위 등 주요 문제를 해결하는 국가 사회적 활동 총칭인 것이다.

클라이언트는 문화복지를 통하여, 자신이 긍정적·우호적인 자세로 여생을 살아갈 수 있는 사회적 여건을 마련할 수 있으며, 심신·건강 유지 및 생활안정을 강구할 수 있을 것이다. 어려운 이웃의 삶의 질을 향상시키고, 더불어 함께 사는 건강한 사회를 만들기 위해서도 문화복지는 꼭 국가의 책임과 의무로 책임 지워져야 할 것이다.

문화예술 분야에 종사하는 사람들조차도 문화경영, 문화마케팅, 예술경영, 문화기획의 공통점과 차이점을 명확하게 설명하기는 쉽지 않다. 네 가지 개념 모두 문화와 경제의 교류를 전제에 두고는 있지만, 현장에서 사용될 때는 그 의미가 많이 달라진다. 예술경영은 1960년대 미국의 비영리 예술단체들의 운영을 경영학이나 경제학적으로 고찰한 것에서 유래한다. 예술경영인이라는 직업은 오래전부터 존재해 왔지만, 단순한 매개자로만 인식되어 왔던 것이 사실이다.

이후 대한민국에서는 문화기획이라는 단어가 등장한다. 문화기획은 예술경영을 보다 구체적인 직업으로 탈바꿈시켰다는 점에서 의의가 크다. 특히 기존의 예술경영이 예술단체나 예술공간 등의 운영에 국한된 개념이라면, 문화기획은 예술의 개념을 문화로 확장시킴으로써 축제, 문화산업, 문화행정, 문화교육, 광고, 홍보의 영역까지 진출한다.

이후 문화경제라는 큰 조류가 형성된다. 문화경제의 탄생은 예술경영과 문화기획이 문화예술 분야를 출발점으로 삼았던 것과는 대조적으로, 경제학이 그 출발선이라는 점에서 크게 차별된다.

문화(culture)와 경제(economics)의 합성어인 컬처노믹스(Culturnomics)가 사람의 마음을 얻어내고 새로운 경제 가치를 창출하는 이 시대의 트렌드로 등장하고 있다. 문화와 경제의 만남인 컬처노믹스가 문화를 원천으로 경제 가치를 창출하고 문화를 소재로 부를 만들어 내는 새로운 장으로 각광을 받는다. 문화가 경제를 견인하며, 문화를 경제적으로 활용하는 문화와 경제의 결합이 미래의 경쟁력으로 간주되고 있는 것이다.

문화 가치의 재해석이 필요하다고 볼 수 있다. 그동안 경제의 논리와 문화의 논리는 이분법적으로 분리되었다. 경제현상을 설명함에 있어 문화가 중요하다는 인식이 없었던 것은 아니지만, 문화가 경제라는 인식은 최근의 일이다. 문화가 경제이며, 문화와 경제의 융합이 사회운영의 새로운 질서로 인식되면서 그 적용 범위가 넓게 확대되는 양상을 보인다.

우리 사회에서 컬처노믹스가 가장 적극적으로 윤곽을 드러내는 분야는 단연 기업 이미지와 기업 상품과 관련된 곳이다. 금융상품에 현대 고급 예술의 이미지를 접목한 아트 금융이 좋은 예라 할 수 있다.

고급의 문화예술을 일상의 경제활동에 접목시키면서 고급의 문화 가치와 현실의 경제 가치를 연결하는 것이다. 고급의 문화가 높은 신뢰를 보증한다는 대중 심리를 읽어내면서 말이다. 그런가 하면 근자에 들어 건물이나 넓은 공간의 전면을 문화예술로 도배하는 래핑(wrapping) 마케팅이 문화예술을 경제활동에 접목시키는 컬처노믹스의 대표적인 마케팅 전략의 하나로 각광받고 있다. 래핑 마케팅(wrapping marketing)은 기존의 광고판 등 광고개체 대신 벽, 기둥 등에 광고물을 덧씌워 광고하는 래핑 광고를 활용해 제품이나 기업 이미지를 알리는 마케팅 기법이다. 래핑 광고는 화려한 색감, 대형 이미지, 색다른 공간 활용 등 기존 광고와 차별화된다는 장점이 있다. 래핑 광고는 버스, 건물, 지하철, 에스컬레이터 등 유동 인구가 많은 곳은 물론 최근에는 항공기에까지 활용되고 있다. 래핑 대상도 제품 광고부터 기업 이미지, 캠페인, 영화, 공익 광고 등 다양해지고 있다.

이제 복지도 문화복지 입장에서 새롭게 조명되고 연구와 실천이 이루어져서 바람직한 복지경영을 해야 할 것이다(김성철, 2016).

지속가능한 복지를 위해서는 이제 '복지경영'이 절대적으로 필요하다고 본다. 기존의 사고방식으로는 '복지'와 '경영' 두 단어의 조합이 어색한 면이 없지 않다. 그렇지만 이젠 복지분야도 효율성이 강조되는 추세이고 '복지경영'에 대한 새로운 방향과 정책 그리고 실천현장의 적용이 필요하다고 본다.[6]

6) 김성철(2017). 복지저널. 이러한 필요성을 위하여 김성철 교수는 2011. 5. 1. 국내 최초로 한국복지경영학회를 설립하였다.

SECTION 03 복지경영의 도약과 모색

1) 경영자의 자기관리와 복지경영의 합리성

(1) 경영관리[7]

경영관리는 합리적으로 이루어져야 하지만, 그 합리성은 조직적 사고와 계산적 사고에 의하여 뒷받침된다. 즉, 사업을 조직화하고, 계수적으로 생각하는 것이 그것이다. 이들 두 가지 사고의 전개로서, 조직적 관리 또는 실체적 관리와 계수적 관리가 성립한다. 또한 모든 경영관리는 사전 · 진행 중 및 사후에 있어서의 합리성과 유효성을 확보하도록 주력하며, 그것이 '계획－조직－통제'라는 매니지먼트 사이클이 된다. 사전에 행동을 합리적으로 예정하는 것이 계획이며, 이는 조직을 통해서 집행된다.

(2) 경영계획

경영계획(business planning)이란 기업의 장래를 위해 경영목표를 설정하고, 그 목표를 달성하기 위한 대체적인 행동안을 선택하는 경영자 활동이라고 할 수 있다.

미래에 있어서의 기업활동 수행에는 여러 가지의 대안(alternative)이 있다. 그 대안 중에서 최적의 것을 선택하고, 이에 따라 기업활동을 수행하게 되면 가장 합리적으로 기업활동이 수행될 수 있다. 이처럼 미래의 활동과정에 대한 여러 가지의 대안 중에서 가장 적합한 것을 선택하는 것을 계획설정 또는 계획수립(planning)이라 하며, 이와 같이 선택된 미래의 활동과정에 대한 안을 가리켜 계획(plan)이라 한다.

경영계획은 활동을 시작하기 전에 이루어지며 앞날을 지향하며 창조적인 사고를 구체화하는 것이다. 경영계획이 다른 관리활동에 비해 갖는 특성을 살펴보면, 목표기여(contribution to objectives), 계획우선(primacy of planning), 계획의 일반성(pervasiveness of planning) 및 계획의 효율성(efficiency of planning)을 통해 수립되어야 한다.

---

7) 경영관리는 사람에 관련된 주제를 다루는 분야로서 지극히 실용적이고 철학적인 분야이다. 경영관리의 5가지 세부분야는 조직행동론, 인적자원관리론, 노사관계론, 조직이론, 경영전략으로 구성되어 있다. 조직행동론은 조직 내에서의 인간의 행위, 즉 개인과 집단의 행위를 연구하는 학문이다.

(3) 통제

통제(controlling)라는 용어는 여러 가지 의미로 사용되고 있는데, 이를 정리해 보면 다음과 같은 다섯 가지 뜻으로 요약할 수 있다.

① 점검 또는 확인하는 것

② 규제하는

③ 표준과 비교하는 것

④ 명령 또는 지시의 권한을 행사하는 것

⑤ 억제 또는 제한하는 것

통제는 계획과 실적을 대조하고, 실시(實施)를 비판 · 검토하며 필요한 시정활동을 강구하는 한편, 그러한 내용을 차기 계획에 반영시킨다. 이러한 사이클에 있어서 경영계획의 옳고 그름은 경영관리 전체를 결정적으로 좌우한다.

효과적인 통제제도로서 모든 통제제도는 조직구성원이 조직의 성과에 최대한 기여할 수 있도록 하는 것이다. 따라서 통제의 관리적 의의는 성과목표와 그 실행결과를 연결시켜 주는 관리 역할에 있다. 그러나 때때로 통제제도는 피통제자의 예기치 않은 반응으로 인해서 전혀 다른 결과를 발생시킬 수도 있다.

조직이 종업원의 부정적 반응을 극복하고 통제제도를 효과적으로 운영하기 위해서는 다음과 같은 지침을 준수해야 한다.

첫째, 통제는 전략적이며 결과지향적이어야 한다. 통제는 조직의 전략적 계획을 실행하기 위하여 이루어지는 것이므로 목표에 따른 결과지향적인 것이어야 하며 성과측정 그 자체에 치중되어서는 안 된다.

둘째, 통제는 정보에 근거하여 이루어져야 한다. 통제는 의사결정과 문제해결을 보조하는 것이다 따라서 단순히 목표와 실제와의 차이뿐만 아니라 그 원인과 해결방안에 대한 정보를 제공할 수 있어야 한다.

셋째, 필요 이상으로 복잡해서는 안 된다. 통제는 조직의 과업과 과업을 달성하기 위한 계획을 보조하기 위한 것이다. 따라서 통제는 과업을 수행하는 사람들과 과업, 그리고 조직구조에 적합해야 한다. 과잉통제는 비용도 많이 소용될 뿐만 아니라 종업원의 부정적 반응을 야기하므로 통제제도는 단순하여야 한다.

넷째, 목표와 실제와의 차이를 발생시킨 예외에 신속하게 대응하여야 한다. 통제는 표준적인 업무에서 벗어나는 사건을 신속히 파악하여 많은 문제를 발생시키기 전에 조치를 취하는 것이다. 따라서 통제는 표준적인 업무보다는 예외적 사건에 초점을 맞추어야 한다.

다섯째, 통제제도는 조직구성원이 이해 가능해야 한다. 좋은 통제제도란 의사결정자에게 간결하고 이해하기 쉬운 형태로 자료를 신속하게 제공할 수 있어야 한다. 불필요하게 복잡한 통제제도나 자료는 아무런 의미가 없다.

여섯째, 통제제도는 신축성을 가져야 한다. 통제제도는 단순히 규칙에 따라 항상 일정하게 적용하게 되는 것은 아니다. 좋은 통제제도는 신축성 있게 상황에 따라 적절한 조치를 취할 수 있어야 한다.

일곱째, 통제제도는 조직구조와 일치하여야 한다. 통제제도는 권한 계층을 보조하게 된다. 즉, 통제제도에서 제공되는 자료는 권한소유자가 의사결정을 하고자 할 때 필요한 정보를 제공하는 것이므로 조직구조와 일치하는 방향으로 설계되어야 한다.

여덟째, 가능한 한 자기 통제를 촉진시킬 수 있도록 설계되어야 한다. 통제제도는 관련된 모든 관계자의 자기 통제, 상호 신뢰, 활발한 의사소통, 그리고 적극적 참여를 촉진시킬 수 있는 방향으로 설계되어야 한다.

아홉째, 통제제도는 긍정적인 측면을 중심으로 이루어져야 한다.

열째, 통제제도는 공정하고 객관적이어야 한다. 즉, 통제제도는 편견이나 주관이 개입되어서는 안 된다.

(4) 자기관리

경영관리는 경영상에서의 각종 업무수행이 경영목적을 위하여 가장 효과적으로 행해질 수 있도록 여러 가지 시책을 체계적으로 연구하고 경영조직체를 만들어 이를 운영하는 일을 의미한다. 초기의 경영관리는 경영자의 경험과 직관력(直觀力)을 바탕으로 행해졌으나, 경영규모의 확대, 경영내용의 복잡화, 경영환경의 급격한 변화 등으로 경영관리의 과학화가 필연적으로 필요하게 되었다. 그것은 20세기 초의 과학적 관리법에서부터 시작된다. 그리고 경영관리와 함께 필요한 것이 자기관리이다. 자기관리가 뛰어난 사람을 성공한 사람이라고 부를 수 있다. 성공으로 가기 위해서는 두 가지 도움이 필요한데, 역량, 기술, 지식을 통해 창출된 경제적 부와 원만한 대인관계가 필요하다. 이 모든 것들은 리더십이 배후가 되어 조종하게 된다. 즉, 성공한 사람은 리더십이 뛰어난 사람이라고 할 수 있다. 자기관리는 협의의 자기관리와 광의의 자기관리로 나눌 수 있다. 협의의 자기관리는 미시적 차원의 자기관리로, 오로지 자기 자신의 자기관리 능력을 말하는 것이고, 광의의 자기관리는 거시적 차원의 자기관리로, 대인관계능력을 말하는 것이다. 자기관리의 능력으로는 비전, 목표, 태도, 시간, 스트레스, 마음, 건강관리가 있고 대인관계의 능력으로는 신뢰를 바탕으로 인간관계 관리와 갈등 관리가 있다.

자기관리의 핵심은 자아개념에 있다. 내가 나를 얼마나 알고 있는가? 자아개념을 가지고 있어야만 자신의 목표와 능력, 신념 및 가치관 등을 세울 수 있다. 이로써 자아실현 또한 이룰 수 있는 것이다. 자기 자신을 표현한다는 정신으로 본연의 자기 자신이 된 다음 자신을 펼쳐 행하는 방법이다. 자아인식의 네 가지 교훈으로는 '자신이 최고의 자기 선생이다', '책임을 져라. 누구에게도 전가시키지 마라', '자신이 배우고 싶은 것은 무엇이든지 배울 수 있다', '진정한 깨달음은 자기 경험의 성찰에서 온다'가 있다.

스스로의 힘으로 한 발짝 앞으로 나아가는 것이 중요하다고 본다. 자신을 모습에서 무엇인가 변화를 생각하는 사람들이 많다. 자신을 둘러싼 사회의 부조리나 모순에 대한 변화를 시도하는 사람들뿐 아니라 조직화된 사회에서도 개별화되며 느끼는 개인의 심리적 갈등을 이겨나가려는 부분도 있다. 대부분 그 변화를 바라는 중심에는 돈, 명예, 사랑, 직업 등이 포함된다. 또한 이와는 다르게 자신의 내면의 자아를 발견하고 보다 성숙한 삶의 의미를 찾으려는 사람들도 있을 것이다. 어떤 의미에서 변화를 시도하든지 그 변화의 뜻을 가진 사람들의 관심의 대상이 되는 자아인식은 매우 필요하다고 본다. 경영관리가 다양화하면, 전체경영과 부분경영관리와의 연결 및 일체성(一體性)을 어떻게 확보하는가가 문제가 된다.

경영관리의 과학성과 경영자의 자기관리와의 부문과 어떻게 조화시키느냐 하는 문제가 중요한 과제라고 보며 경영자는 자기 자신과의 관리와 복지경영의 합리성이 요구되는 시대에 미래의 복지 경영을 이루어 나가야 할 것이다.

2) 복지경영의 도약과 모색

오늘날의 기업은 시장에서의 위험을 부담하면서 시장수요를 충족시키기 위하여 자주적으로 의사결정을 하고 영리를 추구하는 경제적 주체이기는 하지만 이윤극대화만을 위한 수단이기보다는 경제적 후생을 달성하기 위한 수단이며, 이해집단의 공동이익을 추구하는 수단으로 인식되어야 한다. 학문이 성립되기 위해서는 그 연구대상이 필요하다.

예컨대 사회과학 중 경제학은 사회현상 중 사회의 경제적 측면만을 대상으로 성립된 학문이며, 정치학은 정치적 측면을 대상으로 성립된 학문이다.

경영학이 학문으로 성립하기 위해서는 나름대로 다른 학문과 구별되는 연구영역과 대상이 존재해야 하는데, 경영학의 경우 그 연구영역 또는 대상은 '경영'이라는 현상이다. '경영'은 경제주체들이 인간의 생활에 필요하고 인간의 욕구를 충족시켜 줄 수 있는 재화나 서비스를 생산하여 공급하는 활동을 말한다.

그러므로 경영학은 경영을 담당하고 있는 경제주체들의 활동을 체계적이고 과학적인 비법을 통하여 연구하는 학문분야라고 할 수 있다. 즉, 경영학은 개별경제주체들의 경제적 활동에 초점을 맞추고 있는 학문이다. '경영'은 오래전부터 실제로 존재하였던 현상이지만 이 현상을 탐구의 대상으로 하는 '경영학'은 역사가 그렇게 오래되지 않았다.

경영학의 양대 조류 중 하나인 독일경영학의 경우 17세기, 그리고 다른 또 하나의 조류인 미국경영학은 20세기에 들어서 본격적으로 연구되기 시작하였으며, 오늘날 우리가 알고 있는 경영학은 산업혁명 이후 본격적으로 발전하였다고 할 수 있다. 경영학의 연구영역을 위와 같이 규정하더라도 경영학의 발달과정을 살펴보면 경영학에서 다루었던 경영현상은 국가에 따라 다소 차이가 남을 알 수 있다.

독일의 경영학은 이론중심적이고 학문적인 성격이 강하다는 특징을 갖는다.

독일경영학의 특징은 첫째, 기본적으로 경제학의 테두리 안에서 경제학적 방법에 의해 다루어져 왔다. 곧 독일의 경영학은 경영경제학으로서의 경영학이다.

둘째, 독일경영학에서는 기업자 중심의 실리추구에 앞서 생산조직으로서의 경영체의 본질을 어떻게 정립할 것이냐의 문제를 두고 고심했는데, 이때 독일민족 특유의 민족공동체 의식이 반영된 경영본질론을 집중적으로 다루고 있다.

셋째, 독일경영학을 형성한 학자들은 대개 회계학에 소양이 깊었기 때문에 그들은 특히 기업의 자본이나 비용문제에 중점을 두었다. 이런 까닭에 독일경영학은 오랫동안 회계학의 비중을 크게 다루어 왔다.

예컨대 독일경영학은 경영경제학으로 알려져 있고 미국경영학은 경영관리학(management)으로 알려져 있다. 그리고 영국, 미국에서는 기업경제학(business economics), 관리경제학(managerial economics), 또는 기업이론(firm theory) 등으로 불리는 경제학적 접근방식도 경영학의 분야로서 연구되고 있다. 우리는 미국식 경영학을 그대로 답습하는 경향을 보였다.

'기업경제학'(경영자를 위한 경제학)으로서 일반적으로 기업을, 이윤극대화를 지향하는 경제단위로 보며, 이윤을 목적함수로 하고, 수익·비용의 움직임을 판매량·생산량의 함수로 이해한다. 이윤을 극대화하는 함수관계를 풀기 위하여, 수요·가격·생산과정·원가·경쟁·판매촉진 등이 검토되며, 분석용구의 대부분은 미시경제학의 수법을 차용하였다.

기업경제학은 경영자·관리자의 의사결정문제에 획기적인 공헌을 한 반면, 기업을 극대이윤과의 관계에서만 받아들이는 등 이론적인 많은 문제점도 내포하고 있다.

미시경제학은 국민경제에 있어서의 경제주체, 즉 각 개인(가계)이나 기업이 어떤 동기로 어떤 법칙에 따라 활동을 전개하며, 그 활동의 결과로 여러 가지 재화나 용역 및 생산요소의 가격과 수급량이 어떻게 결정되는가의 문제를 연구대상으로 하는 것을 말한다. 즉, 미시경제학은 분석의 출발점을 개별적 경제주체로 보고, 그것들의 합리적 선택의 행동방식(가계는 효용의 극대화, 기업은 이윤의 극대화)을 밝힘으로써, 각 경제주체가 일반적 상호의존 관계에 의해서 구성하고 있는 전체 경제의 법칙성을 해명하려는 분석방법을 택한다.

이제는 한국적 경영학을 세워야 할 때가 왔다고 본다. 외국과 우리는 기업환경이 다르고 경영학의 원리도 결코 같은 방식을 적용하기 어렵다. 경제규모라든가 생활수준, 여러 면에서 이제 우리의 것을 만들어 나가야 한다. 그래야 외국인들도 우리나라에 와서 무언가 배우고 갈 것이다. 기업 경영이 글로벌화되고 있는 것은 사실이지만, 미국이나 일본 기업이 우리 기업의 미래가 아니듯, 그들의 경영학이 우리의 경영학을 대신할 수는 없다. 분명 우리에게는 대한민국 시장에 적합한 논리나 실제로 응용 가능한 한국적 경영학이 존재할 것이다.

그리고 이러한 현실적 인식이야말로 우리 기업의 경쟁력을 한 단계 끌어올리는 계기가 될 수 있을 것이다. 이제 앞으로는 미래의 한국적 복지경영을 만들어 가야 할 것이다. 사실 우리 기업에 맞는 고유한 경영방식을 찾아내는 작업은 무엇보다도 중요한 과제다. 그럼에도 불구하고 경영학자들이 좀처럼 엄두를 못내는 이유가 있을 것이다. 국내외에서 모든 면에 대해 인정받을 만큼 성공적이면서도 바람직한 한국 기업이 있어야 하고 이러한 기업으로부터 다른 기업에 보편적으로 적용할 수 있는 경영방식을 찾아낼 수 있어야 하기 때문이다. 그러나 아직도 양적 규모와 질적 수준, 그리고 기업윤리적 관점에서 모범이 될 만한 한국 기업을 찾기란 보통 어려운 일이 아니다. 미국적 경영방식은 다른 어느 나라에서도 찾아보기 어려운, 미국만의 독특한 현상이었는데도 미국 경제가 가진 경제력에 편승해 보편성을 지닌 일반경영학으로 포장되어 전 세계로 확산되었다.

윤리 경영(moral management)[8]이란 경영 활동의 규범적 기준을 사회의 윤리적 가치체계에 두는 경영 방식을 뜻한다. 윤리경영을 실천하기 위해서는 많은 노력들이 필요하다. 우선 윤리경영의 실천 여부를 모니터링할 수 있는 성과평가 시스템의 정비가 필요하고, 단기적 성과가 아닌 장기적인 관점의 질적인 평가지표를 만들어야 한다. 소비자의 기업에 대한 평판, 기업이 지역 사회에 공헌한 정도, 종업원의 기업 경영에 대한 만족도 등 윤리경영에 관한 지표들을 평가할 필요가 있는 것이다.

사람은 스스로 만든 문제를 어떻게 해결하느냐에 따라 그 사람의 가치가 결정된다. 넬슨 만델라가 인종차별정책이라는 사회악에 맞서 싸운 것, 크레이그 벤터

8) 윤리경영이란 회사경영 및 기업활동에 있어 '기업윤리'를 최우선 가치로 생각하며, 투명하고 공정하며 합리적인 업무 수행을 추구하는 경영정신이다.

가 인간의 게놈을 밝혀낸 것, 래리 페이지와 세르게이 브린이 사이버 공간의 광활함을 가져온 것 등은 모두가 놀라운 가능성을 지닌 특별한 문제를 해결하고자 했던 열정 덕분이었다. 따라서 경영의 미래를 창조하는 것은 경영혁신의 가치에 대한 지적인 확신 이상의 것이 필요하다. 또 매우 구체적이면서도 고귀한 도전에 대한 열정도 요구된다.

이제는 한국적 경영학이 무엇이냐에 대한 고민을 함께 하면서 한국기업의 특질에 대해 본격적으로 연구하고 새로운 비전과 꿈을 이루기 위하여 계속적인 관심과 노력으로 나아가야 할 것이다.

기업경영과 마찬가지로 사회복지경영도 비영리조직이지만 효율성과 효과성의 입장에서 '경제목적 달성을 위한 경제적 가치의 조직'이며 동시에 '공통의 목적을 향해 결합된 인간공동사회'이므로 경영관리는 '업무관리'와 '인간관리'의 2중체계로 이루어진다.

사회복지는 이러한 종합적 관리를 경영직능의 수직적 분회와 수평적 분화를 통해 수행한다고 볼 수 있다. 복지경영은 학문적인 복지 소비자의 욕구(needs)에 대한 서비스를 창출하고 서비스를 이루어 내는 자원의 확보·활용 등을 포괄하는 사회복지에 대한 수요와 공급을 정해진 목표 내에서 합리적으로 조정하고 경영관리하는 의미를 가지고 있다. 복지경영(welfare management)은 사회복지에 관한 정책 형성과 이를 실행하는 임상적 실천 현장에서 사회복지기관 차원에서의 경영관리와 운영관리를 모두 포괄하는 전반적인 과정이며 복지의 효율성과 효과성을 중심으로 이루어지는 과정이라고 볼 수 있다. 복지경영학은 이러한 복지경영을 이루어 가는 사회복지학과 경영학의 융합의 학문적인 과정이며 결과물이다. 그리고 사회복지에서 경영학은 복지를 새로운 시각으로 보게 한다. 일반적인 사회복지에서 매우 중요하게 강조되었던 이론들은 너무나 추상적이어서 가깝게 여겨지지 않는 것이 대부분이지만 '복지경영학'에서 본 복지는 그렇지 않다. 물론 우리나라 현실을 생각한다면 아직은 먼 미래의 일 같지만 사회복지가 앞으로 나아가야 할 방향성은 '복지경영'이라고 생각한다. 복지경영을 통하여 우리의 시각 전환이 매우 필요하다. 이러한 미래지향적인 준비는 한국적 복지경영학이 좀 더 나은 단계로 도약할 수 있는 밑거름이 될 것이다.

참고문헌

[국내문헌]

김광웅(2009). 창조리더십. 생각의나무.

김기수 · 전재완 · 한하늘(2011). 경영학원론. 백산출판사.

김성철(2007). 사회복지적 리더십. 한국학술정보(주).

______(2012). 복지경영론. 한국평화사회복지연구소.

______(2016). 복지경영론. 한국평화사회복지연구소.

김성철 외(2013). 사회복지시설경영론. 양서원

________(2018). 사회복지경영리더십. 21세기사.

김용범(2010). 사회복지행정실무. 양서원.

김위찬, 르네 마보안(2005). 블루오션전략. 교보문고.

김정린(2005). 비영리조직 경영. 아르케.

김찬아(2008). 사회복지 비영리조직의 기금조성을 위한 PR활동의 의미공유와 기부동기. 한국학술정보(주).

데니스 영 리차드 스타인버그(2008). 비영리 경제학. 이형진 역. 아르케.

도널드 N. 톰슨(2017). 김창한 · 이승우 · 조영주 옮김. 예측시장을 주목하라. 행복에너지.

도모생애교육연구소(2001). 비영리단체 비정부기구의 전략경영과 기금 개발. 예영커뮤니케이션.

램 차란(2009). 램차란의 위기경영. 살림Biz.

문순영(2005). 한국의 민간 비영리 사회복지부문에 대한 이해. 한국학술정보(주).

사카구치 다이와(2008). 김하경 역. 경영학 산책. 비즈니스 맵.

손원익 · 박태규 외(2012). 민간비영리조직을 통한 재정지출의 효율성 제고방안-문화예술 분야를 중심으로. 한국조세연구원.

스즈키 도모코(2005). Smile days. 명진출판사.

심재영(2009). 정부 및 비영리조직 회계기준의 생성과 발전. 에피스테메.

______(2012). 비영리조직경영론. 한국방송통신대학교.

안광호 · 임병훈(1995). 마케팅조사원론. 학현사.

안광호 외(2007). 마케팅원론(6판). 학현사.

에드가 스토에스 외(1997). 권영석 역. 비영리단체 경영핸드북. 참미디어.

오석홍(1998). 조직이론. 박영사.

오세진 외(2005). 비영리조직 품질경영. 창지사.

원종학 · 손원익 외(2011). 복지사업 효율성 제고방안. 한국조세연구원.

이동규(2009). 정부 및 비영리조직의 회계. 선학사.

이원규(2006). 비영리조직운영. 예영커뮤니케이션.

이태식 외(2009). 경영학의 이해. 삼영사.

이학식(2010). 마케팅. 법문사
_____(2013). 마케팅. 법문사.
_____(2013). 마케팅조사. 집현재.
_____(2017). 마케팅조사. 집현재.
이해익 · 김정훈(2011). 운영관리론(비영리조직). 양서원.
이현승 · 김현진(2004). 늙어가는 대한민국. 삼성경제연구소.
임창희(2011). 경영학원론. 학현사.
임태순(2010). 행복한 생활경영. 교문사.
정승훈(2017). 카를 바르트 말씀의 신학 해설. 새물결플러스.
제임스 맥그래스 · 밥 베이츠 지음, 이창섭 옮김(2014). 모든 경영의 답 : 베스트 경영이론 활용 89 가지. 처음북스.
정익준(1999). 비영리조직 마케팅. 영풍문고.
제프리 페퍼(2009). 포스코경영연구소. 사람이 경쟁력이다. 21세기북스.
조영재(2014). 비영리법인 회계와 세무 실무. 삼일인포마인.
지은구(2012). 비영리조직변화연구. 청목출판사.
짐 호던(2013). 몰입과 소통의 경영. 가산출판사.
키비 르루(2012). 조성숙 역. 비영리마케팅. 신정.
폴라이트(2013). 박시종 역. 비영리조직의 역량강화. 나남.
피터 드러커(1995). 현영하 역. 비영리단체의 경영. 한국경제신문사.
__________(2001) 이재규 역. 프로페셔널의 조건. 청림출판.
__________(2002). 이재규 역. 자본주의 이후의 사회. 한국경제신문사.
필립 코틀러 · 케빈 켈러(2006). 마케팅관리론(12판). 운훈현 역. 석정출판사.
현외성 외(2013). 사회복지시설운영론. 양서원.
린 업쇼(2012). 정직이 전략이다. 미다스 북스.
지그문트 바우만(2009). 이일수 역. 액체근대. 강.
Lawrence L. Martin(2007). 사회복지행정가를 위한 재무관리. 양서원.
LG 경제연구원(2010). 2020 새로운 미래가 온다. 한즈미디어(주).

[국외문헌]

Adrian Sargeant(1999). *Marketing Management for Nonprofit Organizations*. SAGE.
Chao Guo & Wolfgang Bielefeld(2014). *Social Entrepreneurship : An Evidence-Based Approach to Creating Social Value*(Bryson Series in Public and Nonprofit).
David, M. Austin(2002). *Human Service Management Organizational Leadership in Social Work Practice*. New York : Columbia University Press.
David O. Renz(2010). *The Jossey-Bass Handbook of Nonprofit Leadership and Management*. San Francisco, CA : Jossey-Bass.

David Whitford(2007). *The strange existence of Ram Charan*, Fortune, April 24, 2007; accessed online May 3, 2007.

Georgia Levenson Keohane(2013). *Social Entrepreneurship for the 21st Century : Innovation Across the Nonprofit*, Private, and Public Sectors. McGraw Hill Professional.

Judith A. Lewis & Thomas R. Packard(2011). *Management of Human Service Programs*(SW 393T 16-Social Work Leadership in Human Services Organizations)

Helmut K. Anheier(2014). *Nonprofit Organizations : Theory, Management, Policy*. Routledge.

Michael J. Worth(2008). *Nonprofit Management : Principles and Practice*. SAGE.

찾아보기

저/자/약/력

■ 김성철

[학력사항]
서울신학대학교(B.A, 사회복지학)
서울신학대학교(M.Div, NPO Management)
중앙대학교 일반대학원(M.A, 사회복지정책학)
숭실대학교 일반대학원(Ph.D, 사회복지정책행정학)
인천대학교 일반대학원(Ph.D.cand, NPO Management)

[경력사항]
인천공동모금회 배분분과위원장
인천시노인복지관협회 회장
인천시노인정책자문위원장
인천발전연구원 〈인천비전2050〉 연구위원
보건복지부 사회복지기관 평가위원
한국복지경영학회장
국가기술평가원 전문위원
통일부 통일교육위원
한국감사인연합회 운영위원
한국사회복지역사연구회 지역사회복지사 연구위원장
NCS 연구전문위원
백석대학교 보건복지대학원 복지경영학전공 교수
백석대학교 보건복지대학원장
유관순연구소장

[저서]
김성철 외(1995) 『기독교와사회복지』, 한국기독교사회복지회
김성철 외(2005) 『한국기독교사회복지총람』, 한국기독교총연합회
김성철 외(2003) 『시민사회와 종교사회복지』, 학지사
김성철(2008) 『나눔과 섬김의 복지』, 한국학술정보
김성철 외(2010) 『사회복지행정론』, 창지사
김성철 외(2012) 『사회복지시설경영론』, 양서원
김성철 외(2015) 『사회복지개론』, Pacific Books
김성철 외(2015) 『사회복지지도감독과 현장실무론』, Pacific Books
김성철 외(2016) 『사회복지실천론』, 양서원
김성철 외(2016) 『사회복지실천기술론』, 양서원
김성철(2016) 『Introduction to social welfare』, 21세기사
김성철(2017) 『사회복지실천론』, 21세기사
김성철 외(2017) 『노인복지론』, 양서원
김성철(2018) 『사회복지경영리더십』, 21세기사 외 다수

사회복지경영학

|저자| 김성철

|1판 1쇄| 발행 2018년 3월 5일

|발행인| 김 동 훈
|발행처| 공 동 체

|주소| 경기도 고양시 일산동구 호수로 358-39, 동문타워 I 905호(백석동)
|전화| 031) 920-8305(대표)
|팩스| 031) 920-8308
|e-mail| compub@naver.com
|출판등록| 2005년 10월 6일
|등록번호| 제396-2005-36호

|ISBN| 979-11-6105-246-5
정가 17,000원

저자와 협의하여 인지를 생략합니다.
무단전재와 복제를 금합니다.